생명을 살리는 반핵

내부피폭과의 투쟁, 스스로의 생명을 지키기 위하여

생명을 살리는 반핵

 세월호에서 희생되신 모든 분들의 명복을 빕니다.

* 이 책의 북펀딩에 참여해 주신 분들입니다.

고경심, 김미정, 김봉구, 김재영, 김정은, 남명희, 라지숙, 박찬호, 백재중, 이명준, 정선화, 정창욱, 조원경

생명을 살리는 반핵

초판 1쇄 발행 2015년 7월 1일

지은이   히다 슌타로(肥田舜太郎), 오쿠보 겐이치(大久保賢一)
옮긴이   박찬호
펴낸이   백재중
디자인   박재원
펴낸곳   건강미디어협동조합

등록   2014년 3월 7일 제2014-23호
주소   서울시 광진구 동일로18길 118
전화   010-4749-4511
전송   02-6974-1026
전자우편   healthmediacoop@gmail.com

값 12,000원
ISBN 979-11-952499-3-0

생명을 살리는 반핵

내부피폭과의 투쟁, 스스로의 생명을 지키기 위하여

히다 슌타로 · 오쿠보 겐이치 지음 ― 박찬호 옮김

건가
미디어
협동조합

히다 슌타로

백 도 명
반핵의사회 공동대표
서울대학교 보건대학원 환경보건학과 교수

이 책은 히다 슌타로 선생님의 생명존중 사상에 근거한 반핵의 절박성을 담은 책입니다. 우리는 이 책을 통해 선생님의 반핵 사상을 파악하는 동안 부모의 뜻을 거슬러 자신의 의지로 고등학교를 중퇴한 아이, 대학을 다니다가 교련이 싫다는 말에 사병으로 군대에 가게 된 의과대학생, 군대 훈련 중 자신의 생각을 밝힌 것을 계기로 군의후보생이 되어 다시 의과대학을 졸업하게 된 군의관, 히로시마 군병원에 배속되어 원폭이 투하되던 날 피폭자가 된 의사, 전쟁이 끝난 후 후생성 공무원이 되어 병원 노동조합 임원활동을 하게 된 노동조합원, 그러다 후생성과의 단체교섭에서 미군의 원폭피해 조사자료 공개와 피폭자 치료 병행을 요구한 공산주의자라는 이유로 '레드퍼지(해고)'의 1호 대상이 된 공산당원, 쫓겨난 후 민의련을 결성하여 피폭자들의 진료를 의사와 환자와의 공동행위로 수행하고자 한 인권의사, 그리고 나서 자신의 위치에서 주어진 삶을 핵무기폐기 운동, 피폭자 운동, 그리고 원전 반대 운동을 주도하는 활동가로서 살아 온 여러 모습을 단편적이나마 엿보게 됩니다.

이렇게 엿본 히다 선생님의 삶을 관통하는 자세로서 가장 중요한 단 하나만을 들라면, 저는 히다 선생님으로부터 자신의 내면으로부터 나오는 목소리에 귀를 기울일 수 있는 영혼의 중요성을 생각하게 됩니다. 많은 사람들이 히다 선생님을 만나면 어떻게 피폭자로서 그렇게 오랜 기간 살 수 있었는지, 장수의 비결이 무엇인지 궁금해 합니다. 이러한 질문에 히다 선생님은 열심히 살라는 취지의 대답을 해 주십니다. 일찍 자고 일찍 일어나며, 밥을 꼭꼭 씹어 먹고, 그리고 과음과 담배를 삼가도록 하라는 등의 지극히 상식적인 이야기를 해 주십니다. 그렇지만 그것들을 실제 실천하는지와 단지 상식으로 이해하는지는 다른 것이라고 일러 주십니다. 방사선 노출 지역에서 아이들을 키우면서 어떻게 하는 것이 올바른지 혼란스러워 하는 어머니들에게 히다 선생님은 어머니들 자신이 우선 생명에 대해 반성하시라고 이야기해 주십니다. 이는 자신도 피폭자의 한 사람으로서, 오래 살고 싶은 솔직한 욕망을 가진 존재로서 살아남기 위해 고민했던 일, 그래서 자신의 생명을 존중하고 자신의 건강을 돌보는 자세로 열심히 살면서 본인이 직접 실천해온 자신의 이야기를 전하시면서, 이야기를 듣는 당신은 정말 당신 자신의 생명을 존중하고 당신 자신의 건강을 돌보는 자세로 열심히 살고 있는지 스스로 물어보게 하십니다.

히다 선생님의 삶에서 부모가 아닌 자신, 천황이 아닌 자신, 국가가 아닌 자신 본인의 내면으로부터 나오는 목소리에 귀를 기울이는 영혼의 모습은 다만 고등학교 중퇴자, 대학 다니다가 끌려간 군대훈련병, 후생성 공무원 노동조합 임원, 공산당원, 그리고 민의련 의사에서만 나타나는 것이 아닙니다. 본인 자신이 피폭자이면서도 또한 더 깊은 내면의 목소리로부터 삶의 의미를 찾고자 하였기에, 단지 이익단체로서 결성된 피폭자 단체에 한동안 가입하지 않을 수 있었습니다. 그러면서도 피폭자 중 그 존재를 인정받지 못하는 내부피폭의 문제를 제기하는 데는 앞장 설 수 있었습니다. 우리 주변에도 많은 피해자 단체가 있고, 이를 주도하는 피해자 운동이 있지만, 단지 또 다른 한명의 이해관계자로서 이익단체 활동을 하는 것에 지나지 않는 모습을 볼 수 있습니다. 피해를 당한 것만 다를 뿐이지, 피해자라고 해서 피해를 입지 않은 다른 사람들과 다른 가치를 보여주지 못하는 피해자 운동이 아니라, 피해자이면서도 피해를 입지 않은 다른 사람들을 포함해 모든 사람들이 추구해야 할 가치에 귀를 기울이는 모습을 보여주십니다. 사람의 생명, 민주주의, 인간의 존엄, 그리고 인권이 단지 피폭을 당하여 발생한 피해의 의미를 포장해 주는 것에 그치는 것이 아니라, 그 피해를 해결하고 극복해 나가는 과정이 진정한 사람의 생명에 대한 가치, 인간의 존엄에 대한 배려, 그리고 인권에 대한 소명을 담아냄으로써 그 피해가 의미를 가질 수 있다는 점을 피폭자로서 모든 사람의 인권을 먼저 그리고 함께 존중하는 모습을 통해 직접 보여줌으로써, 보다 내면에서 들려오는 목소리에 귀를 기울이는 영혼을 느낄 수 있도록 하십니다.

이렇듯 진정한 자신의 내면의 목소리에 귀를 기울이는 히다 선생님의 모습은 지금 한국에서 반핵활동을 하는 의사로서 부딪히는 여러 문제들을 다시 돌아보게 합니다. 원전반대만이 아니라, 송전탑, 미군기지, 그리고 강정을 비롯한 평화운동에 이르기까지 무심코 담아 온 모든 것들을 다시 돌아보게 합니다. 이러한 활동에 참여하는 과정 중에 진정한 사람의 생명에 대한 가치, 인간의 존엄에 대한 배려, 그리고 인권에 대한 소명을 내가 만들어 가고 혹은 귀를 기울여 느낄 수 있었는지 스스로 물어보게 합니다. 그리고 반핵을 한다면서 무시한 문제들을 다시 들여다보게 합니다. 북핵, 원폭피해자 2세대, 그리고 비재생에너지 남용에 이르기까지 내가 과연 나와 나를 앞서거나 뒤따르는 세대의 문제들을 어떻게 느끼고 살고 있는지 자문하게 합니다.

단순히 내부피폭의 문제를 제기한 의사로서가 아니라, 혹은 단순히 평등한 의사와 환자와의 관계를 지향하는 민의련 의사로서가 아니라, 내지는 공산당원이면서도 공산당이 주도한 원수협(原水協)을 떠나 원수금(原水禁)의 의사와 교류하는 의사로서가 아니라, 그 주장의 중심에 자신의 일생을 살면서 부딪치는 문제를 무시하지 않고 끝까지 그 해답을 찾아가는 삶, 그리고 그러한 중에 인간 내면의 목소리에 귀를 기울이는 삶이 녹아있는 모습을 보고 싶은 분들에게 이 책을 권합니다.

2015년 4월
원폭 실험장이 되어버린 태평양 바다를 피지에서 바라보면서

오쿠보 겐이치(大久保賢一)

피폭의사 히다 슌타로(肥田舜太郎) 선생은 2011년 3월 11일 이후에 새로운 국면을 맞이한 '핵시대'라 할 수 있는 지금, '우리는 어떻게 살아가야 좋은가'라고 말을 걸고 있다.

우리는 현재 일부에서 '(핵의) 평화적 이용'이라 주장하고 있는 원자력발전소가, 한번 사고가 발생하면 우리들의 현재와 미래에 가늠할 수 없는 악영향을 끼칠 수 있다는 점을 직접 체험하고 있다. 악영향은 시간적으로도 공간적으로도 사회적으로도 종식될 기미가 없다.

우리들은 후쿠시마 제1원전 사고로 원자력발전은 '안전하고, 깨끗하며, 싸게 안정적으로 전기를 공급할 수 있다'는 캐치프레이즈가 사실상 허위임을 깨우쳤다.

우리들은 지금까지 우라늄 광산의 채굴로부터 핵연료의 사용에서 폐기에 이르기까지 얼마나 중대한 위험을 수반하는 공정인가에 대한 지적이나, 원자력발전소가 지진이나 해일에 얼마나 취약한지에 대한 경고에도 충분히 귀를 기울이지 않았다.

우리는 지금 핵에너지에 대해 어떤 대응을 해야 할 것인지 스스로 대답을 마련해야만 하는 입장에 있다. 대답을 스스로 마련해야 하는 이유는 정부나 전력회사나 일부 '전문가'들에게 맡겨버리는 것이 얼마나 위험하고 바보 같은 짓인가를 우리가 이미 알아버렸기 때문이다.

이 책은 우리 스스로 답변을 찾기 위한 실마리를 제공한다. 지난 세월 많은 원폭피해자를 임상의로서 진찰해 온 의사의 경험을 근거로 했기 때문이다.

물론 원폭피해와 원전피해를 동일한 내용으로 논의하는 것은 원폭피해의 실상을 과소평가할 수 있어서 부적절하다. 그러나 방사선피해라는 면에서는 공통적이다. 이것은 비키니 환초[1] 등에서 핵실험피해자의 경우도 마찬가지인 것이다.

원전사고의 최대 특징은 방사선피해를 수반한다는 점에 있다. 우리들은 방사능에 불안이나 공포를 느낀다. 불안이나 공포는 지극히 당연한 것이다. 불안이나 공포감은 원폭투하나 핵실험 등으로 인한 방사선피해로부터 파생되었다.

••••

1. 1954년 미국은 마샬 군도의 비키니 환초에서 히로시마 원폭의 약 1천 배 위력을 갖고 있는 수소폭탄 실험을 자행했다. 실험이 사전에 알려지지 않았기에 일본의 원양어선이었던 '제5후쿠류마루(第5福竜丸)' 호의 선원 1명이 사망하고, 조금 지나서 다른 4명의 선원도 사망하는 사건이 발생했다. 미국은 2개월 동안 여섯 차례나 실험을 반복했다. 1954년 11월까지 일본어선 683척에서 방사능이 검출되었다.(이상, 「차별없는 평등의료를 지향하며」 135쪽 참조)

이런 불안이나 공포 속에서 어떻게 살아갈까 하는 문제가 우리 과제이다. 히다(肥田) 선생은 1945년 8월 6일 히로시마 원폭투하를 직접 체험하였다. 당시 히다 선생은 28세의 육군군의관으로서 히로시마 육군병원에 근무하고 있었으며, 원폭투하 당일, 우연히 새벽부터 히로시마시 외곽에 있는 '헤사카(戶坂)'라는 마을에 출장 진료를 가서 그곳에서 아침을 맞았던 것이다.

히다 선생은 당일 원폭의 섬광이나 폭풍을 몸으로 체험하진 않았으나 피폭 직후의 희생자, 예를 들면 전신화상으로 손을 쓸 수 없는 환자의 치료도 경험하였다. 이런 환자를 치료할 때 히다 선생 자신도 빈혈증상이 밀려와 구사일생하는 경험도 하였다. 젊은 군인이나 간호사들로부터 수혈을 받아 살아났다고 한다. 이러한 의미에서 히다 선생은 '피폭의사'인 것이다.

그 후 수십 년 동안, 몇 천 명에 달하는 원폭피해자를 임상의로서 진료해왔다. 원폭투하 직후부터 피폭자의 진찰이나 치료에 종사했던 의사는 이미 누구도 세상에 남아 있지 않다. 이런 의미에서 히다 선생은 '살아있는 증인'이다. 피폭의사로서 경험은 '원폭증인정집단소송'[2]의

••••

2. 원폭증은 원자폭탄에 의해 발생한 건강장애를 총칭하는 것으로서 '원자폭탄증'의 약칭이다. 원폭증은 3가지로 분류된다. 1) 열선, 폭풍에 의한 창상, 열상, 2) 방사선피폭에 의한 급성방사선장애(발열, 설사, 탈모 등), 3) 방사선피폭에 의한 만발성장애(암이나 백혈병, 백내장, 흉터(반흔), 위축에 의한 기능장애(소위 화상흉터) 등) 등이다. 피폭자로 인정받으면 일본정부는 「원자폭탄피폭자 지원에 관한 법률」에 기초하여 의료특별수당(매월 137,430엔)을 지급한다. 일본정부는 피해의 범위나 국가의 책임을 대단히 협소하게 판단하고 있기에 피폭자 수첩을 소지한 25만여 명 중 원폭증인정은 단 1%에 불과하다. 이로 인하여 인정받지 못한 피폭자들이 원폭증인정을 요구하는 소송을 제기한 것이다. 2003년 4월부터 피폭자 306명이 제소하여, 2009년 5월 도쿄 고등법원에서 판결이 날 때까지 일본정부가 18번 모두 패소하였다. 후생노동성에 의하면 197명이 인정을 받아서, 의료특별수당의 수급자격을 얻었다. 일본정부는 2008년 봄부터 인정기준을 일부 수정하였으나, 심사대기중인 환자가 7천 명이 넘을 정도로 지체되었다.(이상, 「야후재팬」참조)

법정(오사카 지방법원 등)에서 증인으로 진술하여 원고인 피폭자의 승소 판결에 큰 영향을 끼쳤다.

히다 선생은 96세인 지금도(2015년 현재는 99세이다) 전국 각지에서 후쿠시마 제1원전사고로 인한 방사선피해를 걱정하는 사람들에게 이야기하고 있다. 히다 선생의 문제의식 밑바탕에 있는 것은 방사선 내부 피폭의 위험성에 대한 것이다. 문제의식의 싹은 원폭투하 후에 남편을 찾아 시내로 들어왔던 여성이 남편보다 먼저 혀가 괴사하는 증상을 보이면서 사망하던 광경에 있다.

"선생님, 저는 폭탄 터질 땐 있지도 않았다니까요"라고 말하던 환자가 점차 탈모, 설사, 자줏빛반점 등의 증상을 보이면서 사망해 갔다. 전신화상이나 외상 등으로 사망하는 것이 아니라, 도울 수 있다고 생각했던 환자들이 그때까지의 의학으로는 설명할 수 없는 현상으로 사망하는 현실에 직면한 히다 선생의 곤혹스러움은 가늠할 수 없이 컸다.

원폭피해자의 죽음에는 핵폭탄에 의한 치명적인 열선이나 열폭풍만이 아니라, 무언가 다른 원인이 있을 것이라는 의문을 밝히기에는 시간이 필요했다.

1975년 히다 선생은 미국에서 스턴글라스 박사와 만난다. 박사는 히다 선생의 질문에 대답하는 형식으로 미국의 핵실험에 동원된 사람들 중 히다 선생이 경험한 증상이 나타났던 사례를 알려준다.

스턴글라스 박사의 답변은 히다 선생이 '저선량(低線量)피폭3'이라는

....

3. 1990년의 ICRP(국제방사선방호위원회)의 권고에 의하면 저선량의 정의는 "누적외부피폭선량 200미리그레이 이하"로 규정하고 있다. 2007년의 권고에서도 이 정의는 변경하지 않았다. 또한 저선량률이라는 것은 시간당 외부피폭선량 100미리그레이 이하로 규정하고 있다. 대개 그레이는 그대로 시버트로 환산할 수 있다. (키키마 하지메(聞uc0間 元), '저선량피폭, 내부피폭에 대하여' 『민의련 의료』 2013년 3월호 16쪽.)

말을 처음으로 접한 계기가 되었다. 직접피폭은 아니지만, 저선량의 방사선을 외부 혹은 내부에 피폭하여 방사능피해가 발생한다는 점을 알게 된 것이다. 이것이 사실이라면 '원거리피폭'[4]이나 '입시피폭(入市被爆)'[5] 혹은 '구호피폭(救護被爆)'[6] 등도 설명할 수 있다. 이리하여 히다 선생은 저선량피폭, 특히 내부피폭의 두려움을 자각할 수 있었다.

한편 이러한 피폭형태가 있다는 사실에 대해선 미국정부도 일본정부도 인정하지 않았다. 원폭피해를 축소하려는 의도 때문이었다.

축소 의도는 원폭피해만이 아니라, 원전피해에 대해서도 공통적이다. 핵분열에너지가 무기이건, 혹은 거대한 '끓는 물 장치'이건 인체에 악영향을 끼치고 있다는 사실을 은폐하고 싶어 하는 세력이 엄연히 존재하고 있고, 이들의 지배력은 줄어들지 않았다.

히다 선생의 문제의식이나 행동은 피폭자를 위한 의료활동 만으로 한정할 수 없다. 피폭자에게 중대한 육체적, 정신적, 사회적 피해를 지속적으로 초래하고 있는 핵무기 실험이나 핵전쟁 준비 등에 반대하는 것은 물론이고, 아예 전면적인 폐지를 지속적으로 요구하고 있다. 더 나아가 핵무기에 의존하는 세력의 지배를 근본적으로 바꿔야 한다고 요구해왔다.

동기는 단순히 '정치적 의도' 때문이 아니다. 인간의 생명을 존중하지 않고 잔혹한 형태로 빼앗아가는 핵무기에 대한 분노이다. 이것을 인

····

한편 페트카우 효과(Petkau effect) 이론에 따르면 저선량 방사선은 어떤 조건에서는 더 큰 인체작용을 미친다. 말하자면 "저선량 방사선에 장시간 노출되는 경우와 고선량에 단시간 노출되는 경우를 비교하였을 때 저선량 쪽이 훨씬 더 생체조직을 파괴한다."는 것이다. 이상 「위키피디아」 참조.

4. 폭심지로부터 먼 거리에 있었으나 피폭된 경우를 말한다.

5. 폭탄이 터질 때는 없었으나 며칠이나 혹은 1~2주 후에 시에 들어가 피폭된 경우를 말한다.

6. 폭탄이 터진 곳에 구호활동을 위해 들어가서 피폭된 경우를 말한다.

도적 분노라고 표현할 수 있을 것이다. 히다 선생의 인도주의에 뿌리내린 분노는 독일에서 핵무기반대 운동하는 사람들과 만났을 때, '인권의 존중'이라는 형태로 확인할 수 있었다.

인간의 존엄을 박탈하는 것에 대한 분노가 도덕적, 윤리적인 감성이라면, 각 사람이 개인으로 존중받을 권리라는 것은 헌법이나 법의 분야와 관련이 있다. 헌법은 국가의 행동을, 법은 국가나 기업이나 개인의 행동을 규제하는 힘을 갖고 있다. 히다 선생은 핵무기문제를 인도적 과제로 한정하지 않고 인권문제로 자리 잡게 할 필요가 있음을 스스로의 삶 속에서 실감하고, 확신해 온 것이다.

이처럼 히다 선생이 피폭자문제를 생각하는 관점은 핵문제와 인도주의, 인권을 결합한 보편적 시각으로, 원폭피해자만 아니라 후쿠시마 피폭자에게도 똑같이 적용된다. 자신의 의사와 전혀 상관없는 원인으로 방사선피해를 입었다는 공통점이 있기 때문이다.

원폭에 의한 것인가 원전에 의한 것인가를 불문하고, 방사선피폭으로 인해 건강피해가 발생할 수 있다는 불안감은 지극히 자연스러운 감정이다. 방사선이 무섭다는 것은 누구라도 알고 있기 때문이다. 방사능피해에 대한 충분한 지식이 제공되지 않는 상황이어서, 공황상태에 빠져버리는 사람들이 있어도 아무도 질책할 수가 없다.

불행한 점은 이러한 불안을 해소할 지혜나 경험이 누구에게도 없다는 것이다. 그러나 건강하게 살고 싶은 것은 모든 사람에게 거의 본능에 해당된다. 이러한 기본적 요구에 어떻게 대응할 것인가가 진실로 문제인 것이다.

히다 선생의 대답은 단순하다. 즉, 이미 피폭한 상태라는 것을 전제로 한다. 피폭이 발생한 경우, 피폭으로부터 완전히 벗어날 수 있는 방법은 없다. 자신이나 자기 자식만을 도울 수 있는 방법은 없다. 피폭했다고 모든 사람이 즉시 죽는 것은 아니다. 살아 있는 상태를 유지하기 위해서는 기초체력, 면역력을 키울 수밖에 없다. 면역력을 키우기 위해서는 해 뜰 때 일어나고 해 질 때 쉬어야 한다, 음식물을 꼭꼭 씹어 먹어야 한다, 담배는 끊어야 한다, 술은 많이 마시지 않아야 한다, 섹스도 지나치면 좋지 않다, 업무도 무리하지 않는다, 등등이다. 히다 선생은 인간을 자연 속 생명체로 생각하고 있다.

히다 선생의 의견에 대해서는 물론 비판이나 반대의견도 있다. 처음부터 피폭을 전제로 주장하는 것이 이상하다든가, 면역력만이 아니라 현대 의학의 진보에도 눈을 돌려야 할 것이라는 의견도 있었다. 여하튼 경청해야 할 의견일 것이다. 미증유의 대사건 속에 '하늘의 소리'라거나 '신의 계시' 등은 오히려 해가 될지도 모르며, 신중한 과학적 검토가 불가결하다는 것은 당연하기 때문이다.

그렇지만 지금 요구되고 있는 것은 사람들에게 용기를 주는 것이 아닐까? 엄청난 사태가 자신이나 사랑하는 사람들에게 닥쳤을 때 누군가 위대한 사람에게 맡겨버리는 것이 아니라, '자신이 할 수 있을 것이다'는 확신이 있다면 살아갈 수 있는 희망으로 연결되지 않겠는가?

히다 선생의 이야기에 큰 의미가 있는 것은 28세에 피폭을 경험한 의사가, 의사로서의 개인적 경험을 말하고 있을 뿐만 아니라, 사람들의 행복을 위협하는 정체를 끝까지 확인하려 노력하면서, 정치적 사회적 운동의 필요성을 자각하여 행동하고, 96세인 지금도 직접 사람들 속에서 활동하며 영향을 주기 때문 아니겠는가?

이러한 삶의 자세 자체가 히다 선생이 이야기하는 '유일한 사람, 다른 사람이 대신할 수 없는 유일한 존재임을 자각하는 것이 인권의 의미'라는 점을 구체화하고 있는 것이다.

그런데 후쿠시마 원전사고는 거대한 공해라고 생각하는 사람들이 있다. 확실히, 전력회사를 필두로 거대자본이 안전성을 무시하고 이윤추구를 해온 결과 피해가 발생했다는 점은 공통될 것이다. 그러나 핵무기를 국가안전보장의 핵심으로 생각하는 세력이 원자력의 '평화이용'을 추진해 왔다는 사실을 잊어서는 안 된다. 핵에너지는 이윤추구만이 아니라, '힘에 의한 지배'도구로서도 이용되고 있다.

이런 점에서 원전사고는 자본의 무책임하고 횡포에 가까운 이윤추구의 결과로 발생한 공해와는 다른 특징을 갖고 있는 것이다.

지금 우리는 핵무기가 존재하고 핵무기를 사용할 수 있다는 두려움뿐만 아니라, 세계 각지에서 원자력발전소를 가동하고 있는 '핵시대'에 살고 있다. 그리고 미증유의 원전사고가 발생한 2011년 3월 11일 이후 '새로운 핵시대'에 직면하고 있다. '핵에너지와 인류는 공존할 수 있는가'라는, 인류의 미래가 걸린 큰 과제에 주체적으로 참여해서 해결해야만 하는 상황인 것이다.

이미 핵무기는 국제사회에서 위법한 존재로 취급받고 있으며, '핵무기금지조약'[7] 제정요구도 계속해서 증가하고 있다. 원전탈출을 국가정책으로 삼고 있는 나라도 나타나고 있다. 그럼에도 불구하고, 일본정부

••••

7. 핵무기금지조약(통칭:Nuclear Weapons Convention, 약칭:NWC)은 핵무기의 전면폐지를 목적으로 발의한 국제조약안이다. '핵무기의 개발, 실험, 제조, 비축, 이전, 사용과 위협수단사용 금지 및 폐지에 관한 조약안(Convention on the Prohibition of the Development, Testing, Production, Stockpiling, Transfer, Use and Threat of Use of Nuclear Weapons and on their Elimination)으로도 불린다. 2007년 4월 코스타리카, 말레이시아 양 정부의 공동제안으로 유엔에 정식 제출되었으나, 아직 발효되지 않은 상태이다. 2011년 10월 26일 유엔총회에서 군축 국제안전보장문제를 다룬 제1위원회는 52개의 결의안을 채택했다. 이 중 말레이시아 등이 제출한 핵무기금지조약의 교섭개시를 촉구한 결의가 127개 나라의 찬성으로 채택되었다.

는 핵무기와 원전에 더 의존하려 하고 있는 것이다. 우리 사회는 과연 이런 상태로 좋은 것인가?

독자 여러분들은 히로시마, 나가사키의 원폭피해자와 함께 핵무기 폐지를 지향하고, 지금도 여전히 후쿠시마의 피폭자를 돌보고, 생명의 불꽃을 계속해서 피워나가고 있는 초고령 '피폭의사'의 말을 음미하면서, 스스로 생명의 존엄성과 인류의 미래를 함께 생각해주시기 바란다.

일러두기

1. 이 책에서 원 저자의 주(註)는 '*'표시와 함께 해당 본문 끝에 실려 있습니다. 각주는 전부 옮긴이 주입니다.
2. 옮긴이는 이 책의 번역을 위해 처음에는 제1판 1쇄를 원본으로 사용했습니다. 그러나 번역 협의 과정에서 일본 니혼효론사(日本評論社)는 제1판 2쇄를 번역 원본으로 사용해주길 요청했습니다. 제1판 1쇄 발행 이후 일본 내에서 많은 논란이 있었고, 지은이인 히다 슌타로 자신도 지면을 통해 공표할 수 없는 내용이 실린 것에 대해 사과했기 때문입니다. 다만 옮긴이는 저자의 사과에도 불구하고 제1판 1쇄의 내용을 참고할 만한 가치가 있다고 판단하였습니다. 따라서 본서는 제1판 2쇄를 기본 내용으로 하지만, 제1판 1쇄의 내용도 각주로 서술하였습니다. 어떤 내용이 어떻게 달라졌는지 읽는 여러분들이 판단하시기 바랍니다.

내부피폭

— 현재를 어떻게 살아갈 것인가?

| 1 | 매일 열심히 살아간다

오쿠보 ·· 히다 선생님 자신도 피폭을 경험했다는 점과, 이후 의사로서 피폭자 진료활동을 해 오신 점을 지금 어떻게 살릴 것인가, 하는 문제는 하나의 현실적인 현상으로서 후쿠시마 제1원전사고 이후의 상황을 당연히 고려해야 한다고 생각합니다.

히다 선생이 모든 체험을 하신 것은 아니지만, 특히 방사선이 내부피폭이라는 형태로 인체에 영향을 주고 있다는 점을 밝혔으며, 또한 그것에 대항하기 위해 어찌해야 하는가를 계속 주장해왔습니다. 히다 선생이 말씀하신 방식대로 표현하면 '모두 피폭 상태라고 한다면 어떻게 해야 그 영향을 가능한 한 줄일 수 있는가'에 대해 우선 말씀해 주시기 바랍니다.

히다 ·· 그 얘기를 하려면 피폭자에게 신경써온 의사인 본인과, 현재 상황을 어떻게 변화시킬까 하는 일본공산당 당원으로서 갖는 인식, 두 가지 측면에서 이야기해야 한다고 생각합니다.

오쿠보 ·· 피폭 이야기와 사회를 변화시킨다는 이야기가 히다 선생에게는 자연스럽게 결합되어 있다는 말씀입니까?

히다 ·· 그렇습니다. 후쿠시마 제1원전사고 후에 다양한 곳에서 강연 요청이 와서 이야기해보면, 제가 줄곧 알려드린 것이지만, 히로시마에서 원폭피해가 어땠는가, 미국의 간섭이 어땠는가에 대해서 구구절절 이야기를 해도, 정작 강연을 듣고 있는 어머니들의 머릿속에서는 원폭피해가 어떠했든 중요한 것은 아이들 문제가 걱정이고, 앞으로가 걱정인 것입니다. 어머니들의 자식 걱정은 실상 이기적인 측면이 있어서 정정당당하다고는 보지 않습니다. 나는 정말 그렇게 생각합니다. 우선 개

히다 슌타로 선생

인적인 문제로, 자기자식과 자신의 관계로만 보려 하기 때문입니다.

그렇지만 일부러 강연하는 곳에 와서 몇 명이든 모여서 강연의 내용을 지지하는 사람도 있고, 제가 이야기하는 것을 듣고 싶은 열정 같은 것도 느껴집니다. 다시 말해, 무언가 알고 싶은 바람이 있다고 저는 생각합니다. 무엇을 이야기하면 이 분들이 만족할 것인가를 처음엔 전혀 고려하지 않았습니다.

처음에는 대개 '9조모임'*이라든가, 일본겐쓰이쿄(原水協; 원수폭금지일본협의회)*라든가, 혹은 일본공산당이나 그런 사람들이 사람을 모아놓고 저를 초청했습니다. 여기서는 처음부터 반정부적인 분위기를 갖고 제 얘기를 들었습니다. 따라서 무엇을 이야기하든 받아들였습니다.

그렇지만 그들 중에는 모임과 전혀 관계없이 아이들만이 걱정이 돼서 온 어머니들도 있었습니다. 그런 분들은 질문이 약간 달랐습니다. 이런 분들이 정말 듣고 싶어 했던 것을, 제가 이분들의 얼굴을 가만히 들여다보니, 차차 알 수 있게 되었습니다. 처음엔 이런 분들에게 제가 어떤 말씀을 드려야 정말 알아줄 것인가 생각하고 다양한 고민을 했습니다. 이런 분들로부터 '내일부터 제가 아이를 어떻게 키우면 좋겠습니까? 저는 어떻게 살아가야 하는 겁니까?'라는 질문을 받았습니다.

오쿠보 겐이치 변호사

이런 질문에 대한 대답은 '이렇게 사세요' 하고 구체적으로 말하는 것 외에는 다른 게 있을 수 없습니다. 그런데 이런 대답은 사실 저도 갖고 있지 않았습니다.(웃음) '이렇게 하세요' 말하는 것이 도움이 될 것이라고 생각해 강연을 시작하면서도, 저 자신에게는 도움이 되지 않을 것이라고 생각했습니다.

그래서 나는 피폭자와 지난 60년을 같이 지내오면서, 부끄럽지만 즐거웠던 적도 있었고 그런 과정에서 스스로 가장 우선했던 것은 무엇이었을까 생각해 봤습니다. 이번의 원폭증인정집단소송*에서 승리해서 어떠냐 하는 것은, 생각해보면 제가 해 온 오랜 투쟁 때문이라는 그런 이야기가 아닙니다. 문제는 모두가 바라고 있는, '죽고 싶지 않다. 오래 살고 싶다'라는 소망에 어떻게 답변해야 할 것인가에 있었습니다. 다만 그분들은 그런 염원을 큰소리로 이야기하지는 않습니다. 질병으로 죽은 사람들이 있습니다. 저렇게는 죽고 싶지 않다. 암 검진을 받아보라고 이야기하면 검진을 받는 것 자체가 무섭다고 이야기합니다. 의사로부터 이상하다는 얘기를 듣는 것이 무섭기에 검진을 받고 싶지 않다는 겁니다. 이런 생각은 굉장히 강합니다.

이런 점을 느끼면서 5년 정도 지났을 때, 오래살기 운동을 해야겠다고 생각했습니다. 30년 전, 지금은 80세 당시엔 50세 정도였던 피폭자분들이 있었습니다. 이 분들에게 지금 가장 바라는 점이 무엇인가 질문했습니다. 대개 '질병 없이 살고 싶다'고 대답합니다. 보상에 대한 이야기는 하지도 않습니다. 그런 것은 부차적인 것이며, 당사자에게는 '암이나 백혈병으로 죽고 싶지 않다'는 것입니다. 그렇다면 그런 질병에 걸리지 않기 위한 운동은 없을까 하고 생각도 해봤습니다. 건강을 지키는 운동이 있다면 하시라고 말해도, 건강에 대한 일반적인 이야기가 너무 많기 때문에 그냥 그대로 하는 것은 소용없는 것으로 생각한다고 답변합니다.

그래서 저는 그때부터 이렇게 이야기합니다. '매일 스스로 열심히 살자'는 것입니다. 지금까지 사람들은 매일 자연스럽게 살았습니다. 아침에 눈을 뜨고 아프지 않거나 혹은 별일 없으면 좋겠다고 생각하면서 아침을 먹고 자연스런 생활을 했습니다. 질병으로 인한 통증이나 고생하는 사람은 의사에게 가거나, 어쨌든 신경 쓰면서 살아갑니다. 맨 처음에 피폭자들 앞에서 몸 상태가 좋지 않은 분은 손을 들어보라고 말하면 80% 정도의 사람들이 손을 들었습니다. 몸이 좋지 않으면 어떻게 대처하느냐 물어보면 '의사에게 간다'고 말합니다. '의사에게 가서 치료가 됐다고 생각하는가?' 질문하면 '의사치료는 장삿속이다'고 말하곤 했습니다.(웃음)

그래서 저는 '환자가 다리가 아프다고 하면 이런 이유로 아픈 것이니, 이렇게 치료할 수 있다고 말하는 의사는 단 한사람도 없다, 저도 모른다'고 말을 합니다. 그러면 모두가 놀라는 표정으로 '어떻게 하면 좋단 말인가' 하면서 고민에 빠지곤 했습니다.(웃음)

오쿠보 ·· 의사가 그런 말을 듣게 되면 끝난 것이나 마찬가지죠.(웃음)

히다 ·· '당신은 목숨이 아까워서 의사에게 간 것이군요'라고 말하면

'목숨은 아깝다, 죽고 싶지 않다'고 말합니다. '생명을 느끼고 있는가, 그 생명은 어디에나 있다. 모두가 갖고 있는 생명, 생명을 자신의 것이라고 이야기하지만 자신의 생명에 대해 바로 자신이 주인공이라고 생각한 적이 있는가. 오히려 무심하게 의사가 내 생명을 치료해줄 것이라고 생각하지 않았는가. 내가 아니라 타인인 의사가 어떻게 나를 위해 최선을 다해 무언가 해 줄 것이라고 생각하는가? 생명의 주인공은 바로 당신 자신이다. 당신이 당신 자신의 생명에 대해 주인공이라는 자세를 갖고 있지 않다면 아무 일도 일어나지 않는다.' 이렇게 이야기를 시작합니다.

생각해보면 이것은 인권에 대한 이야기입니다. '아무개라는 사람은 어느 해 어느 달 어느 날에 태어나고, 히로시마에서 이렇게 자라고 저렇게 되었다. 아무리 찾아봐도 당신이라는 인간은 당신 외엔 단 한사람도 없다. 피폭자는 몇 만 명이나 있지만, 누구를 보더라도 당신과 같은 사람은 없다. 당신은 여기 이 자리에 있는 당신 외에는 단 한사람도 없다. 세계의 어디를 걸어 봐도 60억 인구 중에서 당신은 한사람뿐이다. 소중하다고 생각하지 않는가?' 이렇게 말하면 모두가 놀랍니다. 이런 식으로 이런 저런 이야기를 하다보면 '선생님, 선생님은 그렇게 말씀하시지만, 머리도 나쁘고, 돈도 없어서 무엇이든 일을 해야 하고, 똑같은 것을 매일 반복하면서 살고 있습니다. 저는 이런 것밖에 가능하지 않습니다. 이런 사람에게 그런 말씀을 하시다니요. 제가 세계를 상대로 살아가는 것이 가능하기나 할까요?' 이렇게 말하곤 합니다.(웃음)

'그러면 누가 그렇게 시켰는가? 왜 그런 생각을 하게 되었는가? 학교에 갔을 때부터 산수도 못하고 어떤 것도 잘 하지 못해서, 선생님이 저 놈은 잘하는데 넌 왜 그렇게 못 하냐, 좀 더 열심히 공부하라는 식으로 당신은 차별받아 왔다. 나는 저놈보다 산수를 못할지 모르지만, 씨름을 하면 저놈보다 내가 훨씬 세다고 생각한 적이 있을 것이다'고 말하면, 대개 '있습니다'라고 답변합니다. '그것이 당신 아니겠는가? 따라서 당신은 당신밖에 할 수 없는, 당신만이 갖고 있는 것 때문에 살아가고 있는 것이다. 그것이 바로 당신이 당신 인생의 주인공이라는 말이다'고 하였습니다.

'질병도 그런 것이다. 다른 사람의 몸이 질병에 걸린 것이 아니다. 바로 당신의 몸이 병에 걸린 것이다. 누가 걸렸나? 바로 당신이 걸린 것 아니겠는가? 자연스럽게 낫는 병은 없다. 똑같은 결핵균에 감염되어도 중병이 되는 사람과 가볍게 걸리는 사람이 있다. 가볍게 걸린 사람은 그만큼 노력을 하고 있는 것이다. 당신이 아무것도 하지 않는데, 병이 악화되면 의사에게 가보면 무언가 되겠지 할 수 있는 그런 간단한 것이 아니다'라고 말하면서, 저는 인권이라는 말은 한마디도 하지 않았습니다.

'당신은 세상에서 딱 한사람이다. 당신의 생명을 당신이 필사적으로 지키지 않으면 누가 지켜주겠는가?'라면서 어떻게 해야 할 것인가를 이야기하곤 했습니다. 예전부터 제가 자주했던 이야기는 열심히 살자는 것입니다. 몸에 나쁜 것은 바로 그만두라고 말합니다. 몸에 나쁜 것은 무엇인가? 흡연. 금연하면 모두 진짜 청년이 되고 맙니다.(웃음) 이런 얘기를 반복하면서 사람의 생명을 지키는 것은 자신밖에 없다, 자신이 어떻게 살 것인가를 결정하고, 책임을 지고 살아야한다는 생각을 갖게 하는 것이 방사선과 싸우는 것이라는 식으로, 저 자신도 어느새 생각하게 된 것입니다. 지금 강연요청이 오면 이런 경험을 이야기합니다.

오쿠보 ·· 어머니들은 어떻게 받아들입니까?

히다 ·· 좀 더 심각하게 받아들입니다. 구체적으로 앞에서 얘기한 내용 외에 다른 사례를 얘기하는 것은 아니지만, 여하튼 밤늦게 까지 전기를 켜 놓고 무언가 하는 것은 그만둬야 한다, 몸이 중요하기 때문에 그만둬야 한다, 밤늦게까지 텔레비전이라니 당치도 않다, 그런 쓸데없는 것을 보면서 히죽거려야 하느냐고 말하면 모두 웃습니다. 대개 다 그렇게 하고 있기 때문이죠.(웃음)

결국 예전부터 얘기해 왔던 '해와 함께 일어나고, 해와 함께 일하러 가고, 해가 지면 자야 한다. 사람은 예전부터 이렇게 생활해 왔으며, 육지 위로 기어 올라와 조금씩 삶을 연장해온 것이다. 따라서 우선 느긋해져야 한달지 아주 귀찮아해야 한달지, 무엇이랄까 아무튼 무언가 예전으로 돌아가야 하지 않겠는가?' 물론 기계적으로 8시에 정확히 취침하라고 말하는 것은 아닙니다. 노력해서 그런 생활에 가까워져야 한다는 말입니다.

예전부터 쌀을 주식으로 해온 일본인은 쌀의 탄수화물(전분)에서 섭취하는 에너지가 음식물 에너지 중 가장 큰 비중을 차지하고, 가장 중요하다고 할 수 있습니다. 그렇지만 대개의 식사방법은 탄수화물 에너지를 그냥 변으로 내보내버리고 맙니다. 왜냐하면 입속에서 꼭꼭 씹어 침과 잘 섞지 않기 때문입니다. 침과 잘 섞는 것은 입속에서 시간을 갖고 반복해서 씹어야 하고, 그때 침 속의 디아스타제[1]라는 효소가 작용하여 전분이 장까지 갈 때 장의 세포가 그것을 100% 흡수할 수 있도

····

1. 디아스타제는 전분(녹말)을 분해해서 포도당으로 바꾸는 효소이다.

록 전분의 형태를 변형시켜주는 역할을 합니다. 형태를 변형시켜주지 않으면 그대로 대변으로 배출되고 마는 것입니다.

따라서 의미를 알 수 없더라도 다만 30회를 꼭 씹으라고 말합니다. 아주 부드러운 것은 그렇게까지 씹을 필요는 없습니다. 단지 입속에 넣고 우물우물거려도 좋습니다. 다른 것을 넣고 함께 씹으면 더 좋습니다. 이런 얘기를 하면 잘 알아듣습니다. 그러면서 지금까지 제가 말해온 여러 얘기들도 올바른 것이라고 생각해줍니다.(웃음)

오쿠보 ·· 히다 선생님의 마인드 콘트롤로 보이네요.(웃음)

히다 ·· 이러면 돌아갈 때에 모두 확실히 표정이 밝아집니다. 돌아갈때 저에게 와서 '악수하고 싶습니다' 한다든지, 저와 얘기하고 싶어합니다. '선생님의 건강을 저도 받고 싶습니다'고 얘기하기도 합니다. '저는 내일부터 즐거운 기분으로 살 수 있을 것 같습니다'고 말하면서 돌아갑니다. '지금까지는 무엇이 좋은 것인지 알 수 없어서 불안에 떨며 어둠속에서 지냈지만, 오늘 선생님 말씀을 듣고 내일부터 자신감을 갖고 살 수 있는 느낌이 듭니다'라고 말해주는 사람도 있어서 이런 정도면 됐다고 생각했습니다. 따라서 이제는 어디를 가든 이런 이야기를 하게 되었습니다.

오쿠보 ·· 문제는 후쿠시마에서 대피하고 있는 사람이나 후쿠시마에서 일부러 다른 지역으로 이사를 가야 하는지, 혹은 아이들을 밖에서 놀게 해도 되는지, 고민하고 있는 어머니들의 경우 후쿠시마 현 밖에서 살고 있는 사람들과는 차원이 다른 불안을 갖고 있다는 것입니다.

히다 ·· 후쿠시마에서 이런 이야기를 해서 통할 것인가 아닌가는 알 수 없습니다. 다만 말할 수 있는 것은, 저를 보더라도 그렇고 어디로 대피하더라도 상황은 변하지 않는다는 것입니다. 여기보다는 다른 지역으로 가는 것이 안전하다는 생각은 일본 내에서는 불가능합니다. 좁은 나라이기에 이 점은 확실하다고 말씀드릴 수 있습니다.

또 한 가지 이런 이야기도 심각합니다. 여성들이 '친정에 가서 아이를 낳아도 좋을까요?' 하고 묻습니다. 이것은 방사선이 있기 때문에 어쩔 것이냐는 식의 문제가 아닙니다. '어떤 의미이든 당신이 아이를 임신하게 된 것은 당신의 어떤 행위결과로서 발생한 것이다. 당신의 행위에 대해서는 당신이 책임을 져야 한다. 잉태한 생명이 태어나서 어떻게 될 것인가의 문제는 당신도 알 수 없는 것이고, 누구도 알 수 없다'고 이야기합니다. '어떤 말을 해도 자신의 의사로 생명을 도중에 끊어버리는 것은 절대로 있을 수 없다. 나는 이런 행위를 허용할 수 없다. 이것은 당신의 의지로 어떤 결정을 내릴 수 있는 것이 아니다. 지구상에 인류라는 종족이 자손을 남긴다는 의미로 당신에게 부여된 행위였기 때문에, 결과가 어떻게 될지 알 수 없지만, 출산하는 것까지는 당신의 책임이다. 출산하세요, 절대로 도중에 어떻게 해서는 안 된다'고 이야기합니다. 이것은 고등학교에서 강연할 때 있었던 일이지만, 절반 이상이 여학생이었습니다. 이 문제가 가장 큰 관심이었습니다. 이런 이야기를 할 때 모두들 진지한 분위기였습니다. 어쨌든 아기를 낳아야 하는구나 생각하는 여학생, 안심하는 표정을 짓는 여학생, 당연한 것이라는 표정을 짓는 여학생 등 반응은 다양했습니다.

오쿠보 ·· 다양한 걱정은 있을지 모르겠지만, 누군가가 완벽하게 그런 불안을 없애는 것은 불가능하겠네요.

히다 ·· 세계에 어떤 명의가 있다고 해도 '이렇게 해보세요'라고 말할 수 있는 사람은 아무도 없습니다. 치료방법은 없습니다. 몸에 들어온 방사선을 끄집어내서 밖으로 버릴 수 있다면 좋겠지만, 현재로서는 좋은 방법이 없습니다. 따라서 기본적으로 방사선 피폭이라는 조건을 회피할 수가 없습니다. 돈이 있는 사람이라면 완전히 방사선이 없는 어떤 나라에 가서 살 수 있는 가능성은 있을지 모르겠지만, 모두에게 권유할 수는 없는 것입니다. 다른 방법이 없다면 지금 살고 있는 곳에서 살 수밖에 없습니다. 이런 점을 전제로 하고 살아가는 노력을 해야 하는 것입니다. 결국 방사선과 싸우는 수밖에 없는 것입니다.

싸우지 못하고 져서 죽는 사람도 있을지 모릅니다. 그래도 자신만은 구제될 것으로 생각한다면 절대로 틀린 생각입니다. 피폭의 경우는 모두 같기 때문에, 모두가 살거나 모두가 안 되거나 할 겁니다. 나만 여기서 도망칠 수 있을 것으로 생각하지 말아야 한다는 이야기입니다. 따라서 지금 해야 하는 것은 여하튼 이제부터 여기 태어나서 살아가야 하는 당신의 아이들, 그 아이들, 바로 그 아이들을 위해 지구를 깨끗하게 해 놓는 것이다. 원전은 안 된다, 핵무기는 없애자. 방사선에 관한 한 이 두 가지는 당신 책임인 것이다, 책임을 지시라고 말하고 돌아옵니다.

오쿠보 ·· 어떻게 하면 좋을지 알 수 없는 불안이나 초조감뿐만 아니라, 가능한 것과 가능하지 않은 것도 있으므로, 가능한 것은 이런 것이 있다, 방향성을 드러내보자, 스스로 노력하는 과정에서 건강해지자는 것이네요.

히다 ·· 지금 나에게 일정표가 빨갛게 될 정도로 요청이 오는 것은 '히다의 이야기를 듣고 건강해졌다'고 판단하기 때문이겠죠.

오쿠보 ·· 누가 무엇을 이야기하건 불안이 해소되지 않는다는 성질의 문제이기 때문입니다. 히다 선생님은 우선은 오래 살고 계십니다. 그리고 많은 피폭자를 진료해왔습니다. 게다가 핵무기반대, 원전반대 운동을 하는 건강한 할아버지가 나와서 확신에 찬 말씀을 하시는 것이 좋다고 생각합니다. 실제 히다 선생님은 그런 사람들을 상대로 말씀을 해 오셨으니까요.

---

* 9조모임
'일본이 전쟁을 영구히 포기하고 전투력을 보유하지 않는다'고 정한 제9조를 포함한 일본국헌법의 '개정'을 저지하기 위해 2004년 6월에 일본의 호헌파 지식인과 문화인 9명의 선언으로 결성된 모임이다. 현재 일본 각 지역 각 분야별로 수천 개가 넘는 9조모임이 결성되었다.

*일본 겐쓰이쿄(原水協; 원수폭금지일본협의회)
'원수폭금지일본협의회'는 1954년 3월 1일, 미국이 중부태평양 비키니 환초에서 시행한 수폭실험의 피해(다이고후쿠류마루(第5福奄丸) 사건)에 항의하는 국민적인 여론과 운동의 고양 속에, 1955년 8월의 제1회 원수폭금지세계대회 개최를 거쳐 9월 1일에 결성되었다.
일본 겐쓰이쿄는 핵전쟁저지, 핵무기전면금지, 폐기, 피폭자지원과 연대라는 3가지를 목표로, 매년 8월의 원수폭금지세계대회 개최, 일상적인 원수폭금지 국민 서명운동, 피폭자와 협력한 피폭실상의 보급 등 다채로운 행동을 시행하고 있다. 홈페이지 http://www.antiatom.org/

*원폭증인정집단소송
'원자폭탄피폭자 지원에 관한 법률'(피폭자지원법) 10조, 11조는 '피폭으로 인

한 질병이나 상해가 원폭방사선의 영향으로 의료를 필요로 하는 상태에 있다고 후생노동성 장관이 인정한 경우는 해당하는 의료비를 전액 국고부담으로 하면서 월 13만여 엔의 의료특별수당이 지급된다.'로 규정하고 있다. 이것이 '원폭증 인정제도'이다.

2003년 4월 17일 이후 전국 각지의 법원에서 인정을 받지 못한 피폭자가 집단적으로 소송을 제기한 것이 '원폭증인정집단소송'이다.(최종적으로는 원고수 306명, 17개 지방법원 계류중) 각지의 지방법원에서 승소판결 후, 2008년 3월 17일에 후생노동성은 종래 원인확립에 기초한 심사를 전면적으로 개정한 '신심사방침'을 공표, 실시하게 되었다. 이후 2009년 8월 6일에 히로시마에서 일본 히단쿄(被団協)와 아소 다로(麻生太郎) 총리(당시) 사이에 「원폭증인정집단소송의 종결에 관한 기본방침에 대한 확인서」가 체결되어, 전면적인 해결과정에 이르게 되었다.

상세한 내용은 『원폭증인정집단소송투쟁의 기록 보고집·자료집』(일본평론사, 2011년)을 참조.

| 2 | 사람으로서 해야 할 것을 실천한다

오쿠보 ·· 히다 선생님의 최대의 설득력은 오히려 자신이 피폭자라는 점에 있습니다. 피폭하면 어쩌나 불안해하는 많은 피폭자들이, 선생님께서 피폭자임에도 불구하고 건강하게 살고 있다는 점으로 긍정적 효과를 느끼는 것 같습니다.

히다 ·· 요즘 제가 말하는 것을 무시하는 사람들은 저에 대해 다양한 이야기를 합니다. 요컨대 방사선이라는 것은 경우에 따라서는 장수하는 데 도움이 된다는 거죠.(웃음)

오쿠보 ·· 그렇게도 얘기할 수가 있겠군요.(웃음)

히다 ·· '히다 선생이 증거다'라고 얘기합니다.(웃음)

오쿠보 ·· 그런 얘기는 그것대로 좋은 것 아니겠습니까? 히다 선생님이 '가능한 한 해봅시다. 면역력을 늘려줍시다. 꼭꼭 씹어 먹읍시다'고 말씀하시는데, 그것은 어떤 의미에서는 초낙관주의라고 할 수 있겠죠. 그런 이야기를 할 수밖에 없다고 생각합니다. (방사선에 오염된_옮긴이 주) 지역을 떠나야 할 것인가, 떠나지 말아야 할 것인가, 방제작업은 어느 정도까지 해야 하는가 등의 이야기가 중심이 되면 아무래도 암울한 느낌뿐일 겁니다.

히다 ·· 가능한 사람은 가능한 대로 좋은 것이죠. 가능하지 않다면 가능하지 않은 상황에서 어떻게 하는 것이 좋은가라는 이야기를 해야 할 때, 어쨌든 무언가 얘기해야 하지 않겠습니까?

일본 히단쿄(被団協)*의 원폭피폭자중앙상담소 연수회를 위해 전국을 돌아보는데, 가장 많이 갔던 지역은 7번입니다. 30년간 대개는 5번 정도는 가봤고, 가장 적게 갔던 토호쿠(東北) 6개 현도 4번 정도는 갔습니다.

연수회에서는 매년 비슷한 것을 이야기하고 있습니다. 그렇지만 올해는 이런 것을 이야기해 볼까 초점을 두는 내용을 정해서 죽 써내려 갑니다. 식사, 운동, 수면 같은 내용이 모두에게 가장 중요한 문제라서 이런 내용을 쓰게 됩니다.

처음 얘기할 때는 재미있었습니다. '모두 태어나 자라면서 사람으로 살아왔다. 세계에 60억이라는 인구가 살고 있다. 생각해보면 60억의 사람이라는 존재가 살아가는 것은 딱 6개로 정리할 수 있다.' 이렇게 말합니다. '자고, 먹고, 배설하고, 일 하고, 놀고(휴식), 섹스를 합니다. 6가지 외에 또 하는 일이 있다면 손들어보세요.' 이러면 모두 다양한 말을 합니다.(웃음) 다양하게 말을 해도 가만히 생각해보면 6가지 내용 중에 다 포함됩니다.

그래서 '알겠습니까?' 말하면 모두 납득합니다. 사람은 아주 오래 전부터 6가지를 모두 해왔던 것입니다. 섹스도 하고, 일은 일대로 하고 했던 것이지요. 인간이 태어나서 지금까지 죽 살아오면서 같은 것을 해왔던 것입니다. 그렇게 할 때 어떤 한 가지를 너무 지나치게 많이 하면 안 된다는 것, 혹은 가끔 할 수는 있어도 나중에 가서 그만둬버리는 것도 안 됩니다. 같은 것을 매일같이 쭉 계속하면서 오늘까지 인류는 생을 연장해온 것입니다. 그리고 인류는 지금도 늘어나고 있습니다.

오랜 경험 속에서 해보니 좋았다고 하는 점이 있었을 겁니다. 그것을 어딘가에 기록해야만 했는데, 예전의 사람은 글이 없었으니, 쓸 수는 없었겠죠. 모두가 하나의 생각을 했는데, 어떻게 하는 것이 좋은지를 생각해보자고 했던 것입니다. 그랬을 때 할아버지가 이렇게 이야기합니다. '30번 씹고, 많이 먹지 마라' 이런 얘기를 해줍니다. 이런 이야기는 모두에게 좋은 겁니다. 이걸 잘못하면 사정이 나빠지는 것이지요. 그렇습니다. 섹스가 너무 좋다고 많이 하면 안 된다. 모두 기억이 날 겁니다.(웃음) 그런 말을 하면 자연스럽게 자신은 사람으로서, 예전부터 살아온 사람 중 하나로 살아왔지만, 쓸데없는 지식만 잔뜩 갖고 있고 핵심적인 내용은 전혀 모르고 있었다는 생각을 하게 됩니다.

*일본 히단쿄(被団協; 일본원수폭피해자단체협의회)

1956년 5월에 히로시마 현 원폭피해자단체협의회(히로시마 현 히단쿄)가 결성되었고, 같은 해 8월 10일, 나가사키 시에서 개최된 제2회 원수폭금지세계대회 둘째 날에 결성되었다. 히로시마와 나가사키에서 원폭피해를 입은 생존자(피폭자)들이 도도부현마다 결성하고 있던 피폭자 46개 단체가 가입하는 피폭자 유일의 전국조직으로, 주로 다음과 같은 활동을 하고 있다.

① 핵무기폐지와 원폭피해를 위한 국가보상요구, ② 일본정부, 유엔, 여러 국가정부에 대한 요구 행동, ③ 핵무기의 폐기, 철거, 핵무기폐지 국제조약의 체결, 국제회의의 개최, 비핵법의 제정, 원폭피폭자 지원법의 국가보상 법률로의 개정, 피폭자대책의 충실화 등, ④ 피폭의 실상을 국내외에 보급하는 활동, ⑤ 원폭피해의 조사, 연구, 출판, 전시, 집회, 대표 파견, ⑥ 피폭자의 상담, 지원활동. 홈페이지는 http://www.ne.jp/asahi/hidankyo/jihon/index.html

원폭증,
그리고 내부피폭에
대한 확신

【제1장】

원폭증과
만나기까지

・ 히다 슌타로 연보 ・

1917년 1월 1일	은행원인 아버지 히다 기쿠(肥田規矩)와 어머니 데루코(輝子)의 장남으로 히로시마 시 단바라초(段原町)에서 태어남.
1923년	도쿄의 아부라(麻布) 중학교를 졸업. 이때 아버님의 전근으로 오이타(大分), 도쿄(東京), 요코하마(横浜), 사카이(堺), 오사카(大阪) 등에서 초등학교 3회, 중학교 2회 전학을 함.
1935년	와세다(早稲田) 제1고등학원 건축과에 입학했으나 퇴학.
1939년	니혼(日本) 대학 전문부 의학과에 입학.
1942년	재학 중 소집되어, 기후(岐阜)의 제68연대에 사병으로 입대. 간부 후보생으로서 토요하시(豊橋) 예비사관학교에 재학 중, 군 명령으로 육군군의관 위탁생 시험을 보고 합격하여 소집 해제되었으며 모교로 복귀.
1943년	니혼 대학 졸업, 육군군의학교에 입교, 군의견습 사관에 임관.
1944년	육군군의학교 졸업, 군의관 소위로 임관하여 히로시마 육군병원에 부임.
1945년 8월 6일	원폭피폭. 피폭자 구제, 치료를 담당함. 후생성 기술관에 임관되어 국립 야나이(柳井) 병원에 부임.

| 1 | 의사를 희망하며 니혼(日本) 대학 전문부의학과에 입학

왜 의사를 희망했던가, 저 자신도 잘 모르겠습니다. 아마도 학생시대에 갖고 있던 어떤 적당한 의미가 있었던 것 같습니다. 하고 싶은 일이 많았던 제멋대로의 생각에 이런 저런 다양한 경험을 해보고 싶은, 말하자면 틀에 박힌 과정은 싫다고 생각했습니다. 내 친구들 중에는 제일고등학교와 도쿄 대학에 진학했던 정말 우수하고 성실한 아이들이 있었습니다. 대단히 신뢰할 수 있었지만, 인생의 측면에서는 가장 혐오했던 유형이었습니다. 그 아이들은 내가 무슨 생각을 하고 있는지 알지 못했을 겁니다.

그들과는 대조적으로 나는 자신의 의지가 아니라 부모가 결정하여 입학했던 와세다 제1고등학원 건축과를 그대로 계속하는 것이 싫어서 대학 진학하는 해에 무엇이든 해서 어떻게든 끝내야겠다는 심정이었습니다. 부모님에 대해서는 죄송한 마음뿐이었지만, 어쨌든 이대로 다니는 것은 싫다는 마음이어서 실행했습니다. 2학년 되던 해에 휴학하고 2학년을 두 번 다니고, 3학년이 돼서, 또 제멋대로 얘기하고 휴학해서 결국은 고등학교를 졸업하지 않은 상태로 퇴학해버렸습니다. 그대로 졸업했다면 전쟁터에 가서 죽었거나, 살았다고 해도 변변치 못한 사람이 되지 않았을까 생각합니다.

이렇게 해서 의사가 되는 길을 선택한 것이지만, 고등학교 중퇴였기에, 전문학교밖에 갈 수 없었습니다. 대개는 4년제였지만, 니혼 대학의 의학 전문학교는 5년제였습니다. 따라서 조금은 공부할 수 있는 기회가 있겠거니 생각하고, 1939년에 들어갔습니다. 나는 고등학교에 4년이나 다녔기에 중학교 졸업생과 함께 입학하여 시험성적은 1등이었습니다. 이로 인해 입학하고서 학년대표가 되어버렸습니다. 옛 시절의 학년대표였기에 학교에서 말하는 것을 정확하게 전달해야 하는 막중한 임무를 갖고 있었습니다.

의사를 희망했던 계기랄까 하는 것은 있었습니다. 당시 저에게 여자친구가 있었습니다. 당연히 제가 좋아했는데요. 그 친구의 오빠가 당시 사회주의 운동의 영향을 받고 있어서, 그녀도 사회주의에 대해 다소 이해하고 있었습니다. 내가 놀기만 했기에 조금은 그쪽으로 생각을 돌리려 하는 의도도 있었다고 생각합니다. 어느 날, 쓰미다 천(隅田川)[2] 근처에 있던 가난한 가정의 아이들을 돌보고 있던 탁아소에 동행하였습니다. 원장이 스웨덴 사람이었습니다. 원장은 "일본사람에게는 휴머니즘이 없다. 근처에 의사는 딱 한 사람이 있는데, 돈이 없고 더럽다고 말하면서 여기 아이들을 진찰해주지 않는다. 나는 일본을 존중하지만, 이런 것은 존경할 수가 없다"고 인상적인 말을 하였습니다. 이 말을 듣고 의사가 돼볼까 하는 생각이 강렬하게 일었습니다. 그때 니혼 대학에 입학해서 사귄 친구들이 있어서 처음으로 도쿄의 가난한 지역을 돌면서 가능한 방법으로 도와주자는 운동을 시작했습니다. 그러면서 당시 게이오기주크(慶應義塾) 대학의 나보다 1년 위였던 곤도마사오(近藤正夫)라는 사람과 좋은 친구가 되었습니다. 전쟁 중에는 다른 의과학교에도 이런 운동이 확산되어, 단체이름이 필요해 '아동위생연구회'라고 했습니다. 약 1년 반이 지났을 때, 문부성에서 연락이 와 저와 곤도와 2~3명이 함께 갔었습니다. 좋은 일을 하고 있어서 표창을 받으려나 생각했는데, 어이가 없었습니다. "이런 시기에 자유주의운동은 절대 안

••••
2. 도쿄 도 북구에서 시작하여 도쿄 만으로 흐르는 총길이 23.5킬로의 하천

된다, 즉시 해산하라." 이렇게 이야기한 사람이 바로 아라키사다오(荒木貞部) 문부성 장관[3]이었습니다. 말은 그랬지만, 결국 강제로 해산시켰습니다. 따라서 저는 군국주의가 관념적으로 싫은 것이 아니라, 구체적으로 싫었습니다.

| 2 | 군사교련에 트집 잡아 강제 입대

그런 일이 있은 후에 우발적인 사건으로 인생의 진로를 변경해버린 상황이 발생했습니다. 당시는 전쟁 중이었기에 학교에는 배속장교가 있고, 학교교련이라는 수업이 있었습니다. 반드시 1주에 1회 2시간 총을 갖고 군사교련을 했습니다. 군국주의 풍조가 점점 강해지고 있었고, 교수나 강사가 수업을 휴강할 경우에는 바로 교련시간이 되었습니다. 총을 드는 횟수가 점점 늘어나고 있었습니

기후에서 소집될 당시 히다 선생

다. 이런 경우 학생들이 짜증을 냈습니다. "우리들이 졸업하면 군에 들어가 싸울 텐데, 지금 여기서 공부하지 못하면 의사로서의 지식이 부족할 수밖에 없다. 적어도 여기 있는 기간은 공부해야만 한다." 당연한 요구였습니다. 나는 학년대표였기에 그것을 배속장교에게 건의하기 위

••••

3. 아라키사다오(1877년 5월 26일~1966년 11월 2일)는 제53대 문부성장관. 재임기간은 1938년 5월 26일~1939년 8월 30일. 일본육군의 군인, 남작. 최종계급은 육군대장. 황도파(皇道派; 일본육군 내의 파벌로서 천황제국가를 지향하고, 소련과의 대결을 추진했다.)의 중진이고, 문부성장관 시절은 군국주의 교육에 매진했다.

해 가면 처음 한두 번은 아무 말 하지 않고 휴강 시 자습을 시켜주었습니다. 그러나 세 번째인가 네 번째부터는 안색이 험악해졌습니다. "솔직히 말해 너를 우수한 학생이라고 생각해 왔다. 성적은 좋고 무엇을 시켜도 지도적 입장에서 확실히 하고 틀리는 것이 없었다. 장래 우수한 의사가 될 것으로 생각해왔다. 그러나 전쟁 상황이 심각해지고 있는 이때 학교교련을 어떻게든 1회라도 줄이려고 생각하는 사람에게 나는 찬성할 수 없다. 이것은 너를 위해 하는 말이지만, 이대로 학교에서 꾸물대지 말고 먼저 군대에 가서 군 복무를 하면서 일본인이 어떻게 해야 할까를 철저하게 배운 다음에 학교로 돌아오는 것이 좋을 것 같다. 너는 군대에 가라." 이렇게 말했습니다. 당시는 본인이 모르는 상황에서도 수속이 가능했습니다. 저는 그 길로 소집되어 군대에 가게 됐습니다.

| 3 | 사병으로 입대, 그리고 현역 군의관으로

그래서 결국, 1942년에 기후(岐阜)[4]의 제68연대에 사병으로 입대하여 군대생활을 시작했습니다. 군대는 모두가 아는 바와 같이 비상식적인 생활을 해야 했지만, 저는 등산을 했었기에 신체가 대단히 좋았습니다. 아무리 심한 훈련도 견딜 수 있는 힘이 있어서, 그때 같이 입대했던 모든 병사 중에서 성적은 제일 좋았습니다. 1등을 하려고 노력했던 이유 중 하나는 군대에서는 꾸물거렸다가는 얻어터지기 때문입니다. 그것이 싫었기에 그것을 피하기 위해서는 1등을 하는 것이 좋다고 생

••••
4. 해안선을 갖지 않은 8개 내륙 현 중 하나. 일본의 중부지방에 있다. 지도를 보면 정중앙에 가깝다.

각했습니다. 훈련도 싫었지만, 제일 싫었던 것은 어처구니 없는 내무반*
생활이었습니다. 요컨대 무언가 하려면 일어서서 "누구누구, 지금부터
무엇을 하겠습니다"라고 큰소리로 외쳐야 합니다. 화장실에 갈 때도 그
렇습니다. 제일 멍청해 보이는 것이었어도 그것을 가장 우수하게 실행
하면 평가는 높아집니다. 처음에 두세 번 맞은 뒤에는 싫어도 큰소리
를 내서 "히다 슌타로, 지금 화장실에 다녀오겠습니다"고 말하면 모두
깜짝 놀라서 쳐다봤습니다. 무엇이든 이렇게 하면 예전 군대에서는 맞
지 않았습니다.

　게다가 총을 쏘는 것도 1등이었습니다. 이것은 사실 저 자신도 잘 몰
랐던 것이지만, 저는 선천성 원시였습니다. 300미터 앞쪽에 있는 과녁
이 확실하게 보였습니다. 열심히 해서 맞추곤 했습니다. 부대에서는 우
수한 사병이 왔다고 좋아했고, 학생이었기에, 장교가 되는 것이 좋겠다
고 해서 간부후보생으로 아이치(愛知)의 토요하시(豊橋)[5] 육군예비사
관학교*에 보내졌습니다. 여기는 보통의 사관학교와 똑같이 교육했습
니다. 훈련을 맡은 교관이 출세주의자라 훈련이 엄격했습니다. 무엇을
시켜도 저는 1등이었습니다. 행군훈련에서 장교역할을 시켜도 저는 가
장 우수한 성적을 올렸습니다. 조금 이상하게 생각될지 모르지만 졸업
할 때 우수한 3인에게는 선물로 군도(軍刀)를 수여합니다. 저는 제8소
대 중에서 1등이었고 가르치고 있던 육군소위 소대장은 자신이 가르
친 학생 중에서 1등이 나오면 출세할 수 있었습니다. 이런 이유로 저에
게 기대를 하고 있어 저도 열심히 했던 것입니다.

　이런 상황에서 어느 날 전혀 예상하지 못한 사건으로 제 진로가 변

••••

5. 토요하시는 일본의 중부지방 아이치(愛知)현의 남동부에 있는 도시이다.

경된 것입니다.

그 날은, 전날 큰 훈련이 있었기에 다들 몸이 녹초가 되었고, 다음날 포상으로 기상시간이 1시간 연장되고, 오전 중에도 훈련은 없어 학습하기에 적당한 반나절 휴가가 된 날이었습니다. 들뜬 마음으로 아침에 일어난 모두가 '붓칸바'(物干場; 원래는 빨래 말리는 곳이라는 의미인데 여기서는 세면장을 지칭하는 군대 은어)에 갔습니다. 잠깐 칫솔질을 하면서 보니 안개가 잔뜩 꼈습니다. 토요하시(豊橋)는 일본에서 안개가 가장 많은 지역입니다. 그때 작은 새의 울음소리가 들려왔습니다. 울음소리를 듣고 있자니, 예전 북알프스의[6] 높은 곳에서 캠프를 했을 때 짙은 안개가 낀 아침에 들었던 새 울음소리가 기억나서, 안개로 아무것도 볼 수 없었지만, 꼭 산에 있는 그런 느낌이어서 잠깐 멍하게 있었습니다. 그때 부관을 이끌고 학교장이 말을 타고 왔던 것입니다. 저 이외의 모든 병사는 교장을 보고, 누군가가 '경례'라고 소리쳐서 경례를 했던 것입니다. 저는 새 울음소리를 듣고 있던 상황에서 이 소리를 듣지 못해 경례를 하지 못했습니다. 그러자 부관이 쏜살같이 달려와 제 뒤에서 발로 차면서 "이따가 교장실로 와" 하고 명령했던 것입니다.

교장실에 갔더니 각 과의 교관이 있는 가운데 질책이 있었습니다. "무엇 때문에 경례를 하지 않았나?"고 화를 내면서 소리를 쳤습니다. 보통의 경우 "몰랐습니다"고 답변하면 약간의 처분은 있을지언정, 그런 대로 정리가 됩니다. 그런데 저에게는 의사가 되고 싶다는 희망으로 학

••••

6. 북알프스는 일본의 후지야마 현, 기후 현, 나가노 현에 걸쳐있는 히다(飛騨) 산맥을 지칭하는 것이다. 히다 산맥은 키소(木曽) 산맥, 아카이시(赤石) 산맥과 합쳐 일본알프스라고도 불린다. 일본알프스라는 명칭은 영국인 광산기사 윌리엄 골란드(William Gowland)가 붙인 이름이다. 산맥의 주요부분은 일본에서 중부산악국립공원으로 지정되어 있다. 산맥의 최고봉은 해발 3,190미터이며, 후지산(富士山)과 키다다케(北岳)에 이어 일본에서 3번째로 높은 산이다.

교에 다니던 중에 입대한 원통함이 있었습니다. 그래서 생리학적으로 설명할 생각으로 "실은 경례라는 소리를 어딘가에서 했다는 것은 들었습니다. 그러나 그때 제 뇌에서는 그것을 정확하게 이해할 수 없었기에 경례를 해야만 한다는 명령이 운동신경에 전달되지 않았습니다"고 말을 했습니다. 생리적으로 이만큼 정확한 말은 아마 없을 겁니다. 그런데 이렇게 답변하자 알았는데도 경례를 하지 않은 상황이 돼 버렸습니다. "알면서도 경례를 하지 않았단 말인가? 도대체 뭘 생각하고 있었나?"라는 질문이 바로 나왔습니다. 경례는 천황에 충성을 다하는 하나의 형식입니다. 설령 바로 한 계급 위의 일병한테도 제가 이병이었으므로 경례를 해야만 했습니다. 경례를 하지 않는다면 천황에 대한 경례를 하지 않은 것과 마찬가지였습니다. 그것이 군대 규칙이니까요.

경례에 대해 그런 식으로 말을 하니 수습할 수가 없었습니다. 저로서는 침묵하는 것 외에 방법이 없었습니다. 후려치거나 발로 차더라도 꼿꼿이 서 있는 수밖엔 없었습니다. 불쌍한 소대장은 얼굴이 하얗게 돼 버렸습니다. 그럴 때 교장이 "잠깐 기다려"라 말하면서 "이 후보생의 중학교 군사교련 성적표를 갖고 와라"고 명령하였습니다. 제 성적표가 왔고, 교장 손으로 넘겨져 보고 있었습니다. 저는 교장이 무엇을 생각하고 있는 것인지 의아하면서도, 성적은 좋았기에 나쁜 것은 적혀 있지 않을 것이라고 생각하면서 속내용은 볼 수 없고 겉표지만 보고 있었습니다. '니혼대학 의학전문학교 재학중 히다 슌타로'라고 적혀있었습니다. "히다 후보생은 의학교에 다녔던가?"고 질문해서 "그렇습니다"고 답변했습니다. "의학교에 다녔던 사람이 군의관이 되지 않고 어떻게 이곳에 오게 된 건가?"라고 궁금해 했습니다. 교장은 남방전선[7]에서 귀국한 듯, "최전선에서는 군의관이 없어서 부대 사병들이 너무 힘들다. 실제 전투를 시켜도, 다른 부대처럼 용감하게 싸우지를 못한다. 주저하기 일쑤다. 최전선 군대에게 무엇이 가장 중요한 것이냐 하면 군의관이다. 그런 군의관이 되려는 사람을 군이 소대장에 임명해서 아까운 군의관을 줄여버리니 이런 어리석은 일이 어디 있는가?"고 말하면서 화를 냈습니다. 교장은 지금 생각하면 통이 큰 사람이었던 것 같습니다. 계급은 중장이었습니다. 제가 군대에 오게 된 과정을 알지 못했던 것이지요. "왜 이렇게 된 건가?"라면서 부관에게 화를 냈습니다. 부관은 저를 군대에 보낸 배속장교가 쓴 내용을 보고 "이런저런 생각으로 히다 후보생을 졸업시키기 전에 군대에 보낸 것 같습니다. 저는 그게 잘못된 것이라고는 생각하지 않습니다."고 답변했습니다. 그러자 교장이 "어리석은 놈" 하고 화를 냈습니다. 요컨대 잘못된 판단으로 입대시킨 것이 맘에 들지 않았던 것이지요. "즉각 히다 후보생을 졸업시키고, 군의학교에 보내라. 어떤 방법이 가능할지 조사해보도록" 이렇게 말했습니다. 부관이 열심히 규약을 알아보고 난 뒤 "방법이 하나 있습니다. 후보생은 학생으로서 학교에 소속되어 있습니다. 따라서 후보생이 군의관이 되려면, 평생 직업군의관으로서 근무하는 육군군의위탁생을 희망하여 시험에 합격한다면, 소집을 해제받고 학교에 돌아갈 수 있으며, 졸업 후에 군의학교에 들어갈 수 있는 길이 있습니다"고 답변했습니다. 시험에 합격하면 우선 학비는 육군이 내주고, 졸업하면 군의학교에 가서

••••

7. 일본군은 1941년 12월 8일 영국령 말레이에 기습상륙을 개시하여, 태평양전쟁(소위 대동아전쟁)을 시작하였으며, 1942년 5월 버마를 제압하여 완료했다. 남방전선은 이때 일본군이 침략한 동남아시아와 태평양 각 지역을 말한다. 남방전선의 전투를 일본에서는 남방작전이라 부른다. 일본군은 16만 명 이상의 포로를 잡았고, 일본군 사망자는 1만 명에 불과했다. 1942년 초에 일본군은 버마에서 솔로몬 군도까지 동서 7,000킬로, 남북 5,000킬로라는 강대한 지역을 장악하였다. 일본군의 우세는 1943년 중반 이후 역전되기 시작한다.

현역군의관이 되는 것입니다. 평생 군대에 있게 되고, 성적이 좋으면 차차 승진도 해서 저 유명한 731부대의 이시이 시로(石井四郞) 중장[8]같이 되는 것입니다. 군의관은 중장이 가장 높은 계급입니다. 직업군인이 되는 길인 것이죠. "후보생은 그런 길이 있다는 것을 알고 있었는가?"하고 질문해서 "알고 있었습니다"고 답변하자, "왜 그렇게 하지 않았나?"고 물었습니다. "나는 의사가 돼서 가난한 가정 아이들의 건강을 지키는 일을 어떻게든 하고 싶었기에 군의관이 되려는 생각은 처음부터 없었습니다."고 답변했습니다. "그때와 상황이 다르다. 군의관이 돼라"고 말하면서 현역 직업군인이 되는 길을 명령받고 1934년에 육군군의학교에 입학해서 현역군의관이 된 것입니다. 그것으로 제 일생이 결정돼버렸고, 우울한 기분이 되었습니다. 어쨌거나 전선에 가서 사망하거나, 살아 돌아오더라도 한평생 군인으로 살게 된 것입니다. 우선은 전선에 가겠구나 하는 생각만 하고 있었습니다.

---

* **내무반[9]**
  병사들이 병영생활을 할 때 최소단위를 말한다. 병영은 연병장 쪽으로 접해 있는 곳을 '사앞(舍前)'이라 하고, 세면장, 화장실이 있는 뒤쪽을 '사뒤(舍後)'라고 하며, 20명 정도가 잠을 잤다.

· · · ·

8. 731부대는 중일전쟁 당시 만주에서 포로를 상대로 생체해부, 수술연습, 인체실험 등을 했던 악명 높은 부대이며, 이시이 시로는 이 부대 설립을 주도한 군의관이다. 최근 '건강미디어협동조합'에서 이 부대에 대한 자세한 기록을 출판했다. 보다 상세한 내용은 『731부대와 의사들』(전쟁과의료윤리검증추진회 지음, 스즈키 아키라 번역, 임상혁 감수, 건강미디어협동조합, 2014년)을 참조.

9. 한국인에게는 익숙한 단어이나 일본인에게는 익숙하지 않은 단어라서 해설을 추가한 것으로 판단된다.

　육군에서는 1927년부터 하급장교(소위, 중위)를 현역장교 외 예비역 장교의 소집으로 충당할 방침을 세우고, 1년짜리 지원병을 대신해 신설한 간부후보생을 위주로 예비역장교로 보충하기 위한 교육을 시행하고 있었다. (1933년에 간부후보생[10]은 갑종과 을종으로 분류하여 이후에는 갑종 간부후보생이 예비역장교로 되는 교육을 받고 있었다.)

　1937년 7월의 중일전쟁 다음해인 1938년 4월 새로운 병과 예비역장교양성을 위한 교육기관으로서, '육군예비사관학교령'(칙령 제139호)과 함께 설치된 것이 육군예비사관학교이다.

| 4 | 군의관으로 히로시마 육군병원에 부임

　1944년 육군군의학교를 졸업하고 군의관으로 임관하였습니다. 수십 명 중 다섯 명만 일본에 남겨지고 나머지는 전부 전선으로 갔습니다. 저는 히로시마 육군병원에 부임했는데 전부 80명 정도의 군의관이 있었습니다. 모두 현역군의관은 아니었고, 소집으로 인해 군에 왔다가 그냥 남은 사람도 많았습니다. 이런 곳에 혈기왕성한 젊은 현역군의관이 들어오니 제일 좋아한 사람은 원장이었습니다. 원장은 소장이었습니다. 당시 일반군의관 중에는 현역군의관이 한사람도 없었습니다. 그런 곳

••••

10. 예전 일본 육군의 간부후보생은 중등교육 이상의 학력이 있는 지원자 중에서 선발하여, 비교적 단기간에 병과 또는 각부의 예비역학교 또는 예비역하사관이 되기 위한 교육을 받은 자를 말한다. 일본 육군에서는 하사관 이상이 부대 간부로 불린다. 1927년 12월에 1년 지원병제도를 수정하여 간부후보생제도를 도입하였고, 1945년 8월 제2차 세계대전이 끝날 때까지 설치되었다. 당초에는 주로 예비역장교의 양성을 목적으로 했지만, 1933년 5월 제도개정 이후에는 예비역장교가 되기 위한 교육을 받는 갑종 간부후보생, 예비역하사관이 되기 위한 교육을 받는 을종 간부후보생으로 수업기간 도중에 구분되었다.

에 28세로 한평생 복무해야 하는 자가 나타났으니 아마 좋았을 겁니다. 대단히 반가워했습니다.

(1) 처음 근무했던 병리실험실과 군대의 전염병검사

우선 처음에 일했던 부서는 병리실험실입니다. 이것은 원내 환자들의 소변이나 혈액을 검사하는 곳입니다. 또 다른 임무는 중요한 것입니다만, 히로시마 우지나항(宇品港)[11]에서 외지로 출동하는 군대를 승선 전에 검사하는 것입니다. 배를 기다리고 있는 사이에 소학교 등에 주둔하게 됩니다. 한 부대가 600명이나 1000명 정도 되었는데 이들을 상대로 대변검사를 시행합니다. 이질, 티푸스의 보균자가 없다는 것을 증명하지 않으면 출병할 수 없었습니다. 그 때문에 히로시마 사단 병원에서 임시 대변검사를 제가 있던 병리실험실에서 했던 것입니다.

예를 들면 대변검사 결과 티푸스나 이질 보균자가 의심이 되는 사람이 드러납니다. 결정을 위해서는 약 48시간이 지나야 하고, 또 재검사를 해야만 합니다. 이런 과정을 부대에서는 기다리지 못했습니다. 검사를 하는 우리들은 다음날이 되면 이 부대에는 진짜 티푸스 보균자가 있다는 것을 알고 있었습니다. 그러나 과정상으로는 아직 의심일 뿐입니다. 의심스럽기에 해당 병사는 남아야 한다고 말해도 부대에서는 한 사람도 남길 수 없다고 말합니다. 부대장이라는 사람이 말하는 것이 그 정도였습니다. "진짜 티푸스인가" 하고 묻습니다. "내일이면 알 수 있습니다" 하고 답변하면, "내일 이 부대가 남아 있을지 없을지 알 수

••••

11. 현재의 히로시마 항을 일컫는다. 우지나(宇品)는 히로시마 남구에 위치한 지역이며, 오타강(太田川)의 하구부에 자리잡고 있다.

없다, 무조건 데려가겠다"고 말하는 것입니다. "부대장님의 부대는 선착장에서 대기하셔야 합니다. 저는 이 부대에 티푸스 의심 환자가 있다고 수송부대에게 보고할 것입니다"라고 답변합니다. 그러면 부대장은 "그 서류는 누구 명의로 만드는 것인가" 하고 질문해서, "원장 이름으로 나갑니다만 작성은 제가 합니다"고 답변하면, "티푸스 의심환자는 없다고 써"라고 명령하는 것입니다. 상대는 중령이고 저는 중위이기 때문에 계급이 높은 사람이 명령하면 된다고 생각한 것이지요.

세균배양기 등의 기구가 압도적으로 부족한 상황이라서 대변검사는 한 개의 샤레에 검은 선을 그어놓고 두 명의 변을 샤레의 오른쪽과 왼쪽에 놓게 됩니다. 선은 샤레 표면 유리에 붙어 있고 변을 바르는 배지 위에는 선이 없어서 경계선 부근에서 티푸스 균이 나오게 되면 두 명 모두에게 티푸스 의심을 하게 됩니다. 이런 경우를 포함해 아무튼 당시에는 고생이 많았습니다.

(2) 한센병 환자와의 교류

그 후 전염병동에 결원이 발생했기 때문에, 당분간 병리실험실과 겸임근무를 하게 되었습니다. 전염병 병동의 가장 안쪽에는 엄중히 격리된 한센씨병동이 있었고, 7명 정도의 환자가 있었습니다. 병동의 환자들은 전선에서 돌아온 사병들이었습니다. 외부 사람은 만날 수 없었기 때문에 대단히 무료했고, 적막했습니다. 숨어 지내면서 조용히 살아가는 것이 한센씨병 환자들의 삶의 모습이었습니다. 뭔가 마음이 걸려서 몇 개월간 그들 담당을 매수했습니다. 특별히 다른 것을 한 것이 아니라, 시력이 떨어진 그들을 위해 소설 등을 밤에 소리 내서 읽어 들려주는 정도였지만, 조금이라도 그들이 내일에 대한 의욕을 갖게 되기 바랐던 마음이었지요. 저는 이런 분들을 볼 때 관심을 많이 갖기에 누가 부탁한 것도 아닌데 그곳에 가서 무언가 했던 것입니다.

8월 6일 그들 중 몇 명이 딴 곳으로 옮겨야 했기에 원폭이 투하된 그 시간에는 기차를 타고 갈 예정이어서 히로시마 역에 있어야했습니다. 잘 갔는지 알고 싶어 8월 7일에 히로시마 역까지 갔었지만, 원폭으로 모두 사망한 것 같았습니다.

(3) 전염병동 이후 교육대로

그 후 1945년 4월 1일부로 교육대교관이 되었습니다. 병원에는 매년 새로운 위생병이 들어옵니다. 보통은 일반 부대에 들어가서 3개월 정도 훈련하고 제대로 역할을 할 수 있게 되면 위생병으로 병원에 파견되는 형식이었습니다. 하지만 당시는 어느 부대에도 많은 사병이 들어왔지만, 정작 사병을 교육하는 사람이 없었습니다. 병원에 들어오는 위생병은 병원이 교육해야만 했습니다. 병원 내에서 사병을 가르칠 수 있는 사람은 한사람도 없었습니다. 저 같은 경우에는 예비사관학교에서 훈련받은 경력이 있어서, 조금 잘 풀린 경우라고 할 수 있는데, 교육을 담당하게 된 것입니다.

더구나 부대장으로는 학생시절에 '아동위생연구회'를 함께 했던 곤도 마사오(近藤正夫)가 우연히 소집돼 와 있어서, 그곳으로 파견되면 그 밑에서 일하게 되는 것입니다. 아주 즐거운 마음이었습니다. 그 사람 외에는 괜찮은 사람이 없었기 때문입니다.

| 5 |　원폭투하 전야까지

── 헤사카 마을(戸坂村)[12]에 분원을 건설

교육대에 있을 때 새로운 임무가 내려졌습니다. 히로시마 육군 제1병원이 군의 중추기관이었기 때문에 소개(疏開)명령이 내려졌고, 큰 농가 몇 채와 초등학교 건물의 일부를 빌려 분원을 만들게 된 것입니다. 이로 인해 수술실과 중환자실을 어찌해야 할 것인지 문제였습니다. 병원 간부들은 궁여지책으로 헤사카 마을의 초등학교 교정 내 있는 작은 산에 구멍을 내서 동굴병원을 건설하기로 계획하고, 와세다 제1고등학원 건축과에서 공부했던 경험이 있다는 이유로 저를 '헤사카 작업대'의 대장에 임명했던 것입니다.

부대를 편성해 1945년 6월 중순 헤사카 마을에 가서 작은 산의 경사면에 갱도를 만드는 작업부터 시작했습니다. 여기에 최종적으로는 약 80평방미터의 방을 만들어 수술실과 중환자실 병동을 설립하는 계획이었던 것입니다.

공사종료예정인 7월 31일 제5방면군[13] 사령관이 참모를 대동하고 지하병원작업 현장시찰에 나타났을 때 "이곳을 병원으로 쓰기는 아깝다, 사단작전실로 안성맞춤이다"고 군사령관이 말을 해 안내를 맡았던 병원장을 황당하게 만들어버렸습니다.

••••

12.　히로시마 시 히가시(東)구 북부에 위치한 지역. 1955년에 히로시마 시로 편입되었다.

13.　'제5방면군'은 예전 일본육군 방면군의 하나이다. '방면군'은 군대의 부대편제 단위의 하나이다. 복수의 군으로 편성되고, 방면군이 여러 개 합해 '총군'으로 불린다. 방면군 자체는 미국이나 영국에서는 '야전군'으로 불렸으며, '군단'규모와 같다. 예전 일본 육군에서 제5방면군은 1944년 3월19일에 편제된 부대로서, '북방군'을 개편한 것으로, 홋카이도, 남사할린, 지시마열도(千島列島)를 작전지역으로 하였다. 이상 「야후재팬」 참조

8월 2일 저녁에 제1육군병원 헤사카 분원의 직원 31명이 헤사카 초등학교에 도착하고, 완성된 동굴병원과 소학교의 절반을 빌려 분원이 개설되었습니다.

8월 3일 저녁 저는 "8월 5일 정오에 작업을 종료하고, 부대를 이끌어 당일 저녁까지 귀원하라"는 명령을 받았습니다.

8월 5일 오후 4시에 개설준비에 바쁜 히로시마 헤사카 분원의 사람들이나 마을 사람들과 헤어짐을 아쉬워하면서 헤사카 작업대는 히로시마로 향했고, 저는 여기저기 인사하느라 뒤늦게 히로시마로 돌아왔습니다.

헤사카 마을에서 병원으로 돌아왔을 때 오후 8시가 넘었는데, 원래는 헤사카 작업대장의 임무가 해제되고 새로운 임무를 받을 예정이었지만, 원장은 전날부터 오사카에 출장을 가고 없어서 임무종료 신고가 불가능했습니다. 그때 당일 당직장교가 "너는 오늘밤 비번인가?" 하고 질문해서 "아무것도 없습니다"고 답변하니, "잘됐다, 만주에서 군의관 간부 4명이 오고 있다"면서 히로시마 육군병원에 숙박하는 군의관 간부들에 대한 접대를 의뢰하였습니다. 이때는 식사다운 식사가 나오는 여관이 없어 병원을 이용하는 군의관 간부들이 많았습니다. 엑스레이실(검은 장막을 치고 불도 없었다. 당시는 등화관제가 상당히 엄격했다)에 모포를 깔고 내가 접대자가 돼서 오랜만에 술도 마시고 상당히 취해버려 거기서 잠을 자버린 것입니다. 꾸벅꾸벅 졸고 있는데, 아마 새벽 2시쯤이었을 겁니다. 헤사카 마을에서 환자가 발생했다고 위생병과 헤사카 마을에서 오신 할머니가 억지로 깨워, 누군가의 자전거 뒤에 타고 헤사카 마을로 가게 되었습니다.

| 6 | 그리고 8월 6일 원폭투하의 순간

얼굴 위로 문득 눈부심을 느끼면서 눈을 떴습니다. 1945년 8월 6일 아침이 밝은 것이죠. 제가 있는 헤사카 마을에서 때때로 진료가 필요해서 부르면, 환자들이 사용하는 방에 있다가 눈치 채고 벌떡 일어나곤 했습니다. 시계는 8시를 조금 지나고 있었고, 아무리 빨리 가도 히로시마 육군병원의 시업에 맞출 수 있는 시간은 아니었으며, 헤사카 마을 진료에 임하는 것은 당직장교도 알고 있기에 재빠르게 이불을 개고, 윗목에 있던 군도를 허리에 차면서 다시 무릎을 환자의 겨드랑이에 댔습니다. 환자 아이의 발작은 잠잠해지고 조용히 숨을 쉬고 있었습니다. 할머니께서 밭에 가고, 홀로 남아 깰 때 울기 시작하면 발작이 일어나기 때문에 저녁까지 재워두기 위해 주사기를 꺼내 알코올 소독을 하면서 주사약 앰플을 자르기 시작했습니다.

열린 다다미방에 구름 한 점 없는 8월 6일의 여름하늘이 넓게 펼쳐져 있었고, 아주 높은 곳에 비행기가 한 대 은색 빛을 내면서 천천히 움직이고 있었습니다. 아주 높게 날았기에 일본비행기는 아닐 것이고 아마도 미국의 B29기가 틀림없다고 생각했습니다. 이제 막 히로시마 상공으로 들어왔지만, 당시 정찰비행이 늘 있었기 때문에 그 이상으로 신경 쓰지 않고 주사기 속의 공기를 빼내면서 자고 있는 아이의 팔을 걷어붙이는 순간, '콰쾅' 하면서 주변이 온통 새하얗게 될 정도로 뜨거움이 팔과 얼굴에 불어 닥치며, 날려버렸습니다. 강렬한 폭풍이 집을 부셔버렸던 것입니다.

원폭이 히로시마에 투하된 순간이었습니다.

'내가 지금 본 것이 도대체 뭐야.'

28년을 살아오면서 전혀 겪지 못했던 미지의 세계가 거기 있었습니다. 히로시마 전체를 화염 속에 무너뜨리면서 장대하게 솟구쳐 오른 '버섯구름'이었습니다.

| 7 | 원폭으로 파괴된 히로시마에서

(1) 서무과장 스즈키 중령

'즉각 병원으로 돌아가야 겠다'고 생각하면서 아이를 할머니에게 맡기고 빌려온 자전거를 타고 달려 히로시마로 향했습니다.

히로시마 시가지의 정중앙 부근에 다다랐을 때, 어디선가 급하게 나타난 사람

원폭으로 파괴된 히로시마, 폭심지로부터 서쪽지역이다. 미군촬영

그림자로 급브레이크를 걸었기 때문에 자전거가 기울어지면서 풀밭에 나자빠져 버렸습니다. 통증을 참으면서 일어나려 할 때 도로 가운데에 서 있는 모습에 엉겁결에 놀라 숨을 멈추고 말았습니다. 그것은 도저히 '사람'이라고 할 수 없었습니다. 몸이 흔들리면서 나를 향해 조금씩 걸어왔지만, 전체가 새카맣게 변해버린 맨몸상태였습니다. 맨몸의 가슴에서 허리까지 무수한 누더기조각이 너덜거리고, 가슴 앞에 막대기 같은 것이 돌출되어 있고, 양손 끝에서는 검은 액체가 방울방울 떨어지고 있었습니다. 얼굴은, 이상하리만치 머리가 커져 있고, 팽창되어 있는 양 눈, 코가 없이 얼굴의 반 정도까지 부어오른 위아래 입술, 홀랑 타

버린 머리에는 한 올의 머리카락도 없었습니다. 저는 숨을 멈추고 뒤로 주춤거렸습니다. 누더기조각으로 보였던 것은 사람의 생가죽, 떨어지는 검은 물방울은 사람의 피였습니다. 아직 조금은 볼 수 있는 것인지 나를 향해 신음소리를 내며 양손을 내밀어 휘청거리며 두세 걸음 다가오다가 다리가 꼬이면서 그 자리에서 고꾸라졌습니다. 달려가서 맥박을 짚어보려 했습니다만, 손을 댈 수 있는 피부다운 곳은 그 사람의 팔 어디에도 남아있지 않았습니다. 실룩실룩 경련이 일고 움직이지 않았습니다. 손을 모아 절을 하고, 앞을 향해 급히 달려가면서 바라보니 불에 구워지고, 타버리고, 문드러지고, 생가죽이 벗겨져 핏방울이 뚝뚝 떨어지는 군상이 길에 가득 차있으면서, 꿈틀거리며 제가 가는 길을 손을 들어 막았습니다. 서있는 사람, 바싹 달라붙은 사람, 앉은 채로 걷는 사람, 엎드려 기는 사람 등등 어떤 모습에도 단 한군데 사람이라고 생각할 수가 없었던 것입니다.

저에게 매달려도 치료도구나 약품 등을 전혀 갖고 있지 않았고, 급한 대로 비참한 증상의 사람들을 좌우로 밀어내고 지나갈 만큼의 용기도 없어, 돌연히 자전거를 풀밭에 버리고 도로의 오른쪽 끝 밑에 있는 오오타 강(太田川)으로 거의 날다시피 하여 천변에 무성하게 있던 풀을 헤치고 무릎까지 물이 차오르는 상태에서 숨도 쉬지 않고 냅다 달렸습니다. 히로시마 시의 북쪽 끝에서 물이 흘러가는 중에 망연히 서서 내 주변을 돌아보니 얼굴이 거의 사라진 맨몸의 무리가 정말 유령처럼 양손을 앞으로 내밀고 아무 말도 없이 지나갔습니다만, 갑자기 뒤에서 누군가 제 이름을 불렀습니다. 경칭을 붙이지 않고 막 불렀기 때문에 상관이라고 생각했지만, 눈앞에 겨드랑이에 무언가를 지탱해서 간신히 서있는 사람이 최근 부임한 서무과장 스즈키 중령이라는 점을 알아차리기까지는 상당한 시간이 흘러야 했습니다. 왜냐하면 의지하면서 괴롭게 서있는 중령의 상반신이 이미 불에 구워진 고깃덩어리 같은 상태였기 때문입니다. 원장이 없을 때의 최고책임자였던 그는 "큰일이다. 히로시마 육군병원은 전멸했다. 원장님의 부재에 이런 큰일이 벌어져서 너무 죄송스럽네. 나는 할복할 수밖에 없네"라고 말했지만, 칼은 갖고 있지 않았습니다.

숨이 끊어지는 것처럼 힘들어서 거의 말을 할 수 없었기 때문에, 손을 잡고 물이 없는 모래까지 데려가고, 부대를 이끌고 혜사카 마을까지 동행하여 가주었지만 2~3일 후에 사망해버렸습니다.

(2) 미국인 포로

8월 7일이 되자, 혜사카 마을에는 부상자들이 끊임없이 당도하여 마을에 가득 찼습니다. 오전 10시경, 야마구치(山口) 현의 분원에서 지원대가 도착하여 사람이 늘어난 것을 계기로 저는 사령부의 긴급소집명령으로 히로시마 성에 갔습니다.

불에 타버린 히로시마 제2육군병원에 도착해보니 누구인지 알아 볼 수 없는 숯덩이가 돼 버린 사체나, 폭발의 압력으로 엿가락처럼 휘어버린 철침대 위에 재를 뒤집어쓰고 있는 부상병들의 뼈가 한 무더기씩 가로놓여 있고, 잔디가 심어져 있는 긴 둑 너머로 연이어 있는 제2부대의 연병장에는 아침 훈련시간 중에 직격탄을 받은 것처럼, 일정한 간격으로 정연하게 나란히 무수히 많은 사체가 뒹굴고 있었습니다.

발걸음을 재촉해서 히로시마 성의 도랑 옆을 통과해 성내로 들어가 안으로 진입하니 연못부근 큰나무 뿌리에 한 사람이 있었습니다. 속바지 한매만 걸친 채 맨몸의 살갗이 이상하게 흰빛이었습니다. '외국인

포로다'고 불현듯 생각했습니다. 아직 동안으로 주눅 들지 않고 무릎으로 걸어와 나에게 뭔가를 얘기했습니다. 말의 의미는 잘 알 수 없었지만 '물'을 요구하는 것 같았습니다. 적군의 한 사람이라는 생각이 잠깐 떠올랐습니다만, 망설임은 순간이었습니다. 말없이 다가가 뒤에 서서 양손을 묶고 있던 끈을 칼날로 끊어버렸습니다. 연못의 물을 손으로 가리키며 급히 물러가려 할 때 큰소리로 무엇인가 소리쳤습니다.

"왓츠 유어 네임"(What your name?)

어떻게 대답할까 고민하다가 "닥터 히다"라고 답하고 자리를 떴습니다.

| 8 | 살아남는 것이 사명

그 후 히로시마에서 본 광경은 설령 기억에서 사라진다 해도 원자폭탄을 향한 분노는 결코 사라질 수 없는 것이라고 생각합니다. 사실 저는 원래 죽을 운명이었습니다만, 이렇게 의사로서 지금까지 살아왔습니다. 동료 의사는 히로시마에서 모두 죽었습니다. 부대원도 모두 사망했습니다. 이런 사실로 인해 저는 아무렇게나 살수 없다고 생각합니다.

'원폭 따위에 죽고 말 것인가, 살아야 한다, 악착같이.' 그때 그렇게 생각했습니다. 살아있는 동안 무언가 피폭자를 위해 노력하자. 그것은 사명감 같은 것이었습니다. 나는 스스로 고민을 많이 한 후 결단하려 할 때에는 '각오하고 나서다'는 말을 사용합니다. 각오하고 나서서 지금까지 피폭자와 함께 살아왔다고 생각합니다.

제 2 장

원폭치료에서
원인규명으로

|1| 1945년 8월 6일, 그리고 혜사카 마을에서

(1) 마을 도로에까지 흘러넘친 피폭자

원폭이 투하된 8월 6일부터 처음 3일간, 내가 히로시마에 갔으나 화염 때문에 시내에 들어가지 못하고 혜사카 마을로 돌아온 다음부터 점점 부상자가 밀어닥쳤습니다. 마을의 모든 사람이 상대해야 할 정도로 부상자들은 마을에 닿자마자 바로 누워버렸습니다. 마을에는 집이 144호뿐이었습니다. 인구가 344명에 불과한 작은 마을이었습니다. 대부분의 주택은 농가였으나, 집안에 있던 사람들이 밖으로 뛰어나갔다가 다시 들어갈 엄두를 내지 못할 만큼 원자폭탄의 폭풍으로 부서져버린 상태였습니다. 계속해서 사람들이 밀려들어왔기 때문에, 어딘가 큰 장소를 확보하려면 초등학교밖에 없었습니다. 초등학교도 건물은

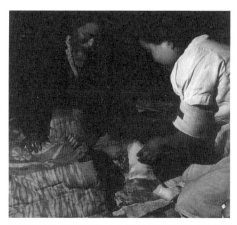

피폭자의 모습. 1945년 9월 중순, 히로시마 시내에서 미군 촬영

부서지고 교정만이 남아 있었습니다. 모두 교정에 우선 누워있었습니다. 결국 그곳도 사람으로 가득차서 교정에 들어갈 수 없게 되자 도로를 중심으로 가급적 안쪽으로, 안쪽으로 밀려들어 왔고, 그마저도 어려워지자 도로에 누워버렸습니다. 공터라든가 조금 큰 농가의 앞마당이라든가, 비어있는 공간에는 모두 사람들이 왔고, 마을 도로가 사람으로 가득 차버린 것입니다.

헤사카 마을에는 앞에서 말한 바와 같이, 히로시마 육군병원의 분원을 만들었기 때문에, 나는 그 분원의 외과수술실 동굴로 갔습니다. 원폭이라는 도대체 생각지도 못한 상황이 발생했으나, 8월 5일에는 다음날부터 업무를 시작하려 했었던 것이라서 아침이 되자 간호사도 오고, 약도 도착했으며, 게다가 환자들도 보내오고 있는 상황이었기 때문에, 업무준비를 위해 저 외에도 3명의 의사가 있었습니다. 저를 포함하여 아주 우연히 마침 같이 있게 된 4명의 의사는 어떻게 해야 하나 궁리했으나 어쩔 도리가 없었습니다. 아무튼 그렇게 진료를 시작하게 된 것입니다.

(2) 4일째에 처음 나타난 화상 이외 사망자

부상자가 계속해서 오고 또 왔습니다만, 뭔가 하려 해도 할 수가 없었습니다. 『히로시마가 불타버린 날』*이라는 책에 정확히 어떤 환자가 있었는지 기록해 놓았습니다. 처음 3일간은 사체가 많아서 업무규칙상 사체를 화장해야만 했습니다. 화장한 후 가족이 뒤늦게 도착하면 반드시 뼈를 전달해줘야 합니다. 그때 의사가 정확히 사망했다는 것을 확인했다는 증거가 없으면 곤란합니다. 그래서 4명의 의사가 여하튼 사망당시 병명을 기록하여 진단서를 써야 했습니다. 모두 하나의 진단명뿐으로, 이것저것 생각할 여유도 없었습니다. 사인은 '화상'이라고 썼습니다. 화상으로 사망한 것은 틀림없었습니다. 3일간 계속해서 그랬습니다. 단 한 번도 의문을 갖지 않았습니다.

그러나 4일째 되던 날에 화상이 없는 사망자가 나왔습니다. 이것이 제가 처음 본, 뒤에 '급성방사능증'이라고 명명한, 원폭 방사능에 의한 사망이었습니다. 지금은 책에도 증상이 기록되어 있습니다. 원래 그대로 화상이 없는 사망자를 처음 제가 보고 그대로 적은 내용이나, 말을 했던 내용이 책으로 나온 것입니다. 처음 제가 본 날이 원폭투하 후 4일째입니다. 그 전날인 8월 8일 큐슈(九州)와 시고쿠(四国)에서 대규모 의료반이랄까, 지원부대가 히로시마에 왔습니다. 지원부대는 대략 히로시마 시의 3개 지역에서 치료를 했습니다. 한 곳은 히로시마 시 동쪽 지역, 또 한곳은 시내 한복판에 있었던 체신(遞信)병원인가 적십자병원인가 기억이 확실하지 않지만, 어쨌든 그곳도 파괴된 상태였으나 치료를 했습니다. 그리고 약간 뒤늦게 제가 있던 헤사카 마을 등 3곳에서 피폭자들이 대규모로 반입되었습니다.

간호사도 헤사카 마을에 60명 정도 왔습니다. 적십자병원과 육군병원, 국립요양소의 간호사들이 3개 반으로 해서 교육받았던 내용의 핵심은 다소 차이가 있을 수 있지만, 9일 아침 동틀 때부터 흰 옷을 입은 간호사가 작은 마을에서 간호치료를 시작했습니다. 의사도 저를 포함해서 27명으로 증가했습니다. 처음부터 환자를 돕겠다는 의지는 강했지만, 마을 기록을 보면 그날 아침에 시내에서 피난 온 피폭자는 27,000명이었습니다. 따라서 의사를 30명으로 잡고 1인당 900명씩 담당해야 했습니다. 절망적인 상태였습니다.

우선 아침 일찍 100명의 간호사가 마을로 흩어져 자고 있는 사람들이 있는 곳을 둘러봅니다. 그러면 열이 있는 환자가 나타납니다. 모두 40도를 넘었습니다. 내과에서는 예전에 진료해본 적이 없는 고열입니다. 제가 있던 육군병원에는 말라리아 발작을 일으킨 환자가 드물게 있기도 했습니다만, 그런 사람이나 티푸스 환자도 40도를 넘는 경우가 있습니다. 그렇지만 아주 예외적인 상황이어서 내과의사가 40도를 넘는 환자를 진료한 경험은 거의 없었습니다. 의사는 여기저기에서 잠을 자고 있었습니다만, 아침이 되자 갑자기 누구랄 것도 없이 "큰일 났습니다, 열이 40도가 넘었습니다"라며 간호사들이 큰소리를 지릅니다. 소리 나는 곳으로 뛰어가서 피폭자를 진료해보면, 화상이 경증이거나 중증이거나 할 것 없이 우선 처음 나타나는 증상이 코피가 나고, 입에서 피가 납니다. 보통 노인들에게서는 입에서 먼저 출혈이 나는 것을 본 적은 있었지만… 아래눈꺼풀을 뒤집어보면 눈꺼풀에서도 피가 나왔습니다. 이런 증상을 처음 본 것입니다.

어떤 병인지 알 수 없었습니다. 여하튼 열이 높기 때문에 직감적으로 밤, 야외에 누워있어서 감기에 걸린 것이고 편도선이 부었을 것이라고 생각했습니다. 편도선이 부으면 39도 정도는 올라갈 수 있습니다. 40도는 거의 없습니다. 어쨌든 우선은 감기라고 생각하고 입안을 보려 했습니다만, 모두 옆으로 누워 있었습니다. 환자들은 심장이 아파서 반듯하게 누워 있지를 못했습니다. 옆으로 누워 있는 상황인데, 뺨을 땅바닥에 붙여 몸을 웅크리고 누워 있었던 것입니다.

저는 무릎을 꿇고 위에서 보려니 입안을 볼 수 없었습니다. 어쩔 수 없이 환자가 누워 있는 곳에 마주보고 옆으로 누워서 뺨을 땅바닥에 붙이고 환자의 얼굴 앞에서 입속을 들여다봐야 하는 것입니다. 그렇게 하려고 옆으로 누우면 얼굴에서 악취가 났습니다. 아주 심한 악취가 나서 얼굴을 마주 볼 수 없었습니다. 이런 악취는 하나밖에 없습니다. 썩어서 나는 악취인 것입니다. 입속에서 부패가 진행되고 있었습니다. 환자가 아직 살아있는데 입속이 부패할 수는 없는 것입니다. 그런데 갑자기 썩어가고, 의사도 곧 악취가 부패 때문이라고 알게 됩니다. 도대체 환자가 살아 있는데 왜 입속에서 부패가 진행되는지 알 수 없었습니다.

너무나 이상해서 일어나 다시 한 번 환자의 온몸을 살펴보는데, 주변에 누워 있는 환자가 자신의 손을 들어 환자의 여기(팔꿈치 안쪽)를 보라고 말을 합니다. 처음에는 무슨 말을 하는 것인지 몰랐지만, 점점 분명해지는 것이 누워 있는 사람의 손을 들어 팔을 보면 바깥쪽 팔은 화상을 입었습니다만, 안쪽 팔은 깨끗했습니다. 그리고 깨끗한 쪽의 팔에 자줏빛반점이 있었습니다. 이것은 참으로 희한한 경우라고 해야겠습니다만, 연필로 엉덩이에 자주색 잉크를 이용해 피부에 대고 누르면 반점이 만들어집니다. 반점은 꼭 그랬습니다.

교과서에는 자주색반점으로 적혀 있습니다. 자주색반점. 이것은 특정 질병일 때 나타납니다. 저는 그때까지 실제 본 적은 없었습니다만, 배운 내용은 기억하고 있었습니다. 물론 드문 증상이지만 어떤 경우냐 하면 혈액질병, 예를 들어 백혈병이나 혈소판감소성빈혈이나 중증빈혈로 입원해서 말기가 돼 사망을 앞둔 환자들에게 나타납니다. 이렇게 아주 특수한 반점인 것입니다. 그것이 나타나고 있었습니다. 열이 40도를 넘고, 입속이 썩고 있었습니다. 입속에서 출혈이 있었습니다. 본 적이 없는 증상이 나타난 것입니다. 결국에 일어나서 보게 되면, 누워 있는 사람이 남자이건 여자이건 손을 머리에 갖다 대면 손바닥이 닿은 곳의 머리카락이 전부 훅 빠져버렸습니다. 이렇게 빠지는 경우는 보통은 없습니다. 탈모라는 것은 교과서에도 나와 있지만, 잡아당겨서 뽑을 수는 있어도, 손을 갖다 대서, 갖다 댄 것만으로 훅 빠져버리는 것은 어떤 것인지 알지 못했습니다.

입속이 썩는 것, 머리카락이 빠지는 것은 언젠가 미국에서 배웠습니다. 강렬한 방사선에 쏘이면 우선 처음에 영향을 받는 것은 머리카락의 모근세포입니다. 모근세포는 인간의 세포 중에서 가장 강력하다고 할 만큼 생명력이 강한 것으로, 세포분열 활동이 왕성해서 털이 잘 자라며 반응이 가장 빠릅니다. 이런 세포가 방사선에 가장 먼저 피해를 입게 됩니다. 따라서 어른보다는 아이들이 더 많은 피해를 입는 것입니다.

모근세포는 피부 밑의 두개골 표면에 있는 골막에 달라붙어 있습니다. 때문에 잡아당겨도 잘 뽑히지 않습니다. 억지로 잡아 뽑으면 뿌리 밑에 살점이 따라 뽑힙니다. 이정도로 모근세포가 강한 것입니다. 이런 세포가 방사선에 순간적으로 즉사해버립니다. 모공에 서 있을 뿐으로 뿌리가 떠 있는 것입니다. 이런 상태이기 때문에 손만 대면 훅 빠지는 것입니다. 그래서 비로소 원인을 알게 된 것입니다. 그러나 당시에는 도대체 왜 이런 현상이 발생하는 것인가에 대해 전혀 알지 못했습니다.

입속의 부패는 백혈구가 파괴되어버렸기 때문입니다. 백혈구는 박테리아 균과 투쟁하는 부대이기 때문에 감기에 걸려 입속(구내점막)이 부어오르는 것은 백혈구가 세균과 싸우고 있기 때문이며, 하얀 고름이 나오게 되면 이것은 백혈구와 세포가 죽어 나타나는 것입니다. 입속에는 보통 잡균이 있고, 몸 상태가 좋지 않으면 이들이 왕성해집니다. 이것을 방지하기 위한 '부대' 즉, 백혈구가 죽었기 때문에 순간적으로 입속의 부패가 시작되는 것입니다.

아이들의 세포는 발달이 빠르기 때문에 피해가 훨씬 큽니다. 세포의 생명활동이라는 것은 분열하여 새로운 세포를 만들고, 성장하면서 변해갑니다. 성장하기 때문에 인간으로 말한다면 어른보다 아이들, 막 태어났을 때가 가장 왕성한 것입니다. 몸의 세포로 말한다면 머리털이 그렇기 때문에, 머리털이 먼저 빠져버리는 것은 정확하게 이치에 맞는 것입니다. 이 점을 몰랐기에 이상하다, 이상하다고만 생각했던 것입니다.

열이 나고, 입속이 썩어가고, 점막에서 전부 출혈이 있습니다. 코와 입과 눈(안검점막)과 나중에는 내장에서까지 발생합니다. 폐나 위, 장에서 왈칵 쏟아집니다. 최종적으로는 사망하면서 피를 내뿜게 됩니다. 이런 현상은 참으로 낯선 것이었습니다. 환자가 누워 있고, 맥을 짚어보고, 안되겠구나 생각이 들면, 코와 입에서 피가 확 쏟아집니다. 폐로부터 한 움큼씩 나옵니다. 무심코 있다보면 머리부터 뒤집어쓰게 됩니다. 게다가 장에서도 피가 나옵니다. 남자는 엉덩이에서, 여성은 앞과 항문의 양방향으로 쏟아지고, 누워있던 '거적'이 피바다가 됩니다. 그렇게 죽는 사람을 보고 있었습니다. 이럴 때는 보는 것이 더 무섭습니다. 도대체 왜 이렇게 죽는지를 모르기 때문이죠. 어떻게 해야 좋을지 아무것도 모르는데 피투성이가 돼버리고, 머리털도 빠지고, 여성도 머리에 손을 대면 머리털이 전부 빠져버렸습니다.

이런 증상은 나중에야 알았습니다만, '급성방사능증'의 5가지 특징입니다. 고열과 출혈, 부패, 자주색반점, 탈모입니다. 이런 증상이 나타나면 대체로 한 시간이 안돼서 모두 사망합니다. 피폭자는 같이 누워 있는 사람이 죽어가는 것을 보고 있게 됩니다. 그럴 때 자주색반점이 나타나면 안 되겠구나, 머리털을 이렇게 만져보고 혹 빠져버리면 안되겠구나 하는 것을 모두 알게 되는 것입니다. 환자 스스로 이런 증상이 나타나면 끝났다고 생각합니다. 이럴 때, 피폭자인 환자들은 의료진이 자신을 포기하지 않도록, 화상을 입지 않은 깨끗한 곳을 보여주며 "아직 괜찮아요, 좋습니다" 하고 말을 합니다. 처음에 피폭자는 화상으로 죽었습니다. 나중에는 비록 당시엔 정확한 진단을 하지 못했습니다만, 급성방사능증에 의한 사망으로 변해갔던 것입니다.

이런 분들은 죽는 순간까지 의식이 있습니다. 아직 뭔가 말을 하고 싶어합니다. 할 말이 남아 있는 것이죠. 죽는 순간에도 의식은 있었습니다.

출혈을 하게 되면 사람들도 말을 하지 않습니다. 폐 속에 피가 고여 있는 질병은 없습니다. 결핵으로도 피를 토하죠. 이때는 폐 속이 결핵에 감염되어 구멍이 생기고, 모세혈관의 끝에 피가 몰리면 나오게 됩니다. 혈액이라는 것은 혈관 밖으로 나오게 될 경우 스스로 지혈하는 능력을 갖고 있습니다. 굳게 되는 것이죠. 액체가 엉겨 굳으면서, 고체로 변해버려 혈관 밖으로 흐르지 않도록 방지하는 성질을 갖고 있습니다. 그런데 혈관 자신의 방어능력이 방사선으로 망가져 출혈하는 것입니다.

보통의 경우 피가 흘러도 혈관이라는 것은 관의 형태라지만 빈틈이 있습니다. 팔에 충격을 가하면 멍이 듭니다. 이것은 살가죽 밑에서 내출혈이 있기 때문입니다. 이런 식으로 배어나오는 것이죠. 그렇게 배어나오는 것이 스스로 멈춰지지 않고, 점점 출혈이 계속되기 때문에 검게 변해버립니다. 팔은 완전히 새카맣게 돼 버리고, 점막은 점점 벗겨지고 자신의 조직, 위 점막에서도 장의 점막에서도 안쪽으로 피가 나오게 됩니다. 이렇게 해서 항문으로 나오게 되는 것입니다. 혈액의 지혈능력이 사라진 것이죠. 방사선이 이런 영향을 주는 것입니다. 이런 세밀한 내용은 모두 뒤에 알게 되었기 때문에 이상하다 이상하다는 생각밖에, 당시에는 전혀 알 수 없었던 것입니다. 심한 급성증상이 나타나는 사람들은 오히려 직폭(直爆)을 당했던 사람이 많았습니다.

그때까지는 병실에서 맥을 짚어보면서 '임종하셨습니다'는 말을 하고, 가족에게 '애통하시겠습니다'고 말했습니다. 우리들은 이런 식으로 사망자를 진단했습니다. 눈앞에서 알 수 없는 증상으로 죽어갔기 때문에 제가 의사라는 것이 너무 두려웠습니다.

(3) 당시는 알 수 없었던 방사선 피해

5가지 증상이 방사선 때문이라는 지식은 좀처럼 확보할 수 없었습니다. 그때 일본인이 처음으로 체험했다고 생각합니다. 아직 세계적으로 누구도 보지 못했습니다.

이런 점을 정리한 것은 미국이었지만, ABCC*부터 훨씬 뒤의 일입니다. 다만 언제 누가 발견한 것인가에 대해서는 문헌을 보더라도 잘 알 수 없습니다. 제가 원폭투하가 있고 30년이 지난 후에 미국에 가서 어네스트 스턴글라스 박사*에게 이야기를 들었을 때는 스턴글라스 박사도 거기까지 이야기해주지 않았습니다. 아직 알지 못했습니다. 알게 된 것은 더 시간이 지난 뒤입니다.

미국에서는 네바다 주의 핵실험[14](첫 번째는 1951년 1월 27일)이나 비키니 군도에서의 수폭실험(1954년 3월 1일)[15], 1979년의 스리마일 섬의 원전사고[16], 그리고 소련에서 1986년 체르노빌 원전사고, 소련에서 원폭을 제조했던 현재의 카자흐스탄 공화국에 있는 세미파라틴스크 핵

....

14. 네바다 핵실험장(Nevada Test Site): 라스베가스 시의 북서쪽으로 65마일(104km)에 있는 네바다 핵실험장은 1951년 1월 11일 설치되었다. 이곳은 약 1,350평방마일(3,495㎢)의 사막과 산악지역으로 구성되었다. 핵실험은 1951년 1월 27일에 핵실험장 내의 'French man flat'로 불리는 곳(분지모양의 사막)에 떨어진 1킬로 톤의 폭탄으로 시작되었다. 이 지역은 미합중국 중에서 가장 핵폭발 횟수가 많은 장소이다. 네바다 핵실장에서는 1951년 개설부터 1993년 모라토리엄 선언까지 100회의 대기권 내 핵실험, 828회의 지하핵실험이 시행되었다. 미국은 첫 핵실험을 1945년 7월 16일, 뉴멕시코주 아라모골도(Alamogordo)에서 시행하였고, 그 직후인 8월 6일과 9일에 히로시마와 나가사키에 원폭을 투하했다. 전후에는 소련과의 핵개발 경쟁으로 남태평양 비키니 환초와 중부태평양 마샬 군도에 있던 에니웨톡(Eniwetok) 환초에서 총 66회의 핵실험을 반복했다. 1954년 3월 1일의 '캐슬 브라보'로 알려진 수폭실험은 일본의 원양어선 승무원 등이 피폭된 것으로 유명하다. 네바다 핵실험장은 남태평양 핵실험이 비용이 많이 들자 조성하였다. 지형조건상 삼면이 바위산으로 둘러싸여 있는 광대한 사막지역이며, 네바다 주 토지의 80%이상이 연방정부의 소유라는 점이 결정적으로 작용했다.

15. 서문 각주 1 참조

16. 스리마일 섬 원자력 발전소 사고(Three Mile Island accident)는 1979년 3월 28일 미국 펜실베이니아 주 해리스버그 시에서 16km떨어진 도핀 카운티의 서스쿼해나 강 가운데 있는 스리마일 섬 원자력 발전소 2호기(TMI—2)에서 일어난 노심 용융(meltdown)사고로 미국 상업 원자력산업 역사상 가장 심각한 사고이다. 1978년 4월에 전기생산을 시작하여 1978년 12월 30일부터 상업운전을 시작하였다. 상업운전을 시작한 지 4개월째 되던 1979년 3월 28일 새벽 4시, 정격출력의 97%로 출력운전 중 자동밸브 장치에 이상이 생겨 원자로 중심에서 순환하는 물로부터 열을 전도시키는 장치인 열 교환기에 물 공급이 중단되었다. 게다가 운전원의 실수로 한동안 긴급노심냉각장치가 작동하지 않았다. 결국 냉각수 온도를 낮추지 못하자 냉각수가 증발되면서 증기압력이 높아져 파이프가 파괴되었고, 마침내 터빈과 원자로가 자동으로 정지되었다. 불과 몇 시간 사이에 원자로의 1차 계통이 파괴되어 냉각수가 유출되었으며 온도가 5000도 이상 올라갔다. 원자로는 온도가 급상승해 핵 연료봉이 녹아내리고 급기야 원자로 용기까지도 파괴되었으며, 건물 내 방사능 수치는 정상치보다 1000배나 높아졌다. 사고가 커지는 동안에도 기술자들은 원인을 밝혀내지 못하고 갈팡질팡했다. 뒤에 본문에서 나오지만, 스턴글라스 박사의 권유로 피해를 우려한 주 정부는 도핀 카운티의 임산부와 어린이들을 대피시켰고, 주민들은 공황상태에 빠져 10만여 명이 일시에 도망치듯 빠져나갔다. 조사보고서에 따르면 1m 두께의 격납용기 덕분에 사고기간 중 발전소 부근에서 받은 공중의 피폭선량은, 자연방사선량인 100mR에도 못 미치는 양으로 반경 16km 이내 주민들의 방사능 노출 수준은 가슴X선 촬영을 2~3번 한 정도였다. 큰 피해는 발생하지 않아, 국제 원자력사건 등급(INES) 체계상 등급5로 분류되었다. 이상 「위키백과사전」 참조.

실험장(1990년 폐쇄)의 방사능오염에 의한 주민 건강피해[17]가 밝혀지고 난 후였습니다.

히로시마 원폭투하 이전의 실험에서 미국의 많은 의사가 이러한 증례를 봤다면 학문적 입장에서 이런 것이라고 말했을 것이라고 생각하지만, 전혀 없었기 때문에 히로시마가 원폭으로 인한 강력한 방사선을 머리부터 뒤집어쓴 최초의 경험이 된 것입니다.

＊『히로시마가 불타버린 날』

2010년 3월 31일에 간행된 히다 슌타로 선생의 저서(발행사는 주식회사 카게쇼보(影書房)) 초판은 1982년에 주식회사 니쮸(日中)출판에서 간행. 1944년에 군의관으로 부임한 히로시마 육군병원 시대인 1945년 1월부터 히로시마에 원폭이 투하된 8월까지의 경험을 담고 있는 『피폭군의관의 증언』이다.

＊ ABCC

원폭상해조사위원회(Atomic Bomb Casualty Commission; ABCC)는 원자폭탄에 의한 상해 실태를 상세하게 조사기록하기 위해 히로시마 시 원폭투하 직후에 미국이 설치한 기관이다.

미국과학아카데미(NAS)가 1946년에 원폭피해자 조사연구기관으로 설립했다. 당초 운영자금은 미국원자력위원회(AEC)가 제공했지만, 이후 미 국민위생국, 미 국립암연구소, 미 국립심폐혈액연구소(National Heart, Lung, and Blood Institute)에서도 자금을 제공했다. 1948년에는 일본 후생성 국립예방위생연구소가 정식으로 조사프로그램에 참여했다.

••••

17. 세미파라틴스크 핵실험장은 구 소련의 주요 핵실험장이다. 카자흐스탄의 북동쪽 초원지대에 있으며, 면적은 18,000km²이다. 1949년부터 1989년까지 40년 동안 합계 456회의 핵실험장으로 사용하였다. 시민들의 피폭영향은 소련정부가 은폐하여 1991년 핵실험장 폐쇄순간까지 밝혀지지 않았다. 소련 붕괴 이후 카자흐스탄의 소유가 되었으며, 세계의 핵실험장에서 유일하게 타국 사람들이 방문할 수 있다. 주민들의 건강피해는 핵실험장 폐쇄 직후 실태조사를 통해 알려졌다. 특히 다양한 유형의 암 발생률이 높고, 방사능피폭과 갑상선이상의 상관성이 관찰되었다. 이상 「야후재팬」 참조.

＊ 어네스트 스턴글라스 박사(Ernest Sternglass)

현재는 피츠버그 의과대학 방사선과의 방사선 물리학 명예교수. 미국 물리학회 회원. 1967년부터 동 대학의 방사선물리·공학연구소를 지도하고, 엑스선과 방사선 의료진단에서 방사선량을 감소시키는 새로운 촬영기술의 개발. 나아가 방사성강하물과 원자로핵폐기물에 의한 인체건강에 대한 광범위한 의학적 영향 조사연구를 수행하였으며, 연구결과를 미국의회에서 발표하였다. 저서는『저수준 방사능』(1972),『은폐된 방사성강하물』(1981),『빅뱅 이전』(1997) 등. 또한 뉴욕의 비영리단체 '방사선과 공공건강프로젝트'의 과학디렉터이기도 하다.

| 2 | 처음 경험한 내부피폭의 실상

(1) 입시피폭(入市被曝)의 실상 — 내부피폭[18]의 가능성

급성방사능증에 의한 사망자를 목격했던 히로시마의 의사들은 당시는 그런 내용은 일체 기록하지 말라는 점령군의 명령이 있었기 때문에, 보게 되면 적고 싶은 심리가 발동해서 누군가 어딘가에 적었을지 몰라도 발표는 하지 못했고 아마도 대개는 적지 않았을 것이라고 생각합니다.『히로시마 의학』이라는 히로시마 의사회의 기관지가 방사선에 대한 내용을 많이 수록하고 있었지만, 내부피폭에 대해서는 전혀 없었습니다. 나중에 급성증상은 외부피폭으로 발생하는 점을 인정했기 때문에 집단적으로 강력한 방사선에 폭로된 사례는 이것이 처음이 아닐

••••

18. 방사능에 피폭되는 것은 통상 4가지로 알려져 있다. 방사능 물질이 몸을 지나가는 상태를 외부피폭이라 한다. 내부피폭은 방사능물질이 몸 안으로 들어오는 것을 의미한다. 내부피폭의 경로는 호흡, 피부, 음식을 통해서 발생하며, 우쿠라이나 정부가 발표한 바에 의하면 체르노빌 원전사고로 국민들이 경험한 피폭의 90%가 음식물을 통한 내부피폭이었다. 이상『탈핵학교』(김정욱 외 11명, 반비, 2014) 53쪽~54쪽 참조.

까 생각합니다. 이후에도 이런 사례는 없었습니다. 일본 외에는 경험할 수 없었습니다.

제가 자주 말하는 것이지만, 당시 원폭투하 1주 정도 후에 히로시마 시에 들어가 한 주간 동안 남편을 걸어 다니며 찾고, 헤사카 마을에 와 남편을 만난 이후, 9월 며칠인가에 사망한 아주머니의 사인이 원래 방사선의 내부피폭에 의한 사망 아닐까 생각은 하지만 확신하지는 못합니다. 아주머니에게 나타난 증상경과는 시내에서 직접 방사선에 폭로되었던 피폭자와 완전히 동일했습니다. 본래는 일정한 시간이 경과하지 않는 경우에 그런 증상은 나타나지 않았기 때문에 아주머니가 가장 빠르다고 생각했습니다. 인상에 남아서 책에도 기록했습니다만, 이것을 내부피폭 사례의 하나로 단언할 수는 없습니다.

내부피폭으로 그런 급성증상이 나타나 사망한 사례는 없습니다. 아주머니의 사례와 그전에 한사람 후쿠야마(福山) 시에서 히로시마 시내로 들어왔던 부대원 중 한 사람이 "저는 폭탄 터질 땐 있지도 않았습니다."라고 말한 후에 사망했습니다. 그러나 만일 조사를 해볼 수 있었다면 예전부터 뭔가 지병이 있어서, 그로 인해 사망했을지도 모릅니다. 알 수 없는 것이죠. 피폭된 것과 며칠인가 후에 사망했다는 것, 이것만을 연결해서 방사선이 원인이라고 학문적으로 이야기할 수는 없는 것입니다. 그러나 저는 어쨌든 그런 사람을 실제로 진료해본 경험을 했습니다. 때문에 내부피폭이 좀 더 빨리 시작되었다면 그런 사람들과 같은 사례가 있다고 말할 수 있는 겁니다.

그 후 원폭투하로부터 6개월이 경과하고, 제가 야마구치 현(山口縣)의 국립야나이(柳井) 병원으로 이전해 있을 때, 히로시마에서 야마구치현으로 피난 와 있던 사람 중에 증상이 비교적 가벼운 사람들이 많이 찾아왔습니다. 그런 분들 중에 노곤하다, 노곤하다고 말하는 사람들이 있어서, 몇 차례 검사를 해봤지만 질병 징후를 확인할 수 없었습니다. 이런 분을 많이 진료했었습니다. 지금 돌이켜 생각해보면 이런 증상이 '부라부라 병'*인 것입니다.

처음에는 입시피폭이라고 말한 것처럼 원폭 당일에는 히로시마 시내에 있지 않았으나, 뒤에 히로시마 시에 들어갔던 사람들에게 발생한 것도 저는 부라부라 병으로 연결되는 내부피폭이라고 생각했습니다. 그러나 여러 해에 걸쳐 도쿄에 피난 와 있던 사람들을 진료해보면, 결핵도 있었기 때문에 그 때문에 사망했을지도 모르겠습니다. 어쨌든 비슷한 증상으로 사망했던 사람을 진료했습니다. 환자의 이야기를 들어보면 원폭이 터져 발생한 폭풍으로 날아가 한 순간 의식을 잃고 쓰러졌습니다. 후에 의식이 돌아오고 기어서 사람들이 있는 곳으로 갔다고 말을 했습니다. 어느 정도나 쓰러져 계셨습니까? 하고 물어보면 "잘 기억나지 않습니다"고 답변합니다. 해서 이런저런 이야기를 듣다보면 대개 2일 정도 쓰러져 있었습니다. 그렇다면 2일 동안, 당일 저녁에는 검은 비(黒い雨)[19]가 내렸고, 그때에도 내부피폭의 원인이 되는 것에 접촉을 하고 있었던 것입니다. 여러 기억들을 정리해보면 혼자서 분간은 할 수 있었지만 분명 이것이다, 이렇게는 말하지 못했습니다.

다만 방사선 폭로를 경험하지 않은 사람인데도 증상이 나타난 사람은, 당시엔 분명하게 직접 폭탄이 터질 때는 없었던 사람들이기 때문에,

••••

19. 검은 비(黒い雨)는 원자폭탄 투하 후에 내리는, 원자폭탄 폭발로 인한 진흙이나 먼지, 검댕그을음 등을 포함하고 있는, 중유와 같이 끈적끈적한 성분의 굵은 입자 비로서, 소위 방사성강하물의 한 종류이다. 검은 비는 강한 방사능을 함유하고 있기 때문에 비를 직접 맞은 사람은 2차피폭이 원인인 탈모나 잇몸출혈, 혈변, 급성백혈병에 의한 대량의 토혈 등과 같은 급성방사능장애가 나타날 수 있다. 이상 일본 「위키백과사전」 참조

그렇다면 도대체 어떻게 방사선 폭로를 경험했는가 의문이 발생하고, 결국 잔류방사선[20]에 의한 내부피폭밖에 없다고 생각했던 것입니다.

극도의 권태감을 호소했던 사람들과 만났던 것은 1945년 10월, 야마구치 현의 국립야나이 병원에 갔던 초반이었습니다. 국립야나이 병원의 건물은 오래된 군사시설로 아주 허름했지만, 일하고 있는 사람들이 흰옷을 입었고, 병원에 근무하는 의사다운 모습으로 진료한 것은 야나이 병원부터입니다. 헤사카 마을에 있을 때는 입고 있던 그대로 진료해서 제가 의사인지 누구인지 알지 못했습니다. 그런 점에서 국립야나이 병원이 인상에 남아 있습니다. 접수를 하고 진료실에 오면 거기서 의사와 환자라는 관계로 대화를 하게 됩니다. 즉 의료의 형식이 정리되어 있는 상태에서 환자와 이야기를 했던 것입니다. 그때까지 권태감을 호소한 환자가 있었다고는 하지만, 원폭에 노출된 저 자신도 놀라 어떻게 할 바를 몰랐기 때문에, 당시의 이야기는 정확하게 이것이다라고는 말할 수 없었습니다.

••••

20. 원자폭탄의 방사선은 폭발 후 1분 이내에 방출되는 초기방사선과 이후의 잔류방사선으로 구분할 수 있다. 초기방사선은 허공에서 방사선이 직진하는 공중방사선이기 때문에 폭심지에서 거리가 멀수록 방사선량이 줄어든다. 또한 차폐물이 있으면 방사선량이 줄어든다. 결국 폭심지에서 먼 거리에 있거나, 집안에 있거나, 숨어있거나 했던 사람 등은 방사선 피폭량을 대폭 줄일 수 있다.(원자폭탄이 방출하는 에너지는 50%의 폭풍, 35%의 열선, 15%의 방사선으로 구성한다. 방사선은 폭풍으로 날아가는 것이 아니기 때문에 폭풍이나 열선이 도달했다고 해서 방사선이 도달하는 것은 아니다.)
　잔류방사선은 초기방사선에 쪼인 흙이나 건물, 혹은 '검은 비'나 '죽음의 재'로 이야기하는 방사성 강하물에서 나온다. 히로시마에 투하된 원자폭탄의 경우 우라늄(나가사키의 경우 플루토늄)의 핵분열로 발생한 분열파편(핵분열생성물)에서 발생한 감마선과, 핵분열로 일시에 발생하는 중성자에서 나오는 중성자선이다. 감마선도 중성자선도 대단히 큰 에너지를 갖고 있는 방사선이라서, 인체에 흡수되면 큰 장애가 발생할 수 있다.
　일본 후생성은 잔류방사선에 대한 정의를 "원자폭탄의 폭발과 동시에 발생하는 초기방사선 중에 중성자로 방사화된 흙이나 건물 중 건축 자재 등의 물질에서 발생하는 방사선이다. 잔류방사선의 전체 양을 100으로 했을 때 폭발 후 24시간 이내에 약 80%가 발생한다."고 정의한다. 이상「야후재팬」 참조.

헤사카 마을에서 피난했던 최초의 피폭자들은 그러한 증상도 나오기 전에 모두 사망해버렸습니다. 무언가 증상이 나타나고 두세 시간이 지나 사망한 것이 아니라, "선생님 빨리 와 주세요, 숨소리가 이상합니다"는 전달을 받고 날 듯이 가보면 이미 사망해버린 상태였습니다. 모두가 전신이 눌어붙은 화상이었습니다. 따라서 내과적으로 무언가 이상한 점이 발생했을 텐데 하고 생각할 겨를도 없었습니다. 신체 표면에 무언가 나타났어도, 방사선에 쪼여서 발생했으니까, 무언가 발생하고 있다는 점은 틀림없었지만, 당시에는 방사선이라는 것을 도대체가 알 수 없었기 때문에 어떻게 해 볼 수가 없었습니다.

(2) 방사선이 인체에 미치는 영향

방사선의 영향으로 예를 들면 지혈능력이나 응고능력이 감소해버리거나 백혈구가 기능하지 못하는 것은 이미 지금의 의학에서 실험적으로도 확인된 것입니다. 지금도 예를 들어 엑스선이 돌연 고장 나 심각할 정도로 농도 짙은 방사선에 노출되는 경우는 현실에서 종종 있는 일입니다. 이런 경우는 오히려 즉각적인 혈액변화가 나타납니다. 백혈구가 감소하는 것은 공통현상입니다. 혈액은 척수에서 만들어지고 있기 때문이죠. 척수가 상처 입었기에 조혈을 시작하면서 충분한 백혈구가 없는 상태로, 말하자면 백혈구가 이른바 불량품으로 만들어지게 됩니다. 이런 증상은 지금까지도 효과적인 치료방법이 없습니다. 미국이 가장 자신 있게 말하고 있는 것은 척수를 이식하는 방법입니다. 건강한 사람의 척수를 이식하면 약해진 척수를 대신해서 건강한 척수가 작동하여 도와준다는 이치이지만, 성공한 사례를 아직 잘 듣지 못했습니다.

후쿠시마에 국한되지 않고, 스리마일 섬이나 체르노빌 원전사고에서도 똑같이 방사선에 쪼인 사람은 동일한 증상을 보이고 있습니다. 방사선의 핵종(核種)이, 예를 들어 이것은 세슘137호이고 저것은 우라늄인데 각각의 핵종별 증상에 어떤 차이가 있는가에 대해선 지금도 연구중이므로 대략 이러저러한 점들을 언급할 수는 있다 해도 기본적으로는 차이가 없을 겁니다. 두려운 것은 스트론튬입니다. 이것은 뼈에 달라붙는 성질이 있기 때문에, 뼈에 모이게 되면 뼈가 방사성을 갖게 돼버립니다. 뼛속의 '인'이라는 분자가 방사성 인으로 변하게 됩니다. 스스로 방사선을 배출하게 됩니다. 뼛속에서 혈액을 만들고 있기 때문에 새롭게 만들어지는 쇠약해진 조혈간세포는 모두 피해를 보게 되는 것입니다.

이러한 이치를 이론화한 사람이 츠즈키 마사오(都築正男)[21] 도쿄대

••••

21. 1892년 효고 현(兵庫県) 히메지 시(姫路市)에서 개업을 하고 있는 의사의 장남으로 출생. 효고 현 공립 히메지 중학교를 거쳐 1917년 도쿄 제국대학 의과대학 의학과를 졸업하고 해군에서 복무했다. 해군군의학교 선발학생으로 다시 도쿄 대에 재입학하고, 시오타 히로시게(塩田広重) 밑에서 외과학을 배웠다. 1926년 도쿄 대학 의학박사 논문제목은 「경엑스선의 생물학적 작용에 관한 실험적 연구,였다. 1927년 치과학교실 주임으로 임명되어, 많은 악안면 영역에 대한 수술을 시행하였고, 구강외과 분야에서 큰 공적을 남겼다. 1929년에 구강외과학교실 교수로 승진, 1934년에는 시오타(塩田)의 후임으로 외과학 제2강좌 교수에 취임, 흉부외과를 전공했다.

1945년 8월 히로시마 나가사키에 원자폭탄이 투하, 히로시마에서 피폭했던 여배우 나카 미도리(仲みどり)가 도쿄 대 병원에 입원하자 츠즈키는 주치의로서 치료에 임했으나 나카 미도리는 8월 24일 사망했다. 나카의 사인을 급성방능증으로 진단한 츠즈키는 세계에서 처음으로 의무기록지에 '원자폭탄증'으로 기재했다.(원폭증 제1호) 이것을 계기로 츠즈키는 원폭증 환자의 치료에 관여하였다. 일본 문부성 학술연구회의에 '원자폭탄재해조사연구 특별위원회'의 의학부문 책임자로 8월 30일에 히로시마 시내에 들어가 현지조사, 피폭자구호를 위해 노력했다. 10월에는 잡지 「종합의학」에 방사능장애에 관한 논문을 발표하여 원폭증의 실태를 널리 알렸다.

연합국의 점령으로 츠즈키는 미국측의 조사단에도 협력했으나, 1945년 11월, 일본학술연구회의 특별위원회에서 연합국총사령부가 원폭에 관한 연구발표를 금지하자 이에 대해 "지금 이 순간에도 많은 피폭자가 계속해서 사망하고 있다. 원폭증은 아직 해명되지 않았으며 치료법조차 없다. 설령 명령이라고 해도 연구발표의 금지는 인도적 방침에서 용서할 수 없다"고 주장하면서 강하게 반발했다. 이런 이유로, 해군 군의소장을 겸임하고 있던 그는 공직에서 추방처분을 받아 도쿄 대를 떠날 수밖에 없었다.

교수*(당시)입니다. 히로시마에서 미군의 조사단이 오기 이전에 원폭이 투하된 다음부터 1개월이 채 안 된 상태에서 현지를 방문하여 쓰러져 있는 사람들의 혈액을 모아 그것을 정확히 연구하여 논문을 썼습니다. 미국은 이 논문을 모두 몰수하고 츠즈키 교수도 도쿄 대에서 한직으로 쫓겨났습니다. 츠즈키 교수는 대단히 의미 있는 작업을 했던 것이지만, 미국이 이를 분쇄해버렸습니다.

연구결과를 발표한 문서를 점령군이 전부 몰수하고, 표면적으로 아무 일도 없는 것처럼 돼버렸습니다. 그러나 여러 사람들이 감추고 있었거나, 들었거나 해서 논문의 내용은 알려져 있습니다. 당시 방사선에 쪼인 히로시마, 나가사키 환자들에 대해 이렇게 하나라도 해명하려 한 여타 시도는 없었습니다. 따라서 모두가 츠즈키교수를 존경하고 있는 것입니다.

＊ 부라부라 병

히로시마 시에 원자폭탄이 투하된 후에, 시민 중에 이렇게 부를 수 있는 증상이 나타난 피폭자는 특징적으로 체력과 저항력이 약해지고, 쉬 피로하고, 신체가 나른해지는 등의 증상이 지속되었다. 때문에 다른 사람과 함께 일하는 것이 어려워 직업을 가질 수 없었으며, 질병에 잘 걸렸거나 혹은 중증질환으로 변해버리는 확률이 높아지는 경향을 나타냈다. 의사와 상담하여 여러 검사를 받아도 별다른 이상이 없다고 진단되어, 동료나 가족으로부터는 '게으른 사람'으로

••••

1954년 일본적십자사중앙병원장에 취임. 같은 해 3월 1일에 비키니 환초에서 발생한 수폭실험에서 제5후쿠류마루 호가 폭로되자 의학조사를 시행하여 중의원에서 증언을 하고, 국제적십자위원회에도 보고하였다. 또한 1956년에 설치된 원자력위원회에서 전문위원을 맡았고, 1959년에는 일본방사선영향학회 회장(초대)에도 취임했다. 히로시마 시가 편찬한 『히로시마 신사(新史)』의 자료편1에는 '츠즈키자료편'이라는 제목으로 츠즈키가 피폭 직후부터 1946년에 걸쳐 수집한 피폭자 관계자료를 수록하고 있다. 이상 일본 「위키백과사전」참조.

낙인찍히기 일쑤였다. 내부피폭의 메커니즘도 아직은 가설이지만, 그렇지 않다면 설명할 수 없는 현상 아니겠는가 하고 히다 슌타로는 주장한다.

* 츠즈키 마사오(都築正男)
  1892년 10월 20일~1961년 4월 5일. 의학자. '원폭증 연구의 아버지'로 불린다.

| 3 | 자신도 피폭의사로서 어떻게 살 것인가?

(1) 나는 더 오래 살려 한다

당시 피폭자와 접해보면서, 이것은 동료 의사들 모두가 같은 생각이었습니다만, 의사를 그만둬야겠다고 말하곤 했습니다. 이런 폭탄을 매일매일 여러 곳에서 만들게 된다면 우리들은 아무것도 할 수가 없다, 도대체 이런 살상무기에 어떻게 대응할 수 있을까 고민했던 것이죠.

사람이 죽는 것은 의사라면 늘 볼 수 있는 일입니다. 지금까지 자신이 알고 있던 사람의 죽음이라는 것은, 예를 들어 지금 기차사고가 났다든가 어떤 사고로 사망하는 경우가 아니라 침대 위에서 죽는다는 것은 심장이나, 뇌, 무언가 원인이 있는 것이고, 학문적으로 규명하면 사인을 알 수 있습니다. 인간은 여하튼 100세를 넘어 살기는 어렵기 때문에, 질병에 걸리면 젊은 사람일지라도 죽게 됩니다. 죽어가는 모양새는 병원에서 보기 때문에 대체로 이러저러한 경향이 있다고 경험적으로 알 수 있습니다. 그러나 상식을 완전히 뒤집는 형태로 단시간에 사람이 살해되는 상황에서는, 그런 세상에서는 스스로 의사를 계속할 의미가 없었던 것입니다. 당시에는 그렇게 이야기하곤 했습니다.

『히로시마가 불타버린 날』이라는 책에서 매듭지은 문제인데, 이 책을 썼을 때는 피폭자가 당시 피폭의 후유증이라고 이야기했습니다만, 다양한 증상을 포함하는 후유증이 있었고 이것이 원인이 돼서 사망하는 것임을 확실히 알 수 있었습니다. 언젠가 나도 그런 식으로 죽게 될지 모른다고 각오하고 있었습니다. 다만 어떻게 해서든 원폭에 패배해서 죽게 되는 것은 수치스럽다고 생각했습니다. 나는 더 살아야 한다고 정직하게 생각했습니다. 다만 어떻게 살아야 그것이 가능할 것인가 당시에는 전혀 알 수 없었습니다.

지금 생각해보면 당시에 만일 수액요법[22]이 가능했다면 많은 사람을 도울 수 있었을 겁니다. 몸속에 수분이 없어서 혈액이 진해져 죽게 됩니다. 당시는 링거도 있었고, 포도당 수액도 있었습니다. 정맥주사를 이용해서 20cc 정도 정맥에 주입하는 방법도 시행하고 있었습니다. 다만 500cc 정도로 많이 주입하는 기술은 그때까지 없었습니다. 때문에 수액요법으로 1시간이나 2시간정도 주입하는 것이 가능했다면 양상은 많이 달라졌을 것입니다.

(2) 생사의 갈림길을 경험하며

제가 겪은 일을 이야기해보면 원폭이 투하되고 나서 아직 4일째인가 5일째밖에 안 된 날이었습니다. 갑자기 열이 났습니다. 급성증상의 피폭자를 진료하고 있어서 알고 있었는데, 열이 높아지면 모두 급성증상이 나타나 버렸습니다. 열이 나기 시작하고 오싹오싹 한기를 느끼기 시

••••

22. 원문에서는 점적치료(点滴治療)라고 표현했다. 점적치료는 점적정맥주사(intravenous drip, DIV, IVD), 즉 현재의 수액요법에 해당하는 일본식 표현이다. 정맥에 고정시킨 주사기를 통해 혈액이나 포도당을 주입하여 혈액 구성성분의 양을 조절할 수 있거나 영양을 공급할 수 있는 치료법이다.

작해 진료하러 가기 싫었지만, 가야만 했기 때문에 피폭자를 진료하는 방에서 나왔다 들어갔다 하고 있었습니다.

그때 쿠르메(久留米)[23]에서 온, 저보다 나이가 많은 말하기 좋아하는 의사가 "어떻게 된 거야, 이상한데" 하고 얘길 해서, "조금 한기가 있습니다"고 답변을 하니, "열을 재보자"고 이야기했습니다. "열을 재보고 높으면 움직이지 않아야 하니 이대로 좀 더 진료하고 오겠습니다"고 말하면서 피폭자가 있는 방으로 갔습니다. 갔다 오니 "잠깐 들어 봐" 하면서 "그대로 놔뒀다가 만일 다른 사람과 똑같은 증상이 나타나면 당신도 틀림없이 죽어. 그렇게 되면 우리 모두가 곤란해질 수도 있고 당신만은 죽어서는 안 돼. 당신은 내가 하는 말 믿을 수 있나?"고 말을 했습니다. "말씀해보시지요"라고 답변하니 "내가 판단할 때는 혈액이 문제다. 300cc, 500cc 정도 수혈을 하면 이상적인데 전혀 불가능한 상황이다. 따라서 얼마나 효과가 있는지 알 수 없지만, 지금 가능한 것은 건강한 병사와 간호사 중에 같은 혈액형을 찾아서 수혈을 해야 하는데, 많은 양을 채혈하는 것도 문제고, 또 그것을 주입하는 것도 어려우니, 조금씩 채혈을 해서 그 혈액을 몇 번에 걸쳐서 주입하는 것이 좋다고 생각한다. 해 보겠는가"라고 제안하였습니다. "좋습니다"고 답변하였습니다. "하지만 위험할 수 있어"라고 말해서 "어차피 위험한 상황인데 안 되면 포기하죠, 해주세요"라고 답변하고 5cc 수혈을 받았습니다. 하루에 7회에서 8회 정도 받았습니다. 20cc 주사로 4분의 1 정도 간호사와 군인들에게 채혈을 해서 바로 주입했습니다. 효과가 있었습니다. 지금은 그런 치료를 하지 않지만요.(웃음)

••••

23. 후쿠오카 현 남부에 있는 도시

그때 어딘가에서 수혈 세트를 트럭으로 운반해 와서 닥치는 대로 100cc건 200cc건 수액주사가 가능했다면 상당히 달라졌을 것이라고 생각합니다.

| 4 | 왜 부라부라 병이 나타난 것인가
      ― 세슘137이 근육에 미치는 영향

또 한 가지 소위 부라부라 병에 대한 것입니다만, 극도의 권태감이 어떤 메커니즘으로, 즉 방사선의 영향으로 어떻게 그런 증상이 나타나는 것인가에 대해서는 아직 알 수 없습니다. 다만 러시아의 피폭지에서는 없었으나, 고멜(Gomel) 의과대학의 학장 유리 I 반다제프스키 씨[24]가 체르노빌 환자가 입원해서 점차 사망해 가는 이유에 대해, 상당한 사람의 생전기록과 사망 후의 부검소견을 Medical and Biological effects of radiocesiumincorporated into the human organism이

····

24.　유리 반다제프스키(Yury Bandazhevsky)는 의사, 병리해부학자. 1957년 벨라루스에서 출생. 1980년 의과대학을 졸업하고, 1990년 벨라루스 중앙과학연구소(The Central Laboratory of Scientific Research)에 취임. 1990년 벨라루스 남동쪽에 있는 고멜 의과대학을 창설하고, 초대학장에 취임. 1986년 체르노빌 원전사고의 영향을 조사하기 위해, 피폭인체나 동물의 병리해부를 시행하고, 체내장기의 세슘137 등의 방사성 동위원소를 측정하고 연구하였다. 1999년 벨라루스 정부당국이 고멜 의과대학의 수험생 가족으로부터 뇌물을 받은 혐의로 체포, 구속하였다. 변호사는 경찰이 강요한 2명의 증언 외에는 어떠한 증거도 없기 때문에 무죄를 주장하였지만, 2001년 6월 18일 재판에서 징역 8년의 실형을 선고받았다. 이 재판은 정치적 의도가 있는 것이라고 해외의 많은 인권보호단체가 벨라루스 정부에 항의하였다. 국제적 인권보호단체인 엠네스티는 "반다제프스키 박사의 유죄판결은 박사의 체르노빌 원전사고에 대한 의학연구와 피폭한 고멜 주민들이 벨라루스 정부를 비판한 것과 관련이 있다고 확신한다"고 발표. 실제로 반다제프스키의 체포는 그의 논문이 발표된 직후 시행된 것이다. 이상 「야후재팬」 참조.

라는 책에 기록하였습니다. 특히 일본에서도 많이 나타나고 있는 세슘 137, 이것에 대해선 저도 지금까지 그렇게 두렵다는 느낌은 없었는데요, 근육으로 대단히 넓게 확산되며, 급성심근경색을 일으키는 것으로 서술하였습니다.

미국의 통계학자 J.M. 굴드[25]가 유방암에 주목하고, 원자로주변의 사람 중 백인여성의 유방암 사망률이 높다는 점을 밝혔습니다. 이것은 원래 미국 정부가 50년 동안 일률적으로 유방암 환자가 2배가 되었다고 발표를 한 것에 대해, 지역차가 있을 것으로 판단하고 따라서 환자가 발생한 지역과 발생하지 않은 지역이 있을 것으로 가설을 세운 후에 진행된 연구였습니다. 유방암 통계를 발표한 지역기준은 행정단위로 말한다면 주(State) 아래 카운티(군)입니다. 미국에는 카운티 수가 3,059개가 있습니다. 대개 한 개 주에 카운티가 60개 정도 있습니다. 그의 연구에 의하면 50년간 유방암 환자의 숫자를 전부 컴퓨터에 입력해서, 50년간 가장 많이 증가한 카운티와 가장 적은 카운티, 보합상태인 카운티의 3종류로 분류하여 컴퓨터에 입력하여 통계를 산출하였습니다. 결과는 1,319개 카운티의 유방암 사망률이 높았고, 1,740개의 카운티가 사망률이 떨어지거나 보합상태였습니다. 13대 17로 나온 것입니다. 저자 자신은 연구비도 없었습니다만, 3,000개 이상의 카운티의 50년분을 검토한 것이지요. 대단한 작업이었습니다.

그리하여 굴드는 입력한 각 카운티의 하나하나에 전부 유방암의 원

••••

25. J.M. Gould는 통계학자, 역학자이다. 1915년 시카고에서 태어나 뉴욕에서 자랐다. 컬럼비아 대학에서 박사학위 취득. 2005년 사망. 1989년 '방사선과 대중건강 프로젝트'의 공동설립자이다. 그는 원래 경제학자였으나, 방사선에 관심을 갖게 되면서, 20년간 원전 주변지역에 암발생이 높다는 사실을 밝혀냈다. 저선량방사선에 폭로되는 것이 통상적인 인식보다 훨씬 더 위험하다고 주장하였다.

인이 될 만한 요인을 입력하여 갔습니다. 많은 요인 중에서 모든 카운티에 하나의 공통된 요인을 발견했습니다. 바로 원자로와의 거리였습니다. 원자로에서 100마일(약 161Km)보다 먼 곳에서는 단 한 카운티도 환자 사망률이 증가하지 않았습니다. 전부 보합상태였습니다. 높은 사망률은 전부 100마일 이내에서 발생했습니다. 따라서 원인은 이것이 분명하다고 결론짓고, 이런 내용의 논문을 발표하였고 제가 번역하였습니다.* 무섭다고 생각했습니다. 굴드는 통계전문가였기 때문에, 이 통계에 대해선 통계학적으로 오류가 절대 없다는 증명을 한 것이나 마찬가지입니다. 적당히 해서는 학문적으로 통용될 수 없겠죠.

근육이라고 들었기 때문에, 저는 유방암을 생각하면서도, 따져보니 '나른하다'는 것은 근육 때문입니다. 근육층의 증상이기 때문에, 그것이 한결같이 똑같은 증상을 나타내는 이유는 역시 세슘이라고 생각합니다. 후쿠시마 제1원전의 사고에서도 세슘이 많이 방출되었습니다. 그런 점에서는 좀더 세밀한 병리학적인 다양한 변화를 지금부터 선구자들이 열심히 해준다면 정확한 결론을 얻을 수 있을 것으로 생각합니다. 나는 최근 러시아 논문을 읽고, 세슘이 야기하는 증상이라고 생각하였습니다.

근육에는 의식적으로 움직여야 하는 근육과 자동적으로 움직이는 근육이 있습니다. 위장근육이랄까 심장근육은 자동적으로 움직이고 있습니다. 근육자신의 운동신경으로 움직이는 것입니다. 움직이라고 지시하지 않는 것이지요. 따라서 나른하다는 것은 모두 운동신경입니다. 예를 들면 손발은 운동하게 되면 피로해지고, 나른하게 됩니다. 운동성 근육이기 때문입니다.

유방암은 근육 속에 있는 유선이라는, 안에서 젖을 분비하는 선입니다. 관입니다. 그것이 변질되어 암이 발생하는 것이지 근육에서 암이 발생하는 것은 아닙니다.

자율신경계의 중추이고 주로 교감신경을 조절하고 있는 간뇌가 방사선에 노출돼서 발생하는 장애인 것인가, 혹은 근육 속에 흐르는 혈액, 혈액은 영양과 산소를 갖고 있기 때문에 피로해진 피로물질을 함유해서 돌아옵니다만, 그때 남겨진 피로물질이 원인인 것인가, 그래서 이상한 것인가 지금으로선 상상하는 것 외에는 방법이 없다고 생각합니다.

---

* J.M. 굴드 지음, 히다 슌타로·사이토 오사무(齊藤紀)·토다 키요시(戸田淸)·다케노우치 마리(竹野内真理) 옮김 『저선량내부피폭의 위협 — 원자로주변 건강파괴와 역학적 입증의 기록』 롯쿠후(綠風) 출판(2011년 4월)

원저명은 Gould, Jay Martin, The enemy within: the high cost of living near nuclear reactors: breast cancer, AIDS, low birthweights, and other radiation—induced immune deficiency effects

---

제3장

1970년대 중반 유엔으로, 그리고 국제심포지엄

| 1 | 유엔에서 내부피폭, 부라부라 병의 실태를 호소

1975년에 핵무기전면금지를 유엔에 요청하는 대표단에 합류하여 뉴욕의 유엔으로 갔습니다. 원수폭 실험금지를 유엔에 요청하기 위해 제1회 국민대표단을 보내려는 운동이 있었을 때에, 마침 우연의 일치로 제가 사이타마 현(埼玉県)의 여기저기에서 강연을 하고 있었습니다. 그때까지는 사이타마 현의 겐스이쿄(原水協) 사람들과 그렇게 친하지 않았습니다만, 다양한 모임에서 얼굴을 익히게 되었고, 이야기할 기회도 만들어졌습니다. 이런 활동이 영향을 주었다고 생각합니다만, 국민대표단에 참여하는 사이타마 현 대표로 제가 선출된 것입니다. 병원이 바빴기 때문에 어려울 것이라고는 했지만, 병원과 상담을 해 보니 꼭 다녀오시라고 오히려 부탁을 받는 상황이 된 것입니다. 그런데 저

는 전일본민의련(전일본민주의료기관연합회)*
에 관계하는 의사로서 어쨌든 민의련의 자
격으로도 유엔에서 한마디 할 수 있고 꼭
사이타마 현 대표로 참여할 필요는 없었기
에, 사이타마 현에서 다른 한사람의 피폭자
를 함께 가자고 추천하여 당시 열심히 피폭
자운동을 하고 핵무기폐지운동에 참여하고
있던 스기타 하츠요(杉田ハツヨ)[26]라는 여성
과 함께 갔습니다.

히다 선생 등이 유엔에 지참했던 보고서

　내부피폭 문제를 미국이 일체 무시하고 피해자에 대해 신경 쓰지 않
는 점을 유엔에 가서 알려야 한다고 생각하고, 히로시마에서 피폭 문
제를 다루는 민의련 관계자 중에서는 가장 중심적 인물이었던 다사
카 마사토시(田坂正利)[27] 선생이, 도쿄에서 많은 피폭자를 후원하고 있

••••

26. 원폭투하 중심지에서 2킬로. 히로시마 시에서 태어났다. 근로학도병으로 동원되어 우지나(宇
品, 폭심지에서 4킬로)의 부대에서 병사들의 옷을 세탁하거나 수선해주는 일을 하고 있었다. 8월 6
일 아침, 세수를 하는 순간 번쩍하는 불빛과 쾅하는 소리와 함께 바람에 날아갔으나 나뭇가지에 걸
렸다. 당일, 시내중심의 집을 철거하는 작업에 동원된 히로시마의 모든 중학생, 여학생이 노출되
었다. 부대로 소년들이 들어왔으나 차츰 고온, 고열로 다음날부터 부패가 시작되어 파리가 날아들어
알을 낳고 구더기가 머리에서 살았다. 소년들은 "엄마" 하면서 죽어갔다. "사람을 이렇게 죽여도 좋
은가"라면서 사람들에게 원폭의 경험을 전달해야 할 의무가 있다고 생각하고 평생 사람들을 상대로
강연했다.

27. 히로시마 민의련의 후쿠시마 의료생협병원 내과의사. 1997년 전일본민의련에서 출판한 『민의
련의료의 이론2 — 피폭자의료』라는 책에 「피폭자치료의 문제점 — 발전을 저해하는 요인은 무엇인
가」라는 논문을 게재하였다. 논문에서 다사카는 방사선생물학의 지식이나 원폭증에 대한 지식을 탐
구하여 환자의 주요 호소와 방사선량을 결합하여야 하며, 한사람 한사람의 증상을 소중하게 판단하
고 근대의학의 기계론적 결함을 극복해서, 동양의학, 민간요법이 갖고 있는 실증적인 치료도 포함할
수 있어야 한다고 제기하였다. 또한 피폭자에 대한 치료는 세계사적 의미를 갖고 있는 것이면서, 계
급적 압박도 있기 때문에 진단이나 치료에서 창의성이 필요하고, 의무기록의 통일성도 확보할 필요
가 있다고 주장하였다.

던 요요기 병원의 치바 마사코(千葉正子) 선생[28]과 함께, 학생시절에 나가사키 대학에서 피폭경험이 있던 오사카의 고바야시 에이이치(小林栄一)[29] 선생을 대동해서 도쿄로 왔습니다. 이에 민의련 의사로서 제가 생각하고 있는 히로시마 나가사키 피해에 대한 의학적인 특징을 해명한다는 차원에서 지금까지 다양한 책을 봐도 다뤄지지 않던 내부피폭 문제, 부라부라 병 문제를 알려야만 하는 것 아닌가 제안하게 되었습니다.

이것은 대단히 의미 있는 일이었기에 다양한 논의를 했습니다만 당시 부라부라 병에 대해 모두 고민만 하고 있었을 뿐 의사로서 정확하게 보고하고 어떻게 정리해야 할 것인가에 대해선 아직 생각을 정리하지 못하고 있었습니다. 그러던 중 요요기 병원의 치바 선생이 요요기 병원이 확보하고 있는 다양한 자료, 특히 의무기록을 중심으로 (부라부라 병에 대한) 특징을 이야기했습니다. 저나 다른 사람이 막연하게 생각하고 있던 점들이 대단히 잘 정리되어 있었기에 그것을 제가 문장으로 만들어서 팸플릿으로 제작했던 것입니다. 아마도 일본사람 중에서 이 팸플릿을 본 사람은 많지 않았다고 생각합니다.

유엔에는 팸플릿의 일본어판과 영역본을 가지고 갔습니다. 전반부,

••••

28. 1961년 도쿄의 요요기 병원에 근무하기 시작해서 1995년 퇴직할 때까지 '피폭자의료'에 심혈을 기울여, 피폭자로부터 '하느님'으로 불리기도 했다.

29. 고바야시 에이이치는 1925년 한국 부산에서 출생. 1943년 나가사키 의과대학 부속 의학전문부에 입학. 1945년 8월 9일 폭심에서 700미터 거리에 있던 나가사키 대학 교내에서 피폭경험을 하였다. 1949년 도쿄 대학 부속 의학전문부로 학적을 옮겨 졸업했다. 국립병원을 거쳐 오사카 시 코노하나 구(此花区)에 있는 전일본민의련 소속 코노하나 진료소에 오랜 기간 근무하였다. 모두 5,000명 이상의 피폭자를 진료하였다. 피폭자 의료에 대한 입장은 "히로시마 나가사키 피폭자가 인류의 역사상 핵무기로 처음 희생된 사람이다. 따라서 피폭자가 드러내는 질병 상태는 분명히 원폭과 무관하다고 입증되지 않는 한, 원폭과 직접적, 부차적 관계가 있는 가능성이 있다고 생각하고 대처해야만 한다"고 주장하고 있다.

즉 부라부라 병에 대한 내용 전까지는 당시 일본에서 가장 권위 있다고 평가받는 사람들이 제시한 문장을 그대로 실었습니다. 마지막에 부라부라 병에 대한 설명을 추가하였습니다.

[그렇지만 1975년의 유엔요청 국민대표단의 활동보고는 오랜 기간 찾아보았으나 확인할 수 없었습니다. 동행한 멤버의 대다수가 사망하고 저는 일반단원이었기 때문에 지시받고 행동할 뿐이어서 대표단 활동의 전모는 알 수 없었습니다. 마지막 유엔사무총장과의 면담상황은 제가 작성한 메모와 기억에 의하면 다음과 같습니다.][30] 12월 8일, 당시 유엔 사무총장이었던 쿠르트 발트하임(Kurt Joseph Waltheim, 1972~1981년 유엔사무총장)을 만날 때 저는 그 멤버에서 제외되어버렸습니다. 이러면 내부피폭 문제를 호소할 수 있는 기회가 없어지는 것이기 때문에 여기저기에 동석하고 싶다고 애써서 이야기했더니, 결국 사진반으로 들어가 회담 진행 상황을 촬영하면서 마지막에 요청서를 제출해 이야기하는 것이 좋겠다고 하고, 또 사토 교츠(佐藤行通)[31] 씨가 통역하여 준다고 해서 일단 내부피폭에 대해 호소할 수 있는 대망의 기

••••

30. [　]의 글은 제1판 2쇄의 내용이다. 이 내용은 제1판 1쇄에서는 다음과 같은 내용으로 서술하고 있다. "그러나 유엔에서 겐스이쿄(原水協)의 보고 중에도 이에 대한 보고가 행방불명돼버렸기 때문에, 확인할 수가 없습니다. 이때의 경과에 대한 보고가 어디에도 남아 있지 않습니다. 나는 몇 명 대표 중 한 사람으로 갔기 때문에, 이런 문제만 우선할 수 없었습니다. 처음 간 것이기 때문에 다른 사람에게도 평등하게 배당해야 했습니다."

31. 사토 교츠는 1918년 아키타 현(秋田県) 북아키타 시(北秋田市) 출생으로 승려이자 사회운동가이다. 육군사관학교의 전신인 육군예과사관학교에 53기로 입교하여 항공사관학교를 수석으로 졸업하였다. 1942년 관동군 중위로 만주에 파병되었으나, 종전 후 후지이 닛타츠(藤井日達)가 창설한 일본잔묘호지(日本山妙法寺)에 출가하면서 일본 평화운동에 참여하였다. 타가와(立川) 기지 반대투쟁, 원수폭금지운동, 베트남민중지원운동 등에 참가하였다. 원수폭금지일본협의회의 설립에도 깊이 관여했으나 운동방침을 둘러싸고 일본평화위원회, 일본공산당과 의견이 대립하여 결국 겐쓰이쿄에서 추방된다.

회를 확보할 수 있었습니다. 대표단은 일본에서 준비해온 유엔총회에 제출하는 4항목의 요청서를 사무총장에게 제출하고, 사토 교츠 씨가 독특한 영어로 해설하였습니다. 발트하임 사무총장은 요청을 정식으로 접수하면서 "제가 유엔의 담당기관에게 자문을 구해보겠다"고 말하였습니다.

그 다음에 제가 원폭투하 직후의 사망자, 급성방사능증의 출현, 만성방사능증(부라부라 병), 만발성장애(백혈병, 암, 간장장애 등) 질병 등 다양한 질병상태와 사망까지의 경과, 일본 임상의사가 종래 의학지식으로는 대응할 수 없는 원폭후유증으로 진단, 치료 측면에서 어려움에 직면하고 있는 점을 호소하였고, 세계의 권위자를 모아 유엔이 주최하는 심포지엄 개최를 청원하였으며, 사토 씨가 저도 알아들을 수 있도록 일본식 영어로 통역을 해주었습니다.

그러자 이전에 문서를 제출했기 때문에 준비가 가능했다고 생각합니다만, 핵실험금지 문제는 책임을 갖고 받아들이면서도, "닥터 히다 선생이 지금 이야기하신 (의학적_역자) 문제는 유엔으로서 받아들이기에는 부적절하다"고 거절했습니다. "무슨 말씀입니까" 하고 질문하니 우리들이 유엔에 갔던 1975년의 7년 전인 1968년에 미국정부와 일본정부가 공동으로 「히로시마 나가사키 원폭의 의학적 영향에 대하여」라는 특별히 의학적 피해에 대한 연구보고를 했었다는 것입니다. 당시의 정부보고에는 "현재 시점에서 원폭의 영향이라고 생각되는 환자는 한사람도 없다. 사망해야 할 사람은 전부 사망했다. 따라서 히로시마 나가사키의 피폭자에 대한 의학문제는 현재 일본에는 전혀 없다"는 내용이었다고 답변하였습니다.

깜짝 놀라버렸습니다. 대표단은 전부 의사가 아니었어도 일본에 환자가 있으며, 지금도 고생하고 있다는 점은 모두 알고 있었습니다. 그런데 이런 식으로 이야기해버리다니, 그렇다면 그 보고서를 보여 달라고 말했습니다. 문서를 받아들고 밖으로 나와 휴식을 취하고 있을 때, 통역자가 그것을 통역해주었습니다. 거기에는 정확하게 적혀 있었습니다. 내가 또렷이 기억하는 것은 종전 직후 원폭투하로부터 얼마 되지 않은 시기에, 맨해튼계획 부책임자인 파렐준장*이 일본을 방문하였습니다. 방문 중이었던 1945년 9월 6일, 제국호텔 외국인기자클럽에서 기자들과 회견을 하는 중에, "지금 히로시마로부터 전화로 히로시마의 상황에 대해 전달받았다. 보고에 의하면 히로시마 나가사키에서 사망해야 할 사람은 사망했고, 현재 원폭방사능으로 고생하고 있는 사람은 한사람도 없다"는 식으로 보고를 했다는 것입니다. 또한 1968년 미일 양국 정부가 유엔에 제출한 보고서에도 똑같은 내용을 게재하였습니다. 결국 미국은 인체내부로 들어온 방사선은 미량이라서 위험하지 않다는 주장을 계속해서 해왔던 것입니다. 이 보고서는 일본에서는 물론 공개되지 않았습니다.

그리고 휴식 후에 재교섭하려 할 때, 발트하임 총장은 "저는 예정이 있어서 더 이상 시간을 낼 수 없다. 여러분은 아직 하실 이야기가 남아 있으니, 저를 대신해서 군축국장을 참석시키겠다."고 말하고, 세브첸코32라는 러시아 대표가 참석하였습니다. 이 사람은 나중에 미국으로 망

••••

32. 알카디 니콜라예비치 세브첸코(Arkady Nikolayevich Shevchenko 우쿠라이나, 1930~1998) 구 소련의 외교관이다. 세브첸코는 소련에서 청년시절 외교관에 발탁되었고, 소련외무부의 고위직에 까지 오른 인물이다. 1973년에 유엔 사무국에 임명되었다. 1975년 미국으로 망명하기 위해 CIA와 접촉하였다. CIA의 요구로 뉴욕시의 유엔본부에서 근무하는 동안 세브첸코는 CIA에 소련의 비밀을 전달했다. 1978년 소련에서 미국으로 망명했다. 망명 당시 망명계획을 알지 못했던 그의 부인은 망명을 거부하고 모스크바로 돌아갔으며, 약 2개월 후 자살한다.

명했던 남성이지만, 저의 요구에 대해서는 대단히 성의있게 대응해주었고, 허위라거나 틀리다는 말을 하지 않았으며, "당신도 대표로서, 의사로서 환자를 진료해왔기 때문에 무엇이 잘못되었는지 알지 못해도, 시정되어야만 하겠군요" 하고 말을 했습니다.

그리고 "이에 대해서는 당신이 귀국하여 1년 동안 현재의 이런 환자에 대한 실태조사를 하여 내년에 다시 한 번 와주시기 바랍니다. 유엔은 유엔에서 독자적인 조사를 하고, 내년에 이 자리에서 서로 맞춰보고 사실이 그렇다면 책임지고 1977년에 국제심포지엄을 개최하도록 하겠습니다"고 약속했습니다. 이렇게 해서 대표단은 모두 납득하고 귀국했던 것입니다.

---

* 전일본민의련(전일본민주의료기관연합회)

전후, 의료혜택을 받지 못하는 사람들의 요구에 응답한다면서 지역주민과 의료종사자가 손을 잡고 민주적인 의료기관을 각지에 만들었으며, 전일본민의련은 이런 의료기관의 연합회로서 1953년에 결성되었다. 현재, 전일본민의련에 가맹한 사업소는 전국의 47개 도도부현에 17,000개소를 넘었고, 약 6만 2,000명의 직원과 약 318만 명의 의료생활협동조합원이나 친구모임 회원이 있다. 홈페이지는 http://www.mini—ren.gr.jp/

* 토마스 파렐(Thomas Farrell, 1891년 11월 3일~1967년 4월 11일)

미국 육군 군인. 맨해튼계획을 현장책임자로서 지휘했다. 1945년 8월 30일 히로시마와 나가사키에서 원폭의 영향을 조사하기 위한 과학자 팀을 인솔했다.

| 2 | 피폭자에 대한 청문조사 후 다시 유엔으로

나는 전일본민의련(전일본민주의료기관연합회)을 대표해 유엔에 갔던 것이었기에, 돌아와 전일본민의련에 보고서를 제출하였습니다.『전일본민의련 40년사』라는 책의 권말(卷末)연표 중 '1975년' 항목으로 국민대표단으로 유엔청원을 위해 4명의 의사(히다 슌타로, 다사카 마사토시, 치바 마사코, 고바야시 에이이치)가 청원서를 작성하였다는 기사를 조그맣게 게재하였습니다만, 그 외에 민의련의 공식문서에는 국민대표단에 대한 기사는 없었습니다.[33] 이런 현상은 피폭자의 피해에 대한 국민의 관심이 얼마나 낮았던가를 드러낸 것이고, [미국이 군사기밀로 단속하여 이런 결과로 나타났다고 생각합니다.

피폭자에 대한 지원은 주로 금전적 지원으로 국한하고 있다는 느낌이었습니다. 금전적 지원과 함께 피폭자들이 스스로 원폭투하를 자행한 가해 국가에 대한 전쟁책임 추궁이나, 반인도적인 원폭투하를 향한 정당한 분노가 표출될 수 있는, 진정한 의미에서 피폭자의 인권회복에 초점을 둔 활동은 저 자신을 포함해서 매우 드물었다는 생각밖에 없습니다.

3·11 이후 외국사람들을 만나면 "비키니 수폭실험의 피해로 4천만 명의 서명을 달성했던 일본국민이, 지진이 많이 발생하는 지진국가임에도 불구하고 50기가 넘는 원자력발전소를 건설한 것은 어떤 이유인가?"라는 질문을 많이 받았습니다. 저는 "방사선 피해는 군사기밀로

••••

33. 전일본민의련의 "50년사'로 볼 수있는 『차별 없는 평등의료를 지향하며』에는 두 페이지에 걸쳐 (290~291) 당시의 활동내용이 상세하게 기록되어 있다.

은폐하고, '내부피폭은 무해하다'고 주장하는 미 점령군의 주장을 무비판적으로 수용하였고, 생명을 희생시킨 방사선의 유해성을 사실로 입증했던 피폭자의 경고를 무시한 당시의 위정자, 전문가, 학자의 '몸보신주의'에 의한 무책임한 행동이 진짜 원인"이라는 답변을 했었습니다.

뉴욕에서 귀국한 후 겐스이쿄(原水協)를 비롯, 히단쿄(被団協), 전일본민의련(全日本民医連), 생활협동조합, 적십자 등의 많은 사람들과 함께 피폭자에 대한 건강조사를 시행했습니다. 히단쿄의 운동에 참가하고 있던 피폭자도 자신이 피폭자라는 사실을 공공연하게 이야기하는 것은 어려웠던 시절이기 때문에, 더군다나 자신의 피폭경험을 숨기고 있던 피폭자에게는 부모를 통해서 조사를 부탁해도 들어주지 않았던 경우가 많았습니다.[34] 또한 민의련에 가입한 병원, 진료소에 통원하고 있던 피폭자를 간호사들과 함께 조사해보면 눈물 없이는 들을 수 없는 이야기뿐이었습니다. 집에서 누워만 지내거나, 입퇴원을 반복하면서 단 하루도 건강을 느끼지 못하는 상태였습니다. 이런 내용을 정리해서 정밀한 표를 만들어 다음해인 1976년 제2회 국민대표단이 다시 유엔으로 갈 때 지참했습니다. 저는 전년도에 유엔사무총장 면담 때 동석했었기에 이번에는 오사카 민의련의 고바야시(小林) 선생에게 부탁해서 참석하게 하고, 당일 저는 필라델피아의 아메리칸프렌즈서비스[35] 본부

••••

34. 피폭자들의 수기 등을 보면 당시 일본국민들은 방사능증을 전염병으로 오해하는 사람도 많았다. 또한 대개의 경우 특히 피폭자와 결혼할 경우에 유전병이 발생한다는 점은 확실하게 인식하고 있었기 때문에 피폭자가 자신의 피폭사실을 드러내기는 어려웠다. 이런 이유로 대개의 피폭자들은 자신의 피폭사실을 알고 있는 고향을 떠날 수밖에 없었고, 질병으로 인한 고통 외에도 아무런 연고가 없는 타지에서 사람들의 차별과 싸우며 힘겹게 생존해야 했다.

35. 퀘이커교에서 1917년 제1차 세계대전 중에 설립한 The American Friends Service Committee(AFSC)를 말한다. 보통 미국친우봉사단이라고 하거나, 퀘이커친우봉사단이라고 한다. 홈페이지는 http://afsc.org/ 참조.

의 방문단에 참가하였습니다.

고바야시 선생은 나가사키(長崎) 대학의학부 재학중 학교에서 피폭을 경험했지만 생명에는 지장이 없었고, 졸업 후에 오사카 민의련의 코노하나(此花) 진료소장으로 취임하여 오랜 기간 오사카의 피폭자 진료를 맡아왔습니다. 피폭자의 마음을 돌보고, 친절하고 사려 깊은 진료자세로 피폭자로부터 존경 받는 의사였습니다.

고바야시 선생의 보고를 보면 이번 대표단의 사무총장 면담반은 피폭의 실상을 중시하고, 히도츠바시(一橋) 대학의 하마야 미츠하루(浜谷光晴) 교수를 선두로 면담반 일동이 온 힘을 다해 내부피폭을 포함한 피폭 실상을 유엔 내외에 알렸습니다. 전년도에 유엔 사무총장이 받아들이지 않았던 민의련 의사들의 유지가 담긴 「원폭피해와 후유증에 대한 보고서」를 이번에는 대표단 문서로 제출하였고 유엔의 다른 기관과의 합의도 있어 1977년에 NGO가 주최하는 '피폭문제 국제심포지엄'을 일본에서 개최하기로 결정하였습니다.

유엔이 1968년의 우 탄트[36] 보고에서 규정했던 유엔 원폭문제토론의 종결이라는 기존 방침을 180도 변화시킨, 1974년의 겐쓰이쿄의 유엔요청과 잇따른 1975, 1976년의 국민대표단의 공적은 아무리 강조해도 지나치지 않다고 할 수 있습니다.

원자폭탄 투하 후 천황의 포츠담선언 수락으로 패전이 결정되고 연합군의 일본점령, 미군주둔 등 비상사태가 지속되는 가운데 국민들은 주택을 소실하고, 식료품의 절대적 궁핍, 이산가족 증가, 의료붕괴, 정

••••

36. 제3대 유엔 사무총장. 1961년 11월에 유엔 사무총장에 임명되었으며, 1971년 12월까지 재임하였다.

보두절 등 살아가기 위한 절대적인 물리적 조건의 어려움으로 한동안은 원폭의 피해나 절망적인 피폭자의 건강상태에 신경 쓸 여유가 없었습니다.

그 후 히로시마와 나가사키의 원폭피해가 조금씩 알려지면서 국민의 입장에서는 "단지 1발의 폭탄으로 큰 도시가 날아가고, 몇 십만 명의 사람이 사망했다"는 등, 눈에 보이는 피해의 막대함에만 관심을 집중시킬 뿐이었고, 가해자인 미국은 ABCC라고 이름붙인 조사기관(피폭자는 치료를 할 수 없는 병원에 다니고 있는 상태에서)을 히로시마와 나가사키에 설립하여 잔인하게도 중증 피폭자를 모아놓고 방사선피해 상태와 이후의 경과를 긴 시간에 걸쳐 조사하였고 지금도 여전히 계속하고 있는 상태입니다. 방사선의 내부피폭이야말로 문제의 중심과제였던 것입니다.]**37**

••••

37. [ ]의 내용은 제1판 1쇄에서는 다음과 같은 내용으로 서술하고 있다. 서술 내용이 상반된 것으로 미루어 제1판 1쇄가 출판된 후에 일본 내에서 많은 논란이 있었음을 미루어 짐작할 수 있다.
  [미국이 일체의 조사를 금지했던 것이 이러한 분위기에 영향을 줬다고 생각했습니다. 핵무기폐지에 대해선 주장을 하고 있었지만, 피폭자의 지원과 관련해서는 돈을 주면 해결되는 것 아닌가라는 생각이었습니다. 인권의식이 없는 일본인의 특징이라고 생각합니다. 눈에 보이는 피해의 크기는 열심히 주장하면서도, 인간의 생명을 어떻게 마주해야 하는가라는 중요한 문제에는 관심이 없었습니다. 이것을 겐쓰이쿄(原水協)는 반성해야만 한다고 생각했습니다. 뭐라고 말을 해도 겐쓰이쿄(原水協) 간부는 누구나 그 문제를 자신의 책임으로 보고 받아들이는 사람이 없었습니다. 이런 문제는 지금도 지속되고 있습니다. 내부피폭 문제를 전혀 문제삼지 않습니다. 따라서 겐쓰이쿄(原水協)는 지금의 후쿠시마 제1원자력발전소의 사고문제에 대해서도 대응할 수가 없는 것입니다. 그런데 뉴욕에서 귀국한 후에는 뭐라고 해도 어쨌든 겐쓰이쿄(原水協)도 조사를 해야만 한다고 생각했습니다. 그래서 히단쿄(被団協)에 호소했습니다. 나는 아직 당시 히단쿄의 멤버가 아니었기 때문입니다. 겐쓰이쿄, 히단쿄와 민의련(民医連)이 전국대표가 되고, 전력을 다해 피폭자에 대한 청문조사를 시행했습니다. 당시에는 아직 피폭자들을 방문해보면 만나주지 않으려는 사람이 많았습니다. 그래도 친한 피폭자를 통해서 저 집에 피폭자가 있다고 듣든가, 민의련에 말해 진료소를 찾아 가본다든가, 아무튼 청문조사를 해서 몸 상태에 대한 구체적인 사정을 들을 수 있었습니다. 피폭자들은 입퇴원을 반복하고 있었습니다. 단 하루라도 건강한 상태를 느끼지 못한 경우가 많았습니다. 이런 내용을 정리해서 간단하게 표현된 보고서를 제작하였고, 다음해 1976년에 다시 유엔으로 갔습니다. 나도 가

당시 피폭이라는 것은 우리가 살고 있는 한 거리가 원자폭탄으로 날아갔다는 어마어마한 사건이 중심이었습니다만, 반대로 폭탄을 투하했던 사람들의 입장에서는 ABCC를 만들었습니다. 당시 피해를 입은 사람들의 방사선피해가 어떻게 경과되었고, 어디서 어떤 문제가 있는 가를 조사하기 위해 만든 것입니다. 그만큼 상대방도 힘을 다해 노력을 하고 있던 것에 대해, 일본에서 특별히 민주적인 반대운동을 하는 쪽의 사람들은 어떻게 이렇게 파괴했나 하면서 분노하고, 이런 무자비한 폭탄을 떨어뜨렸나 할 뿐이었지, 일본인이 구체적으로 어떻게 어떤 과정으로 살해되었는가에 대해 이야기하는 것은 별로 문제 삼지 않았던 것입니다.

••••

긴 갔습니다만, 나는 1975년에 유엔대표로 만났기 때문에, 이번에는 고바야시(小林) 선생을 동행하게 했습니다. 나는 당일에는 필라델피아 쪽에 가서 면담일행에 끼지는 않았습니다. 그렇지만 중요한 면담이었는데 고바야시 선생은 이 내용에 대해 거의 기억하지 못하고 있습니다. 그는 당시 민의련에 가입한 의사로서, 학생시절에 피폭경험을 했고 실제로 피폭자의료를 하고 있었습니다. 오사카에서는 유일한 사람으로 대부분의 피폭자를 진료하고 있었고, 대표로서 자신이 유엔에 가서 보고서를 제출하고 다음해 1977년에 심포지엄이 시행되었습니다. 보통의 경우라면 공적을 세웠다고 생각하겠죠. 공적의 내용이 무엇인가는 별도로 하더라도 자신이 책임을 갖고 전달할 내용을 받아서 정확하게 이행해야 한다는 그런 의식이 없었습니다. 그는 지금 자서전을 쓰고 있지만, 거기에도 이와 관련된 내용이 없습니다. 기억하지 못하든가 중요하게 생각하지 않았기 때문입니다. 결국 민의련의 의사 4인이 그 시기에 고생해서 보고서를 만들고, 그것을 영어로 번역하고, 다양한 기관에 배포하고, 그리고 유엔에 갔다는 사실을 전혀 중요하게 생각하지 않은 것입니다. 그가 국제적인 활동을 전혀 하지 않았기 때문에 그럴지도 모른다고 생각할 수 있지만, 논의할 생각도 없고 또 생각을 한다고 해도 화제로 삼지는 않았습니다. 치바 선생은 돌아와서 사망하실 때까지 (잔류방사선에 의한 내부피폭을_역자) 문제 삼았습니다. 또 이 일을 성공시킨 것은 히다 선생이 같이 갔기 때문이라고 열심히 이야기했지만, 당시에는 우연히 제가 대표로 선발되어 갔기 때문에 사람들에게는 (제 주장이) 거의 알려지지 않았습니다.]

1977년의 국제심포지엄 보고서

1974년 겐쓰이쿄(原水協)의 첫 유엔방문에 이어 1975, 1976 두 해에 걸쳐 '핵실험금지요청 국민대표단'의 유엔청원운동으로 1977년 'NGO 피폭문제 국제심포지엄'이 일본에서 개최된 것은 닫혀있던 원폭피해의 실상과 피폭자의 실정을 세계에 알렸다는 점에서 획기적인 사건이었습니다.

아쉬웠지만, 마침 이 때 저는 가벼운 뇌경색 증상이 있어 입원해야 했습니다. 때문에 히로시마, 나가사키, 도쿄의 어떤 심포지엄에도 참가할 수 없었습니다. 게다가 저는 심포지엄에 잘못된 과대한 환상을 품고 있었습니다. 즉 심포지엄은 특정 주제에 대해 다양한 입장에서 의견을 자유롭게 교환하는 형식의 회의입니다만, 부끄럽게도 의견이 다른 특정 주제에 대해 결론을 낼 수 있는 회의라고 잘못 생각한 나머지, 내부피폭에는 위험이 없다는 미국의 주장을 부정할 수 있을 것으로 희망했습니다.

주치의가 참석하지 말라고 권유했으나 뿌리치고, 마지막 도쿄 심포지엄에 간호사를 동행해서 억지로 가봤습니다. 그러나 주요 토론은 이미 끝나고 프로그램은 마지막 행사만 남아있어서 어떻게 해볼 도리가 없었습니다. 심포지엄에 대해서는 『아사히이브닝뉴스』[38] 사가 「피폭의

....

38. 『아사히이브닝뉴스(Asahi Evening News)』는 아사히신문(朝日新聞)사가 과거에 발행했던 영문 석간신문이다. 『아사히신문』 창간 75주년 기념사업으로 1954년 1월 20일 창간했으며, 2001년 『헤럴드아사히』가 창간되면서 폐간했다.

실상과 피폭자 실정」이라는 390페이지에 달하는 보고서를 다음해인 1978년에 출판했습니다. 그 중에는 히도츠바시(一橋) 대학의 하마타니 마사하루(浜谷正晴)[39] 교수, 일본 히단쿄(被団協) 대표인 이토우 다케시 (伊東壮)[40] 씨, 히로시마의 쇼우노 나오미(庄野直美)[41] 씨, 고바야시(小林) 대표 등이 피폭자의 피해와 증상을 상세하게 보고하였고, 내부피폭을 경시해선 안 된다는 주장도 담겨 있습니다. 그러나 당시 이미 발생하고 있던 원자력발전소 노동자의 방사선피해와 관련해 판단할 때, 내부피 폭의 위험성을 지적하는 차원 정도로는 약했다고 생각합니다.

말은 간단한데, 미국의 "내부피폭은 인체에 영향을 주지 않는다"라 는 주장이 일본의 의학계나 의료계를 얼마나 강하게 지배하고 있었는 지 사례를 소개하겠습니다.

1983년 네덜란드 헤이그에서 개최된 '핵전쟁방지국제의사 회'(IPPNW)* 제3회 총회 때 일입니다. 당시 IPPNW의 일본지부는 일본 의사회의 히로시마 의사회가 맡고 있었기에, 총회참가 자격을 얻기 위 해 이런저런 고생을 한 끝에 민의련 소속인 제가 겨우 참석할 수 있었

••••

39. 1946년생. 히도츠바시 대학 사회학과 명예교수. 전공은 사회조사론, 사회조사사 연구이다.

40. 이토우 다케시(1929~2000)는 일본의 경제학자, 평화운동가. 히로시마에서 출생하고, 중학교 3 학년 때 피폭하였다. 1959년 히도츠바시 대학 경제학과를 수료하고, 야마나시(山梨) 대학 교수로 근 무했다. 일본히단쿄(被団協) 대표위원(1981~2000년)을 역임했다. 유엔이나 국제사법재판소 등에서 피폭자의 실태를 알리면서 국제적인 반핵운동에 적극적으로 참여했다.

41. 쇼우노 나오미. 1926~2012년. 큐슈 제국대학에 입학하여 1학년 학생이었을 때 히로시마 원폭을 경험하고, 부모님의 생사를 확인하기 위해 원폭투하 3일 후에 히로시마에 들어간다. 부모님이 살아 계신 것은 확인했으나, 이때 목격한 원폭피해 참상과 함께 본인도 피폭자가 되어, 이후 히로시마 원 폭의 실상을 내외에 알리는 데 크게 기여하여, '히로시마 반핵평화운동의 상징'으로 알려졌으며 이 론물리학자이다. 큐슈 제국대학을 졸업한 후에는 연구실에 남아 원자, 원자핵, 소립자를 연구했다. 1950년에 히로시마 대학 이론물리학연구소로 이전하였고, 1961년에는 히로시마 여자대학의 교수에 취임했다.

습니다. 총회에서는 발언할 수 있는 역량도 기회도 없었기 때문에 설치되어 있던 여러 분과모임의 한 곳에서 발언하였습니다. 마침 제가 참여했던 분과모임 의장이 핵문제의 권위자인 이이지마 소우이치(飯島宗一)[42] 교수였습니다. 참가자는 25~6명 정도였다고 생각합니다. 저는 "히로시마에 연고가 있지만 원폭이 폭발할 때는 멀리 떨어진 곳에 있어서 폭발과 직접 관계가 없었던 사람들이 있습니다. 이들 중에 폭발 이후 며칠 이내에 히로시마 시내로 돌아와, 가족을 찾거나 피해자 구호활동을 했던 사람들이 있습니다. 이들에게 (다만 히로시마 시내를 돌아다녔다는 이유로) 몇 주간이나 몇 년 후에 기존 의학 지식으로는 판단할 수 없고, 타각적 소견은 전혀 없이 '노곤하다' '피곤하다'는 주소견으로 속칭 '부라부라 병'이라는 증상이 발증하였고, 노동도 사회활동도 가능하지 못한 상태가 지속되었습니다. 이들의 병은 처음에는 신경쇠약(현재의 노이로제)으로 알려지거나, 혹은 꾀병으로까지 손가락질 받아, 그런 분들 중에 참지 못하고 자살까지 했던 사람이 적지 않습니다"고 보고했습니다.

그러자 이이지마(飯島) 의장이 "지금 닥터 히다의 발언은 일본의 의학계에서는 전혀 인정하지 않고 있습니다. 따라서 이 발언은 분과모임 회의록에 기록하지 않겠습니다"고 발언하였습니다. 어떻게 반론할 것인가 생각하고 있는데, 참가자 중 한 사람이 손을 들고 말했습니다. "의장의 발언은 인정할 수 없다. 여기는 토론의 장이 아니다. 토론하고 결론

••••

42. 이이지마 소우이치. 1922년~2004년. 병리학자. 히로시마 대학 교수를 거쳐 1969년에 학장을 역임. 1978년 나고야 대학 교수가 되었으며, 1981년에 학장에 취임. 악성림프종이나 원폭상해 등에 대한 병리학적 연구자로 알려져 있다. 중앙교육심의회, 대학설치 심의회 등의 위원을 지냈다. 저서 『히로시마 나가사키에서 무엇이 발생했던가 - 원폭의 인체에 대한 영향』이 있다.

을 내는 장소도 아니다. 닥터 히다는 히로시마의 피해자를 진료하고, 자신의 경험을 이야기했다. 그 자체로 좋은 것 아니겠는가? 인정할 것인가, 인정하지 않을 것인가는 모두의 자유이다. 발언이 있었던 것은 사실이기 때문에 회의록에 기록해주셔야 한다." 미국의 소아과 여선생이었습니다.

또 한 사람이 손을 들었습니다. 노르웨이의 정신과 의사였습니다. 이 사람은 좀 더 심하게 표현했습니다. "당신은 의장의 자격이 없다. 어떤 권한으로 닥터 히다의 발언을 말살할 수 있는 것인가? 닥터 히다는 상당한 고령으로 보이지만, 일부러 히로시마에서 왔고, 본인의 경험을 전달했다. 꾸며낸 이야기이거나 거짓말을 해도 그에게는 어떤 이익도 없다. 만일 그의 생각과 다른 관점이 있거나 사실과 다르다고 해도, 그가 이 장소에서 발언했다는 사실은 기록해야 한다."

이이지마(飯島) 의장의 마음속에서는 '체내에 들어온 방사선은 미량이기 때문에 인체에는 영향을 주지 않는다'는 미국 정부의 강요된 주장이 짓누르고 있었던 것이라고 저는 느꼈습니다.

똑같은 일이 제5후쿠류마루(第伍福竜丸) 사건*(1954년 3월 1일)에서도 발생했습니다. 미국은 태평양 비키니 환초 부근에서 미국의 수폭실험에 피폭했던 사람들에 대한 진료를 제5후쿠류마루호 선원들만 인정하고, 그 외 700척을 넘는 어선들에 대해선 승무원에 대한 진료를 아예 시행하지도 않았으며, 선주(船主)에게만 거액의 보상금을 지불하고 모두 해산시켜 버렸습니다. 방사선 내부피폭의 증상을 가능한 한 국민이나 의료계의 시선에서 은폐하려 했던 미국당국의 주도면밀한 의도를 확인할 수 있는 사건이었습니다. 이때 진료를 담당했던 도쿄 대 의료반 책임자는 그 후 일본의 핵의학회의 중진으로 활동했던 구마토리 토시

유키(熊取敏之)[43]였습니다.

미국은 '맨해튼 계획'으로 국민에게는 비밀로 하면서 핵무기 개발을 추진했습니다만, 개발계획의 한 부분으로 플루토늄을 죄인이나 회복의 전망이 없는 입원환자에게 정맥주사를 해서, 방사선 내부피폭의 영향을 연구했습니다.(에이린 웰섬(Eileen Welsome)[44] 지음, 渡辺正 옮김, 『플루토늄 파일』, 쇼우에이샤(翔泳社) 등) 적어도 이 실험의 결과를 얻기 위해서 몇 해는 필요했을 것으로 생각합니다. 그러나 원폭은 그 후 1년도 채 안돼서 투하된 것입니다. 실험까지 했었더라도 방사선의 인체 내 피폭의 영향이 언제 어떻게 나타나는가, 아마 누구라도 알 수 없었을 겁니다. 때문에 미국은 더글러스 맥아더 장군에게 '방사선의 내부피폭은

....

43. 1921~2004. 방사선의학자. 도쿄 대학 졸업. 도쿄 대학 내과, 국립 도쿄 제1병원 근무를 거쳐. 1949년 방사선의학 종합연구소 임상연구부 실장에 임명. 53년 동 연구소 소장에 취임했다. 1954년 비키니 수폭실험에서 피폭한 제5후쿠류마루의 선원을 치료를 담당했다. 방사선 심의회 회장이나 방사선영향협회 이사장 등을 역임. 방사선장애, 암치료 연구에 역점을 두고 활동했다. 1954년 9월 제5후쿠류마루의 선원 구보야마 아이키치(久保山愛吉)의 사망에 대해 당초 미국의 ABCC는 "방사능과 무관하다"고 주장하고, "구보야마의 사망 당시에는 인체조직에 방사능물질 잔존이 없었다. 사망의 직접원인은 간기능 장애였다"고 발표하였다. 주치의였던 구마토리 토시유키는 구보야마 사망 시 "아무것도 말할 수 없다"며 공식적인 언급을 하지 않았다. 그러나 1955년 3월의 중의원 본회의에서 당시 가와사키 후생성장관은 "사망한 구보야마를 부검한 결과 정상적인 인체조직에서는 발견될 수 없는 지르코늄95, 니오븀95, 세륨144, 프라세오디뮴143, 기타 특징으로 구보야마 씨의 증상이 외래의 방사능물질의 영향을 받았다"고 답변하였다. 또한 미국원자력위원회의 발표는 "신뢰할 수 없고, 일본 의학회의 결론을 존중할 수밖에 없다"고 밝히면서, 다음날 교토 시에서 개최되는 일본의학회 총회에서 구마토리 등이 사인에 대해 발표할 것"이라고 답변했다. 다음날 총회에서 구마토리 등은 구보야마의 사망이 치사량 이상의 방사능 물질에 의한 것이라고 발표했다. 이상 「야후재팬」 참조.

44. 에이린 웰섬(1951년생)은 미국의 저널리스트이다. 텍사스 대학 졸업. 웰섬은 베어몬트 사의 기자로 언론인 생활을 시작하였다. 몇 개의 언론사를 거쳐서 1987년 『앨버큐어큐 트리뷴(Albuquerque Tribune)』에 입사했다. 「플루토늄 실험(The Plutonium Experiment)」이라는 제목으로 1993년 11월 15일부터 3부작 기사를 써서 1994년 퓰리처상을 받았다. 기사 내용은 냉전시대에 미국정부가 자행한 방사선 인체실험에 대한 것이다. 웰섬은 이 기사로 전미편집자협회(National Headliners Association)와 미국언론협회(the Associated Press)로부터도 많은 상을 받았다. 1999년 웰섬은 『플루토늄 파일(The Plutonium Files): 냉전시대 미국의 비밀 의학실험』이라는 책을 썼다. 2000년 웰섬은 이 책으로 논픽션부문 펜/마르타 알브랜드 상을(the PEN/Martha Albrand Award) 받았다.

아주 적은 양이라서 사람의 인체에는 영향을 주지 않는다'고 말을 하게 했던 것입니다.

(미국의 이런 주장은) 많은 학자들이 이야기한 바와 같이, 한순간에 몇만 명을 대량 살육한 원자폭탄의 잔학성과 비인도성을 은폐하고, 핵무기의 피해가 눈에 보이지 않는다는 것을 교묘하게 이용하여 핵무기에 반대하는 여론을 약화시키려는 의도적인 음모라고 말해도 변명할 수 없을 것으로 생각합니다.

핵무기를 옹호하는 세력은 논외로 한다 해도, 원자력발전을 추진하는 기업이 방사성물질의 위험성을 무시하고 오로지 사업발전만을 지향할 수 있는 기본적인 토대는 방사선 내부피폭의 위험성을 의학적으로 아직 증명하지 못했다는 사정에 있습니다.

환자의 증상이 방사선피폭에 원인이 있다고 결정하기 위해서는 정밀한 진찰과 각종 물리학적, 생화학적, 광학적 검사를 통해 원인이 분명하게 방사선작용에 의한 것이라는 의학적 증명이 필요합니다. 그러나 현재의 의학은 인간 생명의 최소단위를 세포로 규정하고 연구하여온 학문이기 때문에, 세포를 구성하는 대단히 작은 분자단위에서 발생하는 방사선의 작용을 확정할 수 있는 방법을 아직 찾지 못하고 있습니다.

최근 유전자 조작이나 교토 대학 야마나카 신야(山中伸弥)[45] 교수의 '유도만능줄기세포' 생성 등 분자단위 의학이 발전해왔고, 가까운 미래에 방사선의 작용메커니즘에 대해서도 해명할 수 있을 것으로 기대하

••••

45. 야마나카 신야(山中伸弥, 1962년 9월 4일 출생)는 일본의 의학자이자 줄기 세포 연구자이다. 교토 대학 iPS(유도만능줄기세포) 연구소 소장이자 교수이며 일본 학사원 회원이다. 2012년에 '성숙하고 특화된 세포들이 인체의 세포 조직에서 자라날 수 있는 미성숙 세포로 재프로그램할 수 있다는 것을 발견'한 공로로 존 거든과 함께 노벨 생리학·의학상을 수상했다. 일본인으로서는 19번째 노벨상 수상자이자 일본의 두 번째 생리학·의학상 부문 수상자이다.

지만, 현재 우리가 살고 있는 시기에 실제 진단이나 치료에 이용할 수 있을지에 대해서는 알 수 없습니다.

그러나 인간은 의학으로 살아가는 것이 아니며, 의학이 없었던 아주 오랜 전부터 살아왔습니다. 의학에서 어떻게 말을 해도, 살아 있는 인간의 생명을 소중하게 생각하는 것이 진실인 것입니다. 돈보다 물질보다 인간의 생명이 소중한 인간사회를 지켜가고 싶습니다.[46]

••••

46. 3장 3절도 제1판 1쇄와 2쇄의 서술내용이 전체적으로 변경되었다. 1쇄의 내용은 다음과 같다.

[1975년 제1차 대표단이 했던 일의 구체적인 성과는 유엔 NGO가 주최한 '피폭문제 국제심포지엄'의 개최였습니다. 1976년에 저도 유엔에 갔습니다만 개최가 실현된 것은 나중에 보고를 들었습니다. 약속대로 세브첸코는 우리들의 보고서를 받고, 자신들의 조사도 같은 내용이라고 말을 했습니다. 이에 대한 경과과정은 유엔 기록 중에 있을 것으로 생각합니다. 군축국장이 태도를 변경하여 일본에서 피폭을 경험한 국민의 의료에 대해 세계 속의 지혜를 모아 지원해야 한다는 대의명분을 갖고 움직였습니다. 이것은 세브첸코 국장 개인이 했던 일이 아니라 유엔 스스로가 시행한 것입니다. 따라서 설령 한 줄이나 두 줄일지언정 유엔보고서 중 어딘가에 있을 것이라고 저는 생각합니다. 그러나 제가 그것을 살펴볼 시간이 전혀 없었습니다. 어떻게 해야 좋을지도 알지 못했습니다. 그래서 공산당 국회의원에게 부탁해서 중간에 다양하게 도움을 받은 것은 알고 있지만, 최종적으로 어떻게 되었는지는 알지 못합니다.

국제심포지엄은 보고서가 있습니다. 이 보고서도 훌륭한 위인들만 나오고 있습니다. 어쨌든 이중에도 우리들이 작성했던 의학조사 보고서가 원문대로 실려 있습니다.

원폭피해와 당시의 실태는 보고서에 기술되어 있습니다. 쿠사노 노부오(草野信男) 선생이나, 이이지마 소우이치(飯島宗一), 쇼우노 나오미(庄野直美) 선생의 보고는 정리되어 있고, 의학조사 보고서는 토론주제가 아니었습니다. 형편없는 주제였죠.

저는 이때 실은 급한 질병으로 히로시마에서 회의에 나갈 수 없었습니다. 도쿄에서 개최되었을 때 잠시 하루, 병원에서 나올 수 있어서 달려갔습니다. 쇼우노(庄野) 선생을 만나서 왜 내부피폭, 당시에는 사람들이 입시피폭(入市被爆)이라고 했습니다만, 입시피폭의 피폭자에 대한 질병보고가 토론주제가 아닌가 하고 질문했더니, 말을 하기 주저하는 표정으로 모두 찬성하지 않았다면서, 이야기하는 도중에 갑자기 가버렸습니다. 그래서 저는 쫓아가서 여기서도 만일 토론되지 못한다면 나중에 문제가 되었을 때, 심포지엄의 큰 오점으로 남게 될 것이라고 말을 하니 잠깐 안색이 일그러졌습니다. 그러더니 무언가 해야 할 것처럼 말을 하면서 가버렸습니다. 끝나고 나서 아무것도 얘기된 것이 없었기 때문에, 쇼우노(庄野) 선생을 만나 추궁했더니 자신 한사람만의 노력으로는 어떻게 할 수가 없었다고 이야기하는 것이었습니다. 심포지엄 책임자의 한 사람인 이이지마 소우이치(飯島宗一) 선생이 나고야 대학의 학장이었습니다만, 일본의 원폭문제에 대해 학자로서는 제일인자였습니다. 그가 내부피폭에 대해 대단히 반대가 심했다는 것입니다. 내부피폭은 없다고 말을 했다는 것입니다. 그가 찬성하지 않았다는 것이겠죠.

이이지마(飯島)는 의사입니다. 그와는 그 후에 국제회의에서 대논쟁을 했습니다. 제3회 IPPNW

••••

총회(1983년 네덜란드 헤이그) 때입니다. 통상적으로 민의련 의사는 개별적 자격으로는 참가하지 않습니다. IPPNW 일본지부는 일본의사회의 히로시마 의사회가 일본대표단으로, 여기 소속이 아니므로 대표단에 합류할 수 없습니다. 그래서 다양한 노력을 해서 연구자로서 갈 수 있는 방법을 마련해, 사실 사람들 잘 모르게 참여할 수 있었습니다. 민의련의 대표로서는 두 분이 갔습니다. 저는 총회에서 발언할 시간도 없었고, 힘도 없었습니다.

분과토론이 13개 혹은 14개 있었고, 그중 한 곳에 가서 보니 마침 이이지마(飯島) 선생이 그 분과토론회 의장이었습니다. 대충 어림짐작으로 25~6명의 의사가 참가하고 있었습니다. 손을 들어 발언하겠다고 의사를 표명한 후 특히 히로시마 원폭에 대해, 나가사키도 같다고 생각했지만, 발언했습니다. 피해자 중 당일엔 히로시마에 없어서 직접 원폭의 피해를 받지 않은 사람들이 있다. 다음날이나 3일 후, 아무튼 며칠 내에 히로시마에 들어가서 남아있는 생존자 중 가족이 없는지 확인하기 위해 불에 탄 거리를 돌아다니면서 아이들이나 가족을 찾았던 사람들이 몇 달 내지는 몇 년 후에, 번역할 수 없어 우리 일본에서 부르는 명칭으로 이야기하면 '부라부라 병'이라는 노곤해지는 것이 주증상인 질병이 발생하여 사회적인 활동이 불가능한 상태로 삶을 끝내고 있다. 그 중에는 직장에서 꾀병이라고 놀림을 받기도 한다. 그래서 사회적으로 인정받지 못해 자살한 사람도 몇 명이 있다고 말을 했습니다.

그러자 이이지마(飯島) 의장이 "잠시 발언하겠습니다"고 하더니 "지금 닥터 히다의 발언은 일본의학계에서는 전혀 인정되지 않는 내용입니다. 따라서 닥터 히다의 발언은 당 분과토론의 기록에는 기재하지 않겠습니다"고 말하는 것입니다. 형편없는 생각을 말하고 있다고 생각했습니다. 반론이 가능하지 않았습니다. 그래서 침묵하고 있었는데, 참가자 한 사람이 손을 들었습니다. 미국의 소아과 의사였던 여성이었습니다. "지금 의장의 발언은 인정할 수 없습니다. 여기가 회의 장소는 아닙니다. 토론을 해서 결론을 내야 하는 장소가 아니라는 것입니다. 보고를 하는 장소입니다. 닥터 히다는 히로시마의 피폭자를 진료했고, 자신의 경험을 이야기한 것입니다. 그것으로 좋은 것 아니겠습니까? 인정할 것인가, 인정하지 않을 것인가에 대해서는 모두 각자 알아서 판단하면 됩니다. 발언이 있었다는 것은 사실이기 때문에 정확하게 회의록에 기재하여 주십시오"라고 말을 했습니다.

또 한사람이 손을 들었습니다. 정신과 의사였습니다. 이 사람은 더 심하게 주장했습니다. "당신은 의장의 자격이 없다"라고.(웃음) "당신은 어떤 권한으로 이 사람의 발언을 삭제하는 것인가? 상당한 고령이라고 생각하는데, 일부러 히로시마에서 왔고, 자신이 고생해서 알게 된 이야기를 했다. 어떤 근거도 없이 허구라고 규정할 수 있는 이야기가 아니다. 허구를 이야기해도 그에게는 어떤 이익도 없다. 그것은 가령 그의 생각과 차이가 있다 해도, 사실이 어떠하든 발언했다는 사실은 인정해야 한다"고 이야기한 것입니다.

사실은 이랬던 것이지만, 당시 일본 의학계는 미국의 뜻에 역행할 수 없다는 배경이 있었기 때문일 것이라고 이해하고 있습니다.

똑같은 사정이 제5후쿠류마루(第五福竜丸) 사건(1954년 3월 1일)에서도 있었습니다. 도쿄 대의 일원으로 조사를 인계받아 후쿠류마루 이외의 배에 대한 피폭자는 전부 미국이 배제하였고, 피해를 말살했으며, 이 배만으로 문제를 해결하려 한 것입니다. 다른 배의 선주들에게 전부 돈을 쥐어주고, 아무것도 없던 일로 해버린 것입니다. 그러나 원양어선의 참치가 괜찮을 것인가라고 큰 소동이 일어났습니다. 그때 도쿄 대 팀의 주력이었던 사람이 그 후 일본의 방사선문제 최고책임자가 된 구마토리 토시유키(熊取敏之)였습니다.

* 피폭문제 국제심포지엄

1977년에 유엔이 공식 인정한 국제NGO가 주최하는 '피폭의 실상과 피폭자 실정에 관한 국제심포지엄(피폭문제 국제심포지움=ISDA)'이 도쿄, 히로시마, 나가사키에서 개최되었다. 평화운동가뿐 아니라 원자물리학, 기타 자연과학, 의사, 사회과학, 심리학, 카운슬러, 케이스워커 등 다방면에서 토론하고 연구성과를 결집했다. 개최 계기에 대해서는 본문 참조.

* 핵전쟁방지국제의사회(IPPNW)

핵전쟁방지국제의사회(International Physicians for the Prevention of Nuclear War, IPPNW)는 미국의 버나드 라운(Bernard Lown)과 소련의 예브게니 차조프(Yevgeniy Chazov)가 제창, 핵전쟁을 의료관계자의 입장에서 방지

••••

심포지엄 얘기로 다시 돌아가겠습니다. 심포지엄의 가장 큰 잘못은 미국이 말하는 내부피폭은 존재하지 않는다는 주장을 공식적으로 인정해버린 것입니다. 따라서 당시 보고서에는 내부피폭 문제가 전혀 실리지 못했습니다.

심포지엄을 개최한 것은 대단히 의미 있는 일이었습니다만, 내부피폭을 없애버린 것은 큰 문제였습니다. 내부피폭 자체는 충분하게 상세히 조사해야 했습니다.

또한 유엔의 조사결과 정식문서를 볼 수 없어서 알 수 없지만, 고바야시 선생으로부터 요컨대 유엔에서도 조사했다는 점과, 닥터 히다가 갖고 있는 보고서는 전혀 허위가 아닌 사실이라는 점을 우리도 알게 되었습니다. 이런 내용의 발언은 들었습니다만 문서로는 남기지 못한 것입니다.

유엔에 제출한 우리 보고서 중에는 내부피폭 문제로 부라부라 병이 서술되어 있기 때문에 당연히 심포지엄의 주제로 취급되는 것이 자연스럽다고 생각했습니다. 그러나 심포지엄에서 세브첸코 국장이 유엔의 지시로 이러이러한 주제를 논의해달라는 입장은 아니었기 때문에, 모인 사람들의 자주적인 판단 속에서 결정된 것이고 일본 쪽에서 토론주제에서 배제한 것입니다. 외국의 참가자들은 이런 내용을 모르고 있었기 때문에 질문조차 없었습니다.

다른 관점에서 본다면 내부피폭 문제가 공식화되기도 전에, 공개적인 자리에서 분쇄된 것이라고 말할 수 있겠습니다. 미국이 일본과 세계를 향해 "방사성입자가 몸 안에 들어간 경우는 미량이기 때문에 인체에는 아무런 영향도 주지 않는다, 무해하다"는 주장을 발표한 것 자체의 근거는 없습니다. 지금 생각해보면 미국에서 플루토늄을 정맥주사하여 몇 명에 대한 인체실험을 했다고 해도, 결과를 검증하기 위해서는 적어도 1년, 2년, 3년은 필요할 것입니다. 그러나 실제로는 실험해서 대개 1년 이내에 사망했을 것이기 때문에 실험을 해보지 않았지만, 방사선의 체내피폭 영향이 10년 혹은 수십 년이 걸린다는 것도 당시에는 알 수 없었습니다. 어떤 결과도 즉각적으로 나오는 것이 아니기 때문에 없다는 보고를 한 것이 아닌가, 그런 것이 근거인 것은 아닐까 생각합니다.

이런 내용은 미국의 치부이고, 또 비밀이긴 하지만, 문서보고가 있기는 있습니다. 플루토늄 주사를 시행한 사람에게서 현실적으로 계속해서 생존한 사람이 있고, 본인은 무엇을 위해 무엇을 했는지 몰랐지만, 그런 자신에 대한 이야기도 포함된 보고의 일본어 번역이 나와 있습니다.]

하는 활동을 수행하기 위한 국제조직으로서 1980년에 설립되었다. 각국에 지부가 있고, 본부는 매사추세츠 주 서머빌에 있으며, 일본지부 사무국은 히로시마 현 의사회 내에 두고 있다.

1981년 이후 격년으로 세계회의와 지역회의를 개최하고 있으며 83개 국, 의사 약 240만 명이 참여하고 있다. 1985년에 노벨평화상을 수상.

* 비키니 환초에서 제5후쿠류마루(第五福竜丸) 피폭사건

1954년 3월1일, 제5후쿠류마루(第伍福竜丸)는 마샬 군도 근해에서 조업 중 비키니 환초에서 시행된 미국의 수폭실험(캐슬 작전 브라보(BRAVO))과 만나 선체, 선원, 포획한 어류가 방사성강하물에 피폭했다. 실험당시 제5후쿠류마루는 미국이 설정한 위험수역 밖에서 조업중이었고, 위험을 감지하고 해역에서 탈출을 시도했지만, 주낙회수에 시간이 걸려, 여러 시간에 걸쳐서 방사성 강하물의 강탄을 지속해서 받게 되었다. 또한 제5후쿠류마루 외에도 위험구역 내에서 많은 어선이 조업하고 있었음이 밝혀지게 되었다. 수폭실험으로 방사성강하물을 뒤집어쓴 어선은 수백 척에 달할 것으로 추정되었고 피폭자는 2만 명을 넘어서는 것으로 추정되었다.

제4장

스턴글라스 박사와의 만남
― '내부피폭'에 대한 확신

| 1 |　만남(1975년)

　1975년, 앞에서 이야기했던 유엔에 처음 갔을 때, 어네스트 스턴글라스 박사는 유엔 앞에 있던 교회였나, 아니면 그 옆 장소였나 기억이 확실하지 않지만, '중국 핵실험의 영향에 대하여'라는 주제로 정부 측 학자와 대담(강연)을 하고 있었습니다. 나는 그런 것은 알지 못했기만, 당시 미국은 중국의 핵에 대해 대단히 높은 관심을 갖고 있었으며 이런 점들이 배경이 돼서 강연회가 개최되었습니다. 누군가가 이런 모임이 있다고 말해줘서 꼭 들어봐야겠다고 생각하고 잠시 시간이 날 때 갔던 것입니다. 참석에 제한이 없었기에, 접수에서 일본 히로시마의 피폭을 경험한 의사라고 적고 '닥터 히다 슌타로'라고 기록했습니다. 그러자 중간에 그쪽 대회관계자가 나를 확인하러 왔었습니다. "일본에서

오신 닥터 히다 선생이십니까?"라고 물어서 "그렇습니다, 히로시마 사람입니다"라고 대답하자 그대로 가버렸습니다. 그때는 무슨 말을 했는지 알아듣지 못했습니다.

강연에서도 저는 통역이 없어 영어로 이야기하고 있는 내용을 잘 이해할 수 없었습니다. 조금씩 이해는 했지만, 무엇을 주제로 이야기하고 있는지 제대로 이해하지 못했습니다. 안되겠구나 하고 돌아서려는데, 대회관계자가 저를 부르러 와서 오늘 강연자인 스턴글라스 박사가 저를 만나고 싶다고 말을 전했습니다. 잠시 생각했습니다. 피폭경험이 있는 의사로서 흥미가 일었습니다.

그때 마침 그쪽에서 통역을 동행하고 왔기에 좋은 기회라고 생각했습니다. "히로시마의 피폭경험에 대해 큰 의문이 하나 있다. 원폭을 실제로 직접 맞은 사람들의 다양한 죽음에 대해서는 그 이유를 알 수는 없어도, 증상으로서는 급성이라고 이해할 수는 있었다. 그러나 폭탄이 터질 당시 히로시마에 있지 않았던 사람들이 부모나 가족을 찾기 위해 시내로 들어갔고, 이후 1975년 지금까지 30년 동안, 적어도 나의 경험으로는 전혀 의학적으로 이해할 수 없는 증상으로 사회활동을 할 수 없게 되고, 사회에서 도태되는 피해가 발생하고 있다. 어떤 이유 때문인지 전혀 알지 못하니 가르쳐달라"고 말을 했습니다.

그러자 스턴글라스 박사는 "당신이 말씀하신 증상의 사람은 현재 미국에도 많이 있다. 전부 핵실험에 동원된 사람이고, 직접 피폭도 있지만, 나중에 핵 실험장에 들어가서 재에 접촉한, 그런 사람들에게 당신이 말씀하신 것과 같은 질병이 있다. 정부가 이런 피해에 대해서는 연구를 금지시키고 있고, 그런 병사들을 격리하고 있다. 따라서 미국에서도 공식적으로는 불가능하지만, 간접적으로 잔류방사능에 접촉하여 발병한다는 사실은 미국에도 많이 있다. 그러한 종류의 사람일 것으로 나는 생각한다"는 말을 하였고, 처음으로 우리는 입시피폭, 그는 '내부피폭'이라고 그때 이야기했습니다. 따라서 '내부피폭'이라는 말만을 영어로 기억해서 돌아왔습니다. 통역자에게 어떤 말을 통역한 것인가 하고 질문하니, '이너' 뭐라고 했는데, 체내에서 무언가가 발생한다는 의미라고 생각해서 말을 했다는 것입니다. 그래서 처음으로 이것이 방사선피해라는 것만은 알 수 있었습니다.

| 2 | 스턴글라스 박사의 업적

스턴글라스 박사와의 만남은 완전히 우연으로, 접수에서 이름을 적었기 때문에 이루어진 것입니다. 그는 스리마일 섬의 원자력발전소 사고 때 즉각적으로 주지사에게 가서 임산부나 아이들을 시급하게 대피시켜야 한다고 충고했습니다. 주지사가 볼 때 왜 그런지 알지 못했습니다. 도대체 임산부와 아이들만 대피시켜야 하는 이유를 알 수 없어 아무것도 하지 않았습니다. 스턴글라스 박사는 걱정이 돼서 매일 주지사에게 가서 설득을 했고, 4일째 되던 날에 주지사는 그러면 임산부만 대피시키자고 했던 것입니다. 나중에 가서 스턴글라스 박사는 자신이 왜 그리했는가에 대해 여러 곳에서 이야기했습니다. 그러나 그도 미국 학문의 세계에서 소수자였기 때문에 언제나 피해를 보는 입장이었습니다. 주도자는 정부쪽 권위자였고, 이는 일본과 마찬가지였습니다. 그는 그것에 굴복하지 않고, 열심히 노력했습니다. 만났을 때 책 한 권을 받았습니다. 『*Low Level Radiation*(저선량피폭)』[47]이라는 책입니다.

••••

47. 일본어 번역본은 『너무 많이 죽은 아기들』이라는 제목으로 지지(時事)통신사에서 발간되었다.

그 책을 돌아오는 비행기에서 읽기 시작했는데, 우선 놀랐습니다. 핵실험이 있었던 해에 태어난 아기들의 사망률이, 유아 사망률은 계속해서 감소하고 있었음에도 불구하고, 핵실험이 있는 해에는 증가했던 것입니다. 역사적으로 본다면 떨어지고 있었지만 일시적으로 올라가는 그런 커브였던 것입니다. 커브가 올라간 해는 전부 핵실험이 있었던 해였습니다. 그 결과를 정리해서 발표했던 것입니다.

『너무 많이 죽은 아기들』, 1978년

그는 웨스팅하우스*라는 원자로 제작 회사에서 주요한 임원직을 맡았고 원폭을 제작도 했었습니다. 만드는 단계부터 관여해서 자신이 만든 폭탄이 결국, 이런 점을 일으킨 것에 놀랐던 것입니다. 겁을 먹으면서 조금씩 조금씩 발표했으나, 모두 무시되었습니다. 코프만이라는 당시 매우 유명한 의사가 박사에게 진정한 논쟁을 제기하자, 그는 횡설수설하면서 대응하기도 했었습니다. 그에게는 이런 역사가 있었습니다.

그래도 그 후 그를 지지하는 사람들이 점점 많아졌습니다. 신생아 사망률이 갑자기 증가하고, 태어난 날의 체중이 다른 아기들의 평균보다 적은 소위 '저체중아 비율'이 압도적으로 증가하였습니다. 미국에서는 17~18세가 대학에 입학하는 입학시험을 봐야 하는 연령으로, 고등학교 졸업생에게 민간에서 실시하는 전국 규모의 시험이 있습니다. 큰 핵실험이 있었을 때에 태어난 아동, 정확히 그 나이에 해당하는 학생들이 시험을 칠 때는 미국 전체 성적의 평균치가 내려갑니다. 이것을 제대로 연구해서 방사선이 뇌의 발육에도 영향을 준다는 점을 나타냈던 것입니다. 때문에 군대에서도 그런 나이에 해당하는 병사들은 대단히 폭력적이고, 늘 범죄를 일으킨다는 기록을 작성했던 것입니다. 어째서 이런 일이 일어났는지 고민하다가 병사들이 태어난 해를 보면 반드시 핵실험이 있었다는 것입니다. 이렇기에 지금 미국에서도 정신적인 발육에 영향을 준다는 것은 이미 상식이 돼 버렸습니다. 그러나 당시는 스턴글라스 박사 외에는 아무도 말을 하지 않았던 것입니다.

이 책을 비행기에서 읽고 번역을 해보기로 결심했습니다. 그가 일본에 왔을 때 어떤 동기에서 이런 일을 시작했는지 물어보니, 결코 확실하게는 답변하지 않았습니다만 웨스팅하우스에서 원자로를 만들었던 것이 대단히 부담이 되었음을 알 수 있었습니다.

그도 학자일 뿐, 이리저리 부대끼면서 결코 담백한 민주적 인사는 아니었습니다.

책을 번역하고 미국에서 사실이 이렇다는 것을 사람들에게 알렸습니다. 미국에서도 내부피폭의 문제는 이런 식으로 논쟁 중에 무시되면서 투쟁해오고 있다는 것을 알렸던 것입니다. 그것이 『너무 많이 죽은 아기들—저레벨 방사선의 공포』(지지(時事)통신사, 1978년)입니다. 지지통신사에게 들은 내용은 아니지만, 확실히 2판까지는 출판이 됐습니다.

---

* 웨스팅하우스 일렉트릭(Westinghouse Electric, WEC)

1886년부터 1999년까지 운영되었던 미국의 종합전기 제조회사. 정식명칭은 몇 번 변경되었지만 1945년부터 1997년까지는 Westinghouse Electric Corporation. 역사적인 경위에서 GE의 라이벌기업으로서 인정되어왔지만, 1997년에 CBS코포레이션으로 사명을 변경하고, 1999년에 바이아콤이 매수하여 소멸했다. 1950년대 이후부터는 가압수형원자로(PWR)의 개발, 제조에서 독점적 위치를 차지했다.

| 3 | 당시 일본에서는 관심 없었던 '내부피폭' 문제

한편 그 당시 일본에서 내부피폭 문제에 관심을 갖고 있었던 사람은, 저 외에는 요요기 병원의 치바[48] 선생 한 사람이었습니다. 그녀는 요요기 병원에 부임하고 처음으로 피폭자를 진료하기 시작했으며, 처음 제가 헤사카 마을의 현장에서 진료했던 그 시기에는 피폭자를 진료하지 않았습니다.

그렇기에 부라부라 병이 시작된 환자를 진료하면서 많은 이야기를 들었어도 현장을 보지 않았기 때문에 이해하질 못했습니다. 제가 이런 저런 이야기하는 것을 듣고 의무기록을 갖고 와서는 여러 토론을 해가는 중에, 히다 선생이 생각하고 있는 대로 생각한다고 말하게 되었습니다. 다른 사람들은 무시하면서 말이 통하지 않는다고 했습니다.

히로시마의 다사카(田坂)[49] 선생에게는 내부피폭 문제보다도 부락(部落)출신자[50]의 피폭이 중요했습니다. 그는 학생시절부터 부락문제에 대

....

48. 각주 33 참조.

49. 각주 32 참조.

50. '부락'은 본래 집단촌락을 의미하지만, 역사적으로 '에다무라' 혹은 '에다'(穢多)로 통칭한 천민 촌락이나 지역을 행정기관에서 복지의 대상자로서 '피차별부락민'(약칭 부락민)등으로 불렀기 때문에, 특히 서일본에서 '피차별부락'을 생략한 호칭으로 정착했다. 2011년 3월 4일 제68회 전국대회에서 결정한 '부락해방동맹강령'에서는 "부락민은 역사적 사회적으로 형성된 피차별부락에 현재 거주하고 있거나 혹은 과거에 거주한 사실 등으로 부락차별을 받게 될 가능성이 있는 사람의 총칭이다. 피차별부락은 신분 직업 거주가 고정되었던 전근대에 '에다', '히닌'(非人) 등으로 불렸던 모든 피차별민중의 거주촌락과 역사적 관련이 있는 현재의 피차별지역이다"고 정의하고 있다. 부락거주자 중에는 선조 대대로 살아온 사람도 많지만, 역사적으로는 부락에서 성공한 사람이 부락을 떠나거나, 반대로 부락 밖에서 생계가 어렵거나 무직자가 생활비가 싼 피차별부락으로 유입하는 경우도 발생했다. 교토 시내 부락의 경우 절반을 넘는 부락민이 부락 밖에서 유입된 사람으로 밝혀졌다. 또한 식민지시대 조선에서 일본으로 건너온 조선인이 부락에 거주한 사례도 많아서, 일본의 총인구에 재일한국인(조선인)이 차지하는 비중은 1%에 불과하나, 오사카 시에 있는 도우와(同和) 지구에서는 주민의

한 활동을 해오고 있었으며, 그런 사람들의 심각한 고통에 피폭이 더 해졌다는 이중차별문제를 대단히 중요하게 생각하고 있었고, 죽기 전까지도 무언가 쓰기도 하였습니다. 다만 이 분은 책을 출판하지 않았기 때문에, 주장하는 내용을 확실히 알 수는 없었습니다.

상식적으로 사람을 죽일 때는 주먹으로 치기보다는 쇠몽둥이로 치는 쪽이 효과적입니다. 원폭은 엄청나게 뜨거운 열을 이용해 순간적으로 태워죽이든가 건물 밑에서 깔려죽게 하는, 아무튼 엄청난 살인무기라는 것은 이해할 수 있습니다. 그렇지만 방사선에 노출되기만 했을 뿐인데, 본인은 도대체 이게 질병인지 뭔지, 어떻게 이렇게 된 건지 알 수가 없었던 것입니다. 30년, 50년 살아오면서, 그런 기간을 충분히 살 수 있는 것도 아니지만, 도대체가 살고 있는 것이긴 한지, 중간에 어떤 일도 할 수 없는 그런 상태의 질병이 발생하는 것입니다. 질병 자체를 알 수가 없는 겁니다. 검사를 해도 이상이 없습니다. 그러나 말을 해보면 모두 똑같은 원인밖에 없습니다. 뒤늦게 원폭이 투하된 시내에 들어갔다는 점, 이것만이 공통점이었습니다.

따라서 나는 누구도 이해하기 어렵고, 납득하지 못하는 것이지만, 이렇게까지 사람을 죽이는 성질이 이 폭탄에 있다는 식으로 이해했습니다. 이렇게 이해하는 것이 올바른 것인가는 알 수 없습니다. 많은 사람이 동일한 질병에 걸렸기 때문에, 그것은 외국에서는 없는 것이라고 생각했습니다. 이런 무기는 지금까지 없었던 것입니다. 지금까지의 전쟁은 난투극을 벌여서 때려죽이든가, 태워죽이든가, 총을 겨냥해서 저격

••••

13.8%를 재일한국인(조선인)이 차지하고 있다. 결국 부락문제는 경제적 불평등과 인종차별문제가 혼재되어 있다고 판단된다. 이상 「위키피디아」 참조.

했습니다. 그러나 피폭 후 생존 상태에서 언제 자신이 이런 질병에 걸릴지 모르는 채 계속 살아가게 만드는 무기가 핵무기인 것입니다.

핵무기는 이런 성질을 갖고 있는 무기라는 점을 우선 모두에게 알려야만 했습니다. 다시 한 번 이런 사태가 발생하면 안 된다는 의미에서였습니다. 거리 하나를 폭파하여 날려버리는 것은 안 된다는 식의 운동보다, 사람을 이런 식으로 죽이는 것이 내가 볼 때는 더 심각했기 때문에 이런 생각으로 의료활동을 시작했습니다. 그렇지만 다른 사람은 인간 생명에 대한 생각이 나와는 기본적으로 달랐습니다. 세 명을 살해하는 데는 대응하지 않고, 백만 명을 죽이면 큰일이라고 생각하는 것입니다. 기본은 숫자였던 셈입니다.

한 사람이라 해도, 설령 아주 쩨쩨한 사람이고 돈도 없고 그다지 중요한 인간이 아니라고 해도, 그 사람과 같은 사람을 만들 수는 없습니다. 세계 속에서 단 한 사람인 것입니다. 그 사람의 생명은 그 사람에게는 유일한 것입니다. 누구도 대신할 수 없습니다. 생명이란 이런 것입니다. 누군가 한 사람의 생명을 아무런 제지도 받지 않고 박탈하는 것은 절대로 허용할 수 없다는 것이 의사로서 제가 명심하고 있는 점입니다. 환자와 마주하는데, 그 사람이 죽어가고 있습니다. 그 죽음에 눈물을 흘리거나 이러지도 저러지도 못해 안절부절 못했다기보다, 원폭으로, 도저히 인정할 수 없는 방법으로 죽음에 이르게 되는 것에 저는 사로잡혔습니다. 저로서는 이 문제에 특별히 대답해야 했던 것입니다.

따라서 저는 원전은 좋아도 원폭은 싫다는 식으로 이해하지 않습니다. 핵물질 자체가 근본적으로 인간의 눈에 띠어서는 안 됩니다. 지구의 깊은 곳에 철이나 구리나 여타 금속과 함께 잠들어 있어야 합니다. 철이나 구리는 도움이 되기 때문에 채굴해서 제품으로 판매하여 돈을 법니다. 핵물질을 채굴하는 사람은 그 성질이 무엇인지 알 수 없습니다. 핵이 분열하여 엄청난 에너지가 배출된다는 것은 이론적으로는 해명되었기 때문에, 실험해보면 당연히 엄청난 에너지가 있는 것으로 알수 있겠지요. 실험을 해가는 중에 차차 핵분열하는 에너지를 스스로 빼낼 수 있었습니다. 그것으로 핵실험 중에 폭발은 없었어도, 천천히 핵분열이 발생해서 뜨거운 열이 나오는 상태를 봤던 것이 엔리코 페르미(Enrico Fermi)*입니다. 자연상태가 아닌, 원자핵분열의 연쇄반응 제어에 성공했던 것입니다.

핵물질을 처음에 어디에 사용하려 했는가라는 말이 나왔을 때, 엔리코 페르미는 "이것을 씨와 함께 밀밭에 뿌렸다, 그것을 먹은 사람들이 방사선 에너지로 피해를 입었다, 그렇다면 원자폭탄을 만들 수 있을 것으로 생각하고 있던 히틀러는 그 계획을 중단하고 이런 방안(폭탄을 만들지 않고, 적국의 논밭에 뿌리는 것)에 찬성할 것이다"라고 농담으로 이야기했습니다. 이런 이야기를 전해들은 육군의 누군가가 "먹은 뒤에 얼마 있다가 사망하는 것인지도 모르는 그런 것을 만들어 전쟁에 어떤 도움이 되겠는가?" 하고 말했습니다. 이런 식이죠. 군대는 무기만 생각하니까요.

결국 내부피폭을 노리는 '무기'는 쓸모없기 때문에 외부피폭으로 때려 부수는 '무기'가 필요하다는 생각이었고, 그로 인해 군이 주도하여 생산을 시작했던 것입니다. 그것이 미국의 맨해튼 계획*입니다. 아마도 일본이었다면 불가능했을 겁니다. 그만큼 광범위한 저변에 대단히 폭넓은 지식과 노력을 결집해서 정점에서 폭탄을 만들었던 것은 미국이기에 가능했다고 생각합니다.

| 4 | '내부피폭'에 도달

제 경우는 히로시마에서 실제 환자를 진료하면서 이른바 '내부피폭'이라는 말은 알지 못했고, '입시피폭'(入市被爆)이라고 스스로 이름 붙였습니다.

원폭의 2, 3일 후에나 1주 이내에 히로시마에 있는 가족이 걱정되어 돌아온 사람이 있었습니다. 남아있는 아이들의 장난감 등으로 자신의 집을 알 수 있었습니다. 가족이 없었기 때문에 부인이나 애들이 어떤 상태인지, 어디에 있는지 찾으려 했습니다. 부인은 매일 공장에 다니고 있었기 때문에 그쪽으로 걸어가는 도중에 "저희 집사람 보셨습니까?" 질문해 보면, 누군가가 "당신 부인과 같이 우리 집사람도 매일 공장에 다니고 있었다, 나는 보지 못했지만 사람들 이야기를 들으니 두 사람 도 집이 불에 타버려 서쪽으로 도망갔다"고 대답합니다. 그쪽으로 가서 물어보면 "저기 개천 둑에서 아무래도 두 사람 모두 죽은 것 같다" 하고, 그렇게 이리저리 찾아 돌아다닌 결과, 확인할 수 있었다는 것입니다. 이 사람은 원폭 후에 히로시마에 들어가서 며칠을 걸어 다닌 것이 죠. 그리고 부라부라 병에 걸렸습니다. 그런 사람이 얼마나 되든지, 스스로는 원폭과 직접 관계가 없다고 생각합니다. 종합해보면 무엇인가 가 히로시마에 남아 있었고, 남아 있는 무엇인가가 그 사람에게 영향을 주었을 것으로 생각합니다. 뭐가 남아 있었는지 당시 나로서는 알 수 없었지만, 스턴글라스 박사와 만났을 때 비로소 알게 된 것입니다.

제2부

핵무기폐지운동에서
얻은 확신

제5장

왜 핵무기폐지운동에
참여했는가

❖ 후생성 공무원으로, 노동조합 활동가로

1945년 8월 6일 히로시마에서 피폭, 그 후 헤사카 마을에서 원폭피해자에 대한 치료를 계속했으며(제2장), 같은 해 12월에 야마구치 현 야나이(柳井) 시에 있는 국립 야나이 병원 설립에 참여하고, 후생성 공무원이 되었다.

1946년 1월에 국립 야나이 병원에서 노동조합이 설립*되었고(맥아더의 지시에 의함), 조합임원으로 선출되었다.

같은 해 2월에는 병원선박으로 부겐빌 섬[51]에서 일본군 부상병사 수송 작업에 참가하였고, 귀국 후에는 이제 막 설립된 국립병원노조 도쿄 본부에서 집행위원 파견요청이 있

••••

51. 영어명은 Bougainville Island이다. 현재 파푸아뉴기니의 섬이다. 1943년 4월18일 전선 시찰 중이던 일본연합함대 사령관 야마모토 이소로쿠(山本五十六)가 섬 상공에서 미육군항공대의 p—38전투기에 격추되어 사망한 이후 미국과 일본 간 종전까지 치열한 전투가 지속되었다. 결과적으로 다수의 사망자가 속출하였기 때문에 일본에서는 부겐빌 섬을 무덤 섬으로 부르기도 한다. 종전 후 일본군 병사들은 섬 남쪽 포로수용소에 수용되어 있었다. 이상 「야후재팬」 참조.

어서, 도쿄 출신이라는 이유로 상경하였다. 본부에서는 주로 지부를 돌며 노동조합의 소중함을 호소하고, 한 사람이라도 더 조합 활동가를 만드는 것이 주된 업무였다.

1947년, 일단 야나이 병원으로 돌아왔지만, 그 해 2월 1일 실시하기로 예정했던 2·1총파업[52]이 결행 직전에 연합국 군최고사령관 더글러스 맥아더의 지시로 중지되었다. 공공기관 공투의장 이이 야시로(伊井弥四郎)[53]가 라디오에서 "일보후퇴, 이보전진"으로 울며 이야기하는 중지연설을 들으면서, 그때만큼 전쟁에 패배하고 적국에 군사점령되고 있는 비애를 통렬하게 느낀 적은 없었다.

그 후, 국립 야나이 병원에서 국립병원노조위원장이 있는 코노다이(国府台) 병원(치바현 이치카와 시(市川市))으로 근무지를 이동하고, 1947년 4월에 나가노 현 마츠모토(松本) 시에서 열린 국립병원노동조합의 제2차 전국대회에서 부위원장에 선출되어, 종전 직후 혼란스러운 사회적 상황에서 노동자의 권리를 지키기 위해 조합운동을 중심으로 생활을 하였다. 이때 연합국총사령부(GHQ)와 주고받은 다음과 같은 에피소드가 있다.

1949년, 후생성과 단체교섭을 하는 중에 미군의 원폭피해 조사자료 공개와 설립준비 중인 원폭상해조사위원회(ABCC, 현재의 방사선 영향연구소)가 피폭자 조사를 위해 검진을 시행할 때는 함께 치료도 해야 한다는 내용을 총사령부에 탄원하고 싶다고 부탁을 했다. 후생성 장관은 강화조약을 할 때 군사기밀인 원폭피해에 대해 일본정부는 일체 노코멘트하기로 약속하고 있기 때문에 어렵다고 답변했다. 다음날부터 총사령부의 의료관계자를 만나기 위해, 히비야(日比谷)[54]에 있던 GHQ본부에 매일 방문하기 시작했다. 처음에는 위병(衛兵)이 "예약하셨습니까?" 해서 "아니다"고 답변하여 문전박대를 당했지만, 그것을 무릅쓰고 매일 방문했다. 며칠 지나자 위병이 웃는 얼굴로 맞이했다. 3번째

••••

52. 2·1총파업은 1947년 2월 1일 실시 예정이었으나 시행 직전에 연합국 군최고사령관 맥아더의 지시로 중단되었으며, 전후 일본의 노동운동 방향에 많은 영향을 미쳤다. 2·1총파업의 중단은 일본의 민주화를 추진해오던 연합국 총사령부의 방침전환을 나타낸 사건이었다. 연합군은 당시 의도적으로 노동자의 권리향상을 추진했지만, 점령정책에 저항할 경우, 혹은 공산당의 영향력이 있다고 판단할 경우, 노동자를 탄압하겠다는 점을 분명히 한 것이다. 이 영향으로, 실제 1948년 3월에 전국체신노동조합이 계획한 총파업도 중지되었다. 이상 「야후재팬」 참조.

53. 이이 야시로(伊井弥四郎) 1905−1971. 1926년 일본 국철에 입사. 전후, 국철노조총연합의 결성에 참여한다. 1945년 전국관공서공투위원회 의장이 되었고, 2·1 총파업을 준비했다. 1947년 일본공산당 중앙위원, 1971년 12월 12일 사망했다. 이상 「야후재팬」 참조.

54. 도쿄의 치요다(千代田) 구에 있는 지역명칭이다.

본 위병이 "누구를 만나려고 하는가?" 질문을 해서 "의사"라고 답하니 "친구인 군의관을 불러주겠다"고 했고, 뒷문에서 만나기로 하였다. 준비한 메모와 짧은 영어로 의학적 조사 자료의 공개와 치료 요청을 전달했다. 그의 말에 의하면 어떤 것도 총사령부의 권한 밖이며, 본국정부의 관할이라고 했다. 그러나 이일로 일부러 오셨기 때문에 요망하신 점에 대해서는 조사하여 답변을 하려니 기다려 달라고 말을 했다. 답변에 대해서는 후생성 쪽으로 해달라고 부탁하고 헤어졌다. 2주 후에 총사령부에서 연락이 와, 본부의 한 사무실에서 결과를 들었다.

의료부의 누구라고 이름을 밝힌 군의관대위는 대단히 '우파'의 경향을 가진 사람처럼 방만한 태도로 "자료는 군의 기밀로서 공개할 수 없다, ABCC는 연구기관으로서 치료는 할 수 없다, 후생성에는 통지 완료한 것이라서 답변할 필요는 없지만, 소위가 약속해서 알려주는 것이다"라고 말을 하면서 어떤 질문도 하지 못하게끔 즉각적으로 사무실에서 나가버렸다.

돌아오는 길에 미국의 점령에서 하루라도 빨리 벗어나기 위해서는 일본이 독립하는 것 말고는, 일본인의 자유도 행복도 없다고 통감했다.

그러던 중에 두 가지 사건이 변화의 계기를 마련했다.

하나는 일본공산당에 입당한 것이고, 다른 하나는 1949년 9월 18일자 맥아더의 지시로 후생성공무원에서 해고된 일이다. 이른바 '레드 퍼지'[55]이다. 전국 제1호였다.

---

* 노동조합법의 제정

1945년 10월 11일, 연합국총사령부(GHQ)는 민주국가 수립을 위한 국민개조로서 '여성참정권' '노동조합법의 제정' '교육제도개혁' '독재적인 법제도의 철폐' '경제의 민주화'라는 5대 개혁지시를 발표하고, 일본정부에 실행하도록 요구하였다. 노동조합은 즉각 규제에서 풀려나 각 분야에서 노동조합이 설립되었다.

••••

55. '레드 퍼지'(red purge)는 연합군 점령 하에 있던 일본에서, 연합국총사령부 총사령관 맥아더가 지시하여 일본공산당원과 동조자가 공직에 들어오지 못하도록 방지하는 정책시행을 계기로 공무원이나 민간기업 직원 중에 '일본공산당원과 지지자'로 판단되는 사람들을 해직시킨 사건을 말한다. 1만 명 이상이 실직했다.

❖ 니시오기쿠보(西荻窪) 진료소에서 의사활동을 시작, 그리고 사이타마 현 교우다(行田) 시로

레드 퍼지로 직장에서 쫓겨나고 반 년 후인 1950년 4월 25일, 도쿄도 스기나미구(杉並) 니시오기쿠보(西荻窪) 1번지에 (당시) 있었던 고지마 유키오(小島幸夫) 자택의 일부를 빌려서 니시오기쿠보 진료소[56]를 시작했다.

이곳에서 3년간 근무했다. 그리고 1953년 3월에 갑자기, 사이타마 현 교우다(行田) 시에 건설된 민주진료소에 소장으로 부임해달라는 부탁을 받았다. 민주적 의료기관을 각 현에 건설하려는 큰 방침이라고 생각하고, 즉석에서 결정하여 교우다 시에 가기로 마음먹었다.

그 해 7월 다이이(大井), 가와고에(川越), 후쿠오카(富岡), 교우다, 가와구치(川口), 구마가야(熊谷), 도코로자와(所沢)의 7개 진료소가 '사이타마 민의련'을 결성하였다. 나는 부회장에 선출되었다. 이날부터, 세계적으로 예외가 없다고 생각하지만, 의사가 일방통행하는 행위였던 의료를, 생명의 주인인 환자와의 공동행위로 변하게 하기 위한 민의련 의사로서의 생활이 시작되었다.(전일본민주의료기관연합회(전일본민의련)은 1953년에 결성)

1954년 3월 1일에 비키니 수폭실험에서 제5후쿠류마루(第五福竜丸)를 포함한 많은 일본어선의 승무원이 피폭하고, 스기나미(杉並) 구[57] 여성이 시작한 원수폭 실험금지 운동[58]은 순식간에 전국으로 확산되었다. 사이타마 현에서는 노동조합평의회, 공산당, 사

••••

56. 니시오기쿠보(西荻窪) 진료소는 일본공산당 쓰기나미(杉並) 지구위원회가 제창하고 문화인, 노동조합, '쓰기나미 건강을 지키는 모임' 등에서 자금을 모아 개설했다. 각 지역에서 건강을 지키는 모임의 환자회가 1,000명 넘게 조직되어 무료 집단검진을 실시하고, 1953년 7월에 가미이쿠사(上井草) 진료소, 동년 6월에 쓰기나미 중앙진료소를 만드는 데 기여했다 이상 『차별없는 평등의료를 지향하며』(전일본민의련 엮음, 박찬호 옮김) 101쪽 참조.

57. 도쿄 시 중앙부근에 자리잡고 있는 도쿄 특별시의 하부 행정구역 명칭. 1929년에 도쿄 시로 편입된 후, 현재는 50만 명 정도가 거주하는 지역이다.

58. 1954년에 비키니 환초에서 미국이 시행한 수폭실험사건으로 전 세계가 충격을 받았다. 이를 계기로 여성운동가 히라츠카 라이테우(平塚らいてう) 등이 '원수폭금지'를 주장하면서, '핵전쟁의 위기에서 아이들 생명을 지키는 어머니대회'를 개최할 것을 결정하고 1955년 6월에 일본어머니대회가 탄생했다. 같은 해 7월에 세계 68개 국이 참가한 세계어머니대회를 스위스에서 개최했다.

회당 등이 연대하여 같은 해 9월 12일, 사이타마 회관에서 '원수폭금지평화대회'가 개최되었다. 집회의 연단에 서서 사이타마 현에서 활동한 이후 처음으로 공식적인 자리에서 히로시마의 피폭체험을 이야기하였다.

❖ 피폭자의 존재 의의는 무엇인가?

1955년 3월 공산당 사이타마 현 위원회의 결정을 받아, 그 해 4월의 전국지방선거에서 공산당 교우다 시의회 의원후보로 입후보했다. 당선 후 첫 의회가 열리고, 둘째 날에 1955년 1월 19일 세계평화평의회[59]가 비인에서 채택한 '핵전쟁 준비에 반대하는 비인성명'[60]에 대한 찬성동의안을 제안하여 만장일치로 채택하였다. 뒤에 이 성명이 소련계의 평화단체가 결의했다는 것을 알고 보수쪽 의장이 채택수정을 요구했지만, 의사규칙상 가능하지 않아서 찬성동의안은 확정되었다.

그 해 8월 6일부터 3일간 제1회 원수폭금지세계대회[61]가 개최되었다. 같은 해, 핵무기 출현의 인류사적 의미와 의학적으로 전혀 알 수 없는 방사선피해를 당한 피폭자에 대한 존재의미가, 피폭자에 대한 진료를 계기로 내 의식에서 강해졌다. 피폭자 한 사람의 피폭체험을 사실로 받아들이고 상세하게 기록하는 작업이 핵무기의 죄악을 폭로하는 운동의 시작이요 끝이라는 점, 이것은 진실로 하늘의 계시였고, 피폭체험을 듣는 것의 소중함을 처음으로 의식하였다. 1955년 말이었다.

• • • •

59. 제2차 세계대전 후, 냉전이 격화되기 시작했던 1949년 4월, 파리와 프라하에서 '평화옹호세계대회'(World Congress of Partisans of Peace) 제1회 대회가 열렸다.(프랑스 정부가 공산권 대표의 입국을 거부하여 프라하에서도 동시 개최) 제2회 대회는 다음해 11월 바르샤바에서 개최되어 상설기구로 '평화옹호세계대회위원회'를 설립하였고 이는 1951년에 '세계평화평의회'로 변경되었다. 사무국은 당초 프라하에 두고, 초대의장으로 프랑스의 원자물리학자 '장 프레데릭 졸리오 퀴리'(Jean Frédéric Joliot—Curie) 박사가 취임했다. 평의회는 베를린, 부다페스트, 비인, 스톡홀름 등 도시에서 연 1∼2회 총회를 개최하고, 1950년대를 통해 전개된 핵무기반대, 평화운동의 중심이었다.

60. 1955년에 개최된 세계평화평의회 이사회가 채택한 원수폭금지 호소문. 선언과 동시에 세계적인 서명운동을 개시하여 약 7억 명이 서명했다. 이것은 약 5억 명이 서명했던 1950년도의 핵무기사용 금지를 촉구한 '스톡홀름 선언'에 이은 후속선언이라 볼 수 있다.

61. 원폭투하 10주년을 맞아 히로시마에서 개최되었다. 미국, 호주, 중국 등 11개 나라 대표 50명을 포함 5천 명이 참가하였다. 원수폭금지를 촉구하는 서명이 일본에서 3,238만 명, 전 세계에서 6억 7천만 명에 달했다고 보고되었다. 15일에는 도쿄 대회가 열렸다. 9월에 운동의 중심조직이라 할 수 있는 원수폭금지일본협의회(겐쓰이쿄)가 발족했다.

| 1 | 피폭자운동과 핵무기폐지운동

전쟁의 피해자 혹은 전쟁으로 사망한 사람은 원폭으로 죽었든지, 공습으로 사망했든지, 전쟁피해라는 점에서는 공통된 것이며, 왜 피폭자만을 특별히 대우해야 하는가, 이런 의견이 있습니다.

실은 저로서는 처음부터 피폭자운동에 동참하지는 않았습니다. 1953년에 사이타마 현 교우다(行田) 시에서 진료소를 열고 업무를 시작하고 며칠이 지났을 겁니다. 사이타마에 살고 있는 피폭자가 피폭자 모임을 만든다는 뉴스를 들었습니다. 구마가야(熊谷)[62] 시의 의사회관에서 열렸기에, 아무 생각 없이 구경하러 갔습니다. 막 시작하고 나서 들어갔기 때문에 구석에서 듣고 있었습니다만, 회장으로 선출된 사람이 말을 하고 있었습니다. 그의 이야기 중에 가장 머리에 남은 내용이 '우리는 피폭자다, 피폭자로서 피해를 호소하고 정부로부터 적절한 보상을 받아야 한다'였습니다. 그때 보고에서는 핵무기폐지 같은 내용에 대해서는 말이 없었습니다. 이런 식으로 운동을 했던 것입니다.

그리고 말이 이어졌습니다. "다른 지역의 이야기를 들어보면 여러 정당이 접근하거나 노동조합이라든가, 문화단체라든가 모두가 후원이라는 명분으로 다가와서, 운동을 하고 있는 자기들의 다양한 생각 등을 강요하고 있습니다. 나는 이것은 좋지 않다고 생각합니다. 사이타마 현에서 만드는 이 모임은 다른 단체와의 교류는 일체 하지 않겠습니다." 모두 평범한 할머니, 할아버지였기 때문에 그런 식으로 말을 해도 아무런 반대도 하지 않았습니다. 단지 조용히 듣고만 있었습니다. 이 모

••••
62. 사이타마 현 북부에 있는 인구 20만 명의 작은 도시이다.

임은 안 되겠다고 생각해서 바쁘기도 했고, 일부러 머리를 꼿꼿이 들고 냅다 사람들의 가운데를 지나 혐오스러운 표정을 지으면서 그대로 나가버렸습니다.

그렇지만 중앙의 히단쿄(被団協)의 동향은 가끔 듣고 있었습니다. [당시 겐쓰이쿄(原水協)는 주로 핵무기폐지운동에 힘을 쏟고 있었습니다. 저는 겐쓰이쿄 입장에서 핵무기폐지운동을 하고 있었기 때문에 히단쿄(被団協)라는 조직이 어떤 조직인지 별로 관심이 없었다고 기억합니다.][63]

피폭자만이 전쟁피해자는 아닙니다. 함포사격 피해자도 있고, 다양했습니다. 피폭자 이외 전쟁피해를 입은 사람들과 함께하여 우선 전쟁을 누가 일으켰는가, 책임을 누가 져야 할 것인가를 밝히고 난 연후에 국민적인 입장에서 피폭자는 피폭자답게 요구를 만들어가야 한다고 생각했습니다. 그러나 피폭자 쪽에서는 그런 생각보다는 피폭자만이 큰일이라면서, 특히 아랫자리로 갈수록 이런 식으로 생각하는 피폭자밖에 없었습니다. 저는 이런 운동에 힘을 쏟고 싶은 생각이 당시에는 없었습니다. 사실 이런 판단은 지금까지도 변하지 않았습니다.

따라서 우선 모두와 손을 잡아야 합니다. 그러나 손을 잡더라도 일반적인 전쟁피해를 말하는 것이 아닙니다. '저 사람들과 다른 피해를 받았다. 이것은 시간차원이 다른 문제이다. 예를 들면 폭탄이 날아와 사망했다고 하자. 그것은 그 후에는 더 진행하지 않는다. 새로운 질병

• • • •

63. [ ]에 해당하는 제1판 1쇄의 내용은 다음과 같다.
[겐쓰이쿄(原水協) 쪽은 당시 피폭자운동을 별로 중요하게 생각하지 않았습니다. 저는 겐쓰이쿄에서 핵무기폐지운동을 했습니다. 따라서 겐쓰이쿄의 뉴스를 보면 히단쿄는 그다지 별로 기대할 것이 없는 조직인 것 같다는 인상뿐이었습니다.]

은 발생하지 않는다.' 이 점이 일반적인 전쟁피해자와 원폭피해자가 결정적으로 다른 점이라고 할 수 있습니다. 원폭피해자를 이해하기 위해서는 내부피폭을 반드시 알고 있어야만 합니다. 그렇지 않다면 결코 원폭피해자를 이해할 수 없습니다. 그래서 저는 '우리들뿐이다'고 하는 것은 말이 안 되지만, 전쟁이 끝나고도 특별한 피해가 지속되고 있는 방사선피해에 주목하는 것이야말로, 핵무기폐지 운동의 중요한 핵심이라고 생각합니다.

| 2 | 민의련운동과 피폭자운동을 연결

그런데 저는 전일본민의련이 창설된 1953년경, 이미 피폭자를 진료하고는 있었지만 민의련운동과 피폭자운동이 머릿속에서는 확실하게 분리되어 있었습니다.

피폭자에 대해선 단지 피폭자로서만 진료하였습니다. 민주적인 의료기관에 대해서도 저 자신이 관계하고 있었지만 피폭자를 어떻게 구제할 것인가, 혹은 핵무기폐지 운동과 민주적인 의료의 관계에 대해서는, 저 자신이 모두 참여하고 있었다 해도 둘의 관련성을 정리한 상태는 아니었습니다. 아직 이때는 히단쿄(被団協)라는 조직을 알지 못했기 때문입니다. 피폭자를 진료했어도 한 사람 한 사람 구체적인 사람으로서만 생각한 것이지 피폭자집단이라는 개념에 맞는, 그것에 상응하는 생각이 저에게는 아직 없었습니다.

히단쿄가 창설된 시기는 1956년이고, 전국 민의련에 참여했던 1953년 시점에 저 자신이 피폭 경험이 있었다고 해도 의료기관을 설립할 때 최종적으로 생각한 막연한 목표는 의료 민주화였습니다.

| 3 | 원수금운동, 핵무기폐지운동과 관련된 계기

핵무기폐지운동, 요컨대 겐쓰이쿄(原水協)를 알게 되면서 겐쓰이쿄 전문위원이 되었습니다. 하지만 전문위원으로 의뢰받을 때도, 의사라는 신분으로 의료문제 전문위원이라고 생각했습니다. 전문위원은 몇 명 있었습니다. 호세(法政) 대학에 계셨던 다누마 하지메(田沼肇)[64] 선생도 사회학자로서 참여했다고 생각합니다.

몇 명인가 그런 학자가 있었습니다. 전문위원회에서 모이면 무엇을 논의했는지 잘 기억나지 않지만, 겐쓰이쿄 전문위원이라고 대접 받았습니다. [그때는 사회 전체가 '내부피폭'문제에 별로 관심을 갖지 않았다고 생각합니다. 하지만 당시 우리들이 이야기한 '입시피폭'에 해당하는 사람들이 있었습니다. 즉 원폭이 투하할 때에는 시내에 없어 직접 피폭을 경험하지 않았지만, 폭발 후 며칠 이내에 히로시마, 나가사키의 폭심지 부근에 들어가 내부피폭으로 피폭자가 된 사람들입니다. 피폭자건강수첩*에서 2호에 해당하는 피폭자입니다. 피폭자인 것과 어떻게 피폭자가 된 것인가에 대해서는 누구도 확인하려 하지 않았습니다. 피폭자들도 피폭 사실을 타인에게 알리지 않았습니다. 이것은 지금도 마찬가지입니다.][65]

••••

64. 다누마 하지메(田沼肇) 1926~2000년. 군마현(群馬県) 출생. 1948년 도쿄 대학 경제학부를 졸업하고, 일본 상공성 조사통계국에서 2년간 재직, 레드 퍼지로 해직됨. 1950년 호세(法政) 대학 오하라(大原) 사회문제연구소에 취직. 매년 간행되던 『일본노동연감』 편집과 집필을 맡아 각종 자료의 조사, 수집, 정리를 담당했다. 1963년 호세 대학 사회학부 조교수에 임용됨. 주로 사회정책, 노동문제, 노동운동론, 노동운동사에 대한 연구와 저술활동을 하였음. 1987년 파킨슨 병이 나타났으나, 투병생활을 하면서 노동사회문제에 대한 많은 저서를 남김.

65. [ ]의 내용은 제1판 1쇄에서는 다음과 같이 서술하고 있다.
　[그때부터 저는 확실하게 기록된 기억은 없지만, 겐쓰이쿄는 당시 핵실험금지가 중요한 과제였고

1954년 3월 1일에 비키니 환초에서 시행된 미국의 수폭실험으로 제5후쿠류마루 등 일본의 원양어선이 다수 피폭하고, 전국적인 문제가 되었습니다. 따라서 국민적 운동 분위기가 고양되고, 핵무기폐지를 요구하는 서명운동이 시작되었으며, 1955년 8월에 제1회 원수폭금지 세계대회가 개최되었습니다.

저는 1963년 제9회 원수폭금지 세계대회 분열 전부터 계속해서 원수금 운동에 관계해 왔습니다. 그 운동이 어느 사인가 분열돼버렸습니다. 그때 몇 가지 문제가 된 것은 부분핵실험금지조약*이라든가, 소련의 핵실험재개(1961년)[66]에 대해 어떻게 대응할 것인가 평가를 둘러싼 분열이었습니다. 당시에는 저도 잘 알지 못했지만, 현상적으로 갈라진 상대방[67]은 핵실험반대운동이라는 틀에서 원전문제로 중심축을 이전하고 있었습니다. 당시는 이제 막 만들어진 원전이었기 때문에 원전 내부 노동자의 피폭이 점차 증가하고 있었습니다. 이 문제를 관심 대상으로 삼았습니다.

• • • •

그것을 위해 운동을 열심히 하고 있는 단체라서 그런지, 내부피폭 문제에 대해 전혀 관심이 없다는 점을 이상하게 생각하고 있었습니다. 원폭피해 중에 우리는 '입시피폭'이라고 당시 말하고 있었습니다만, 직접 폭탄의 피해를 받지 않았어도 시에 들어가서 피폭자가 된 사람들이 있습니다. 피폭자건강수첩*에서는 2호 피폭자입니다. 이런 사람들의 문제를 전혀 고려하지 않았습니다. 지금도 마찬가지입니다.]

66. 소련은 1949년부터 1990년에 걸쳐 715회의 핵실험을 시행했다. 주로 세미파라틴스크 핵실험장과 북극해의 섬 노바야즈무라(Novaja Zemlja)에서 실험을 했다. 마지막 핵실험은 1990년 10월24일. 소련은 1955년 RDS—37이라는 소련 최초의 수폭실험에 성공하고, 핵실험을 하지 않다가, 1961년 차르폭탄(폭탄의 황제라는 의미)이라는 인류사상 최대의 수소폭탄 실험을 시행하였다. 그 효과는 TNT로 환산했을 때 99,000킬로 톤이며, 히로시마에 투하된 원자폭탄보다 6,600배 강하고, 제2차 세계대전 중 사용된 총 폭약량의 20배의 위력을 갖고 있다. 따라서 당시의 핵폭발은 2,000킬로미터 떨어진 지역에서도 확인되었다. 실험으로 인하여 전 세계에 핵실험에 의한 방사성 강화물의 전 지구적 오염이 뚜렷해지면서 핵실험방지 논의가 전 세계에 강하게 대두되었다. 이상 「야후재팬」 참조.

67. 당시 일본 사회당계열의 의사들이나 활동가를 의미한다.

저를 비롯해서 여러 사람이 민의련운동을 하고 있었고, 의료민주화 투쟁을 할 때는 사회당계 의사들과도 운동 자체는 계속해서 함께하고 있었습니다. 우리들은 민의련이라는 조직을 갖고 있었습니다. 상대방은 아직 조직은 없었지만, 사회당을 지지하는 그룹이 있고 그들대로 하나의 집단이 되고 있었습니다. 그러나 특별히 말다툼을 할 상대는 아니었습니다. 동료 의사라는 점에서, 사이좋게 여러 교류를 하고 있었던 것입니다.

이런 와중에 상대방 의사들이 원전에서 일하다가 피폭을 경험한 노동자를 돌보기 시작했습니다. 기업은 자신들이 설립한 병원에만 입원을 시켰기 때문에 누구도 접촉을 할 수 없었고, 그런 상황에 저는 힐끔힐끔 상담을 받고 있었습니다. 환자를 진료하려는데 함께 진료해줄 수 있는가, 히로시마와 나가사키의 원폭피해자와 어떤 차이점이 있는지 진료를 통해서 알려달라, 이런 부탁을 받으면서 교류를 하고 있었습니다. 그런 중에 무엇이 원인이 된 것인지 알 수 없었지만, 겐쓰이쿄 운동의 분열이 점점 분명해지고, 그래서 저쪽 의사들과 제가 친하게 지내고 있으면 이쪽 동료들이 '그만 만나는 것이 좋겠습니다, 계속 만나시면 사정이 더 나빠질 수 있습니다'고 말하는 겁니다. 공산당 쪽에서 아무도 환영하지 않는 분위기가 돼 버려서 참 묘하다는 느낌이 오랫동안 들었습니다.

다양한 정치활동 중에, 원전노동자에 대한 치료에는 가까이 갈 수가 없었습니다. 다만 의사이기 때문에 상담을 받거나, 사회당 의사도 기업에서 방해를 하여 진료할 수 없는 상태이므로, 인도주의적 입장에서 기업을 상대로 투쟁했던 것입니다. 그런 투쟁은 당연했던 것이라서 저도 함께 하고 거리에서도 가깝게 지냈는데, 이쪽에서는 기분이 나쁜 것이 분명했습니다. 동료의사와 상담을 하면, 기분은 알겠지만 '지금, 같이하고 계신 분들과 그다지 가깝게 지내는 것은 좋지 않습니다'는 말까지 하는 것입니다. 그렇다고 조직적으로 필요 없다고 확실하게 이야기하는 것도 아니었습니다.

1963년에 일본사회당 소효(総評)[68] 계 그룹이 '어떤 나라의 핵실험에도 반대한다'는 슬로건을 내걸고 부분핵실험금지조약*에 대한 지지를 요구했습니다. 이것에 대해 일본공산당계는 '지하핵실험은 조약으로 인정해야 한다'면서 동 조약에 대해 반대하고, 동시에 '사회주의 국가의 핵무기는 침략방지를 위한 것이기 때문에 인정해야 한다'고 주장했습니다.

이로 인해서 내부대립이 발생하고, 1963년의 원수금 세계대회는 열리지 못했습니다. 공산당은 의견의 차이에도 불구하고 '핵폐지, 핵전쟁 억제, 피폭자지원'이라는 3가지 내용으로 통일해야 한다고 주장했지만 결국 사회당계열의 그룹은 탈퇴하였고 1965년 2월에 원수폭금지일본국민회의(겐쓰이킨; 原水禁)[69]를 결성했습니다.

••••

68. 소효(総評)는 일본노동조합총평의회의 약칭. 소효는 일본최대의 전국단위 노동조합중앙조직이다. 일본의 노동운동은 제2차 세계대전 후 연합국 총사령부(GHQ)의 방침으로 재출발하였다. 소효는 당시 세계노동운동이 노동조합주의와 세계노동연맹으로 분열한 것을 계기로 만들어진 국제자유노동조합총연맹(ICFTU)를 지향하면서 1950년 7월 설립되었다. 설립 당시에는 좌파계열의 전노련(전국노동조합총평의회)에 대항하는 반공색채가 강했으나, 다음해부터는 평화4원칙(전면강화, 중립견지, 재군비반대, 군사기지반대)을 결정하면서 급속하게 반미, 좌파적 성향을 드러냈다. 1953년에는 자유노련(ICFTU) 가맹을 둘러싸고 일부 조합의 탈퇴를 계기로 계급투쟁을 기본이념으로 하고, 자본주의 체제의 변혁을 목표로 하는 노선을 분명히 했으며, 일본사회당을 지지하는 운동방침을 명기하고, 반전평화 운동을 추진했다. 세월이 흐르면서 1987년에는 '일본노동조합총연합회(소위 렌고)'와 합류하면서 1989년 11월에 해산했다. 이후 렌고는 민주당의 결성 후에는 주축을 민주당으로 이동하였고, 1999년 5월 렌고정치센타를 결성하였다. 이상 「아후재팬」 참조.

69. 원수폭금지일본국민회의(약칭 겐쓰이킨; 原水禁)는 1965년에 부분적핵실험금지 조약의 찬성여부를 둘러싸고 겐쓰이쿄(原水協) 내의 일본사회당, 일본노동조합총평의회(현재 일본노동조합총연합

• • • •

회) 그룹이, 조약에 찬성했던 겐쓰이쿄의 주류파인 일본공산당계와 대립하고 탈퇴하면서 결성했다. 겐쓰이킨은 겐쓰이쿄가 '정치적 이유로 소련의 핵개발에 찬성하고, 일본공산당이 주도했던 안보투쟁에 참가하기 위해 반핵운동을 안보투쟁의 범위에 포함시켜, 반핵운동의 확산을 방해하였다'는 등의 이유를 겐쓰이킨 결성이유로 밝혔다. 그러나 정작 핵실험을 하고 있었던 구 소련은 당시 일본공산당보다는 겐쓰이킨을 지지했다. 이후 겐쓰이킨은 원자력발전소 철폐(탈원전)운동에 적극적으로 참가하였다. 핵폐기를 '궁극적 목표'로 두면서, '핵확산방지조약', '포괄적핵실험금지조약'에는 호의적이고, 유엔의 틀에 의한 핵폐기활동을 추진하고 있다. 1980년대에는 겐쓰이쿄와 몇 번 공동집회를 개최하기도 하였다. 2005년부터는 '핵금회의'(가쿠킨카이기; 核禁会議)에서 예전 일본 사회당계 노동조합이라 할 수 있는 '렌고'(連合)와 연대하기 위해 합동으로 히로시마와 나가사키에서 평화대회를 주최하여 왔다. 다만 핵금회의는 '평화를 위한 원자력' 즉 원자력발전을 핵의 평화적 이용으로 보고 사실상 이를 승인하고 있기 때문에, 겐쓰이킨은 '반원전'의 입장에서 단독행동을 하고 있으며, 탈원전 단체와 공동연대를 중심에 두고 활동한다. 2011년 3월 11일 후쿠시마 제1원자력발전소 사고가 발생하고, 탈원전을 선명하게 내세운 겐쓰이킨과 원자력의 평화이용을 주장하는 '핵금회의'는 사실상 분열했다. 2011년 평화대회에서는 겐쓰이킨의 카와노코우이치(川野浩一) 의장이 원전을 문제 삼자 '렌고', '핵금회의'가 반발했다. 2012년 평화대회 전에 핵금회의의 카마다키 히로오(鎌滝博雄) 전무이사는 '대회에서 '탈원전'을 요구하면 금후 함께 행동할 수 없다'고 겐쓰이킨을 비판했다. 또한 겐쓰이킨의 인사말에 '핵과 인류는 공존할 수 없다'는 문구를 문제 삼았다. 인사말은 그대로 진행되었으며, 평화대회에 앞장섰던 겐쓰이킨, 핵금회의가 각각 단독으로 집회를 개최하는 등 대립이 깊어지고 있다. 최종적으로 핵금회의의 요구가 관철되어, 2013년의 평화대회는 렌고가 단독 주최하는 형식으로 했으며, 겐쓰이킨, 핵금회의는 공동후원으로 밀려났다.

| 4 | 핵실험중지운동에서 핵무기폐지운동으로의 흐름 속에서

이때 민의련의 운동방침은 핵실험중지에서 핵무기폐지로 중심축이 이전되고 있었습니다. 민의련 조직의 강령에는 '인류의 생명과 건강을 파괴하는 모든 전쟁정책에 반대하고, 핵무기를 없애며, 평화와 환경을 지킵니다'는 내용이 있습니다. 즉 민의련이라는 의료단체 내에서도 어쨌든 정치와 관련한 토론이 증가하고 있었습니다. 물론 사무장이나 검사 기사나 각 분야의 사람들은 환자를 직접 진료하는 의료의 한가운데 있지 않았기에, 객관정세와 주변투쟁의 정세를 반영해서 운동방침의 중심에 이런 투쟁을 놓으려는 경향이 강해져 갔습니다.

저도 물론 이런 방침이 중요하다고 생각했기 때문에 반대하지 않았지만, 우리는 우리에게 의지하기 위해 찾아온 환자를 진료하는 의료라는 일을 하고 있었습니다. 의료활동을 하는 사람 중에 계급적인 의식이나 교육의 영향을 받은 의료인은 어떤 의료를 하는 것이 중요한가를 고민했습니다. 대학병원의 의사가 진료하는 방식과 동일한 의료를 하고 있으면 아무것도 되지 않습니다. 우리의 중심기능인 의료, 그것은 의사가 혼자서 자신만의 전문지식으로 일방적인 결정을 내려 무엇인가 하는 일방적인 의료가 아니라, 생명을 갖고 있는 환자의 요구에 대해, 이해가 어렵다면 이해하고 싶어하고, 좀 더 이야기해 주고 싶어해야 한다는 입장에서 착실하게 서로 의사소통하는 의료를 만들어가는 것이 민의련 의료의 본질이 아닌가라는 이론무장을 하기 시작했습니다.

투쟁이나 정치논의 일변도로 추진하는 것을 거북해 하는 의사나 사람들은, 내가 이야기하는 것에 그렇다 그렇다 하고 동의합니다. 병원에 근무하는 사무장의 경우에도 환자의 입장에서 환자의 요구를 듣는 그런 의료에 대해 이야기만으로는 좀처럼 알 수 없으므로, 실제로 의료 활동 과정에서 핵심적인 역할을 해야 합니다. 예를 들면 노동자가 병원에 온 경우 어떤 노동을 하고 있는지 물어 보거나, 아니면 기업과의 관계에서 기업의 책임문제, 예를 들면 무거운 것이 떨어져 발을 다치거나 하는 경우, 규격에 맞는 방호용 구두를 지급해서 보호조치를 시행했나 하지 못했나 확인해야 합니다. 즉 노동현장에서 생명을 지킨다는 관점을 노동자에게 가르친다기보다는, 그 사람의 조건이나 생각을 끄집어내서 노동운동 중에 생명을 지키는 안전운동을 바르게 자리잡게 하는 것이 중요하므로, 업무와 생활에 밀착한 의료라는 문제를 중시해야 하는 것입니다. 심장에 청진기를 대고 들리는 소리만으로 판단하거나, 복부를 누르면 복부 표면이 문드러지는 것만으로 어떤 약이 필요하다고 판단하는 현재 대학에서 시행하고 있는 수박겉핥기 식의 의료가 아니라, 살아있는 사람이 매일 어떤 상태에서 일을 하고 있는지 알아보고 그에 맞게 진단을 내리는, 그런 운동이 민의련 내에서 일어나고 있었습니다.

가능하면 노동자 스스로 이야기하도록 하는데, 제가 그런 내용을 이야기해보면 의료사상에 관한 내용이라고 반응하곤 했습니다. 제가 대중과 함께 만들어온 의료사상은 문장이나 책으로 알린 것도 많이 있는데, 여하튼 민의련에서 지도적인 역할을 수행하였습니다. 저 자신은 민의련 내에서 실질적인 지도 역할을 계속해왔다고 생각하지만, 대외적 의미에서 민의련 회장이나 부회장은 맡지 않았습니다.

민의련이 해마다 작성하는 운동방침 중에 '업무와 생활에 밀착하는 의료'라든가, '환자의 업무현장에 들어가서 환자를 진료해야 한다', '진료실에서만 진료할 것이 아니라 환자가 어떤 업무를 하고 있으며, 가정에서는 어떤 생활을 하고 있고, 어떤 것을 먹는가 하는 것까지 빈틈없이 검토한 뒤 환자를 진료해야만 한다'는 내용들이 있습니다. 말하자면 민의련 의료의 골격이 되는 것을 쭉 만들어왔습니다. 어떻게 이런 생각을 했는가 돌이켜보면, 피폭자를 진료할 때 피폭자 진단기술은 없었지만 어떻게 해서든 말을 들어보고 그 사람의 생활을 전부 파악한 뒤에 판단하지 않으면 피폭자 질병이라는 것은 잘 알 수 없었기 때문입니다. 그런 점들이 피폭자를 진료하는 과정에서 저를 훈련시켜 왔고, 지금 말씀드렸던 환자중심 의료사상으로 단단해졌던 것입니다. 지금까지도 제 스스로 피폭자를 어떻게든 진료해야만 한다는 입장인데, 환자를 중심에 놓는 그런 의사로 저 자신을 육성시켰다고 생각하고 있습니다.

| 5 | 임상의로서의 딜레마

구체적으로 제가 핵무기실험중지에서 핵무기폐지로 전환했던 동기는 특별히 없었습니다. 저는 임상의사이므로, 오히려 전문 연구분야에서 학문적으로 연구하고 있는 학자가 방사선문제를 좀더 신중하게 연구하고 조사해서, 적어도 피폭자가 많은 곳은 일본이므로 피폭자를 어떻게 진단하고 이후 어떻게 치료할 것인가 하는 치료방침이 일본 학자 중에서 나오는 것이 당연하다고 생각합니다. 다른 나라에서는 진료하고 싶어도 피폭자가 전혀 없으니까, 혹시나 실험을 할 수 있는 환자가 있는지는 몰라도 폭탄을 맞은 피폭자는 없으므로, 또 설사 실험을 하려 해도 사람을 대상으로 한 실험이 과연 가능할지에 대한 많은 의구심이 있고, 저항을 초래할지도 모릅니다. 제가 현장에서 이런 고민을 하고 있었기 때문에, 도대체 도쿄대 연구실에서 무엇을 하고 있는지는 전혀 모르지만, 몇 명이 이런 일을 성실하게 해야 하는 것 아닌가, 어떻게 이런 일을 하지도 않을까 의문을 갖고 있었습니다.

예를 들면 ABCC의 영향을 받고 있는 일본의 연구기관(현재의 재단법인 방사선영향연구소(RERF), 1975년 ABCC와 후생성국립예방위생연구소(예연)을 재편하여 미일공동출자 운영방식의 재단법인으로 설립됨)이 있습니다. 이런 연구기관에서도 피폭자를 외면할 뿐이고, 정작 중요한 내용은 확인해주지 않습니다. 결국은 필요한 내용을 충분히 고려하지는 않았다 해도, 일본이 미국과 안보조약을 체결하면서 미국의 전쟁정책에 편입되고, 미국의 국제외교랄까 국제정책이라고 할까, 소련과 대결하는 미국을 지켜야 한다는 목적에 종속시켜버린 상태로부터 벗어나지 않는 한 자유롭지 못하다는 점을 점차 확실하게 알 수 있었습니다.

대학의 연구라는 것은 전부 후생노동성 예산을 받고 하는 것이기 때문에, 예산을 편성하면서 미국과 협력해서 미국의 핵무기를 새롭게 하기 위한 실험이나 연구와 관련된 내용에 대해서는 예산을 많이 배정하거나 늘려가면서도, 수많은 피폭자를 지원하기 위한 본래의 연구에 대해서는 한 푼도 배정하지 않는 것을 점차 확인한다면, 어떻게든 핵무기와의 관계를 끊거나 일본대학의 소중한 업무도 일본국민을 위해 시행해야만 한다는 점을 확실하게 알 수 있습니다. 비슷한 업무를 하고 있는 사람들 중에, 현재는 미국이 시키는 대로 할 수밖에 없지만 마음속에는 딴 생각을 품고 있는 그런 사람들과 같이 이야기해보면, 지금 즉시는 아니지만 결국 안보조약은 폐기되고 미군은 철수할 수밖에 없을 것이라고 결론짓고 있습니다. 그런 연후에야 일본에서 피폭자를 위한 연구가 가능할 것이라고 생각하니, 현상은 정말 굼뜨기만 합니다.

| 6 | 핵무기폐지운동에 필요한 피폭자 자신의 목소리[70]

내가 전국에서 피폭체험을 이야기하며 다닐 때 느낀 것은, 핵무기폐지운동의 지역활동 중에, 내부피폭의 위험을 이야기하는 것이 좀 더 중요하지 않은가 하는 점입니다. 예를 들면 핵억지론(핵무기를 사용하지 않고 단지 보유만 하는 것으로도 평화를 지킬 수 있다는 관점)을 주장하는 상대방에게 '(핵무기를) 보유하기 위해서는 가상적국보다 더 강력한 원자폭탄이나 수소폭탄을 끊임없이 지속적으로 만들어낼 필요가 있다. 우라늄 광산에서 채굴하고, 공장에서 농축, 폭탄제조, 운반, 저장하는 모든 과정에서 노동자를 비롯한 주변주민에게 끊임없이 내부피폭자를

••••

70. 이 5장 6(절)의 내용은 전부 제1판 2쇄에서 바뀌었다. 원래 있었던 1쇄 내용은 다음과 같다.

[지금까지 핵무기폐지운동을 하고 있는 모든 분들의 정성과 열의는 존경스럽습니다. 다만 저는 전국을 다니면서 지방마다 겐쓰이쿄(原水協)의 간부와 만났지만, 그분들이 열심히 하고 있는 것만큼 내부피폭에 대해 충분히 이해하는 것은 아닙니다. 따라서 현재의 핵무기를 철폐하는 것이 아니라 사용하지 않도록 하는 '핵억지론'의 관점으로 논의할 때는 대중강연을 하지 않겠다고 그분들을 설득할 수 없었습니다. 내부피폭을 알지 못하기에 한 마디든 두 마디든 '당신의 생각은 틀립니다. 핵무기는 갖고 있기만 해도 사람을 죽일 뿐입니다'는 말을 할 수 없습니다. 갖고 있기만 할 뿐 사용하지 않는다는 것에 의미를 두는 핵억지론에 대해, 내부피폭을 충분히 이해하고 있지 않기 때문에 설득할 수 없는 것입니다. 국제적인 정치력을 강화해 핵무기를 없애자는 말밖에는 할 수가 없습니다. 저는 내부피폭을 전달하는 것이야말로 핵무기를 없애기 위해 중요하다고 생각하고 있습니다. 핵무기폐지운동을 열심히 하는 사람은 스스로 피폭경험이 없다 해도, 피폭자의 이야기 등을 들어보면, 어느 정도 현실적으로는 이해할 수 있고, 이런 이해를 발판으로 두 번 다시 이런 일은 없어야 한다고 생각합니다. 한편 피폭자는 생명에 대해 두 번 다시 이러한 고통을 주는 것은 안 된다는 의미에서 말하고 있습니다. 그러나 겐쓰이쿄의 활동가들이 말할 때는 '저런 것이 일어나서는 안 된다'고 추상적으로 표현합니다. 피폭자는 자신의 몸으로 하나하나 참아왔던 모든 고통을 누구도 체험하게 해서는 안 된다는 차원에서 생명 자체에 느낀 고통을 솔직하게 말을 하는데, 활동가는 현상을 보고 저 엄청난 파괴력과 대량살상 이런 것을 해서는 안 된다는 추상화된 말밖에 하지 못하는 것입니다. 자신의 몸으로 느끼는 아픔이나 고통을 경험하지 못하고 활동하는 사람은 실감할 수 없는 것이겠죠. 그 점에 차이가 있습니다. 유엔이라는 무대에서 미국이나 핵무기를 갖고 있는 나라에게 핵억지론으로 설득한다면 한 발짝도 나갈 수가 없습니다. 가장 중요한 포인트는 이런 것을 해선 안 된다며 고통을 모르는 사람들이 논의하는 것이 아니라, 오히려 자신의 생명에 대한 한계를 느끼면서 피폭자 생명 자체에 느낀 고통을 얼마만큼 이해시킬 것인가가 중요하다고 생각합니다.]

만들어내며, 방사능후유증으로 사망자가 발생한다. 즉 핵무기는 갖고 있는 것만으로도 최악의 경우 인간을 사망에까지 이르는 피해를 주는 것이다'[71]라고 내부피폭의 위험을 말하는 과정에서 핵억지론의 오류를 설명할 수 있습니다. 그런 의미에서 저는 핵무기폐지운동에는 방사선 내부피폭에 대한 학습이 반드시 필요하다고 생각합니다.

히로시마와 나가사키의 피폭자 중 생존한 사람들은 비록 살아남았다고는 해도 의사도 알 수 없는 방사능후유증 때문에 지속적으로 고통받고 있습니다. 말로 다할 수 없는 고통의 체험에서 세계의 어떤 곳에 있는 사람일지라도 두 번 다시 이런 고통을 겪게 할 수 없다면서 핵무기폐지를 호소합니다. 때문에 피폭자의 체험이야기는 '큰 도시를 폭탄 한발로 날려버리고 몇 십만 명을 대량으로 살상한 비인도적 무기'라는 식의 피상적인 설명보다는 보다 구체적인 내용으로 상대방의 심금을 울릴 수 있어야 한다고 생각합니다.

그렇다면 유엔에서도 미국이나 핵무기 보유 국가가 핵억지론으로 폐지론을 설득하려 할 때, 추상적인 이론이 아니라 원폭으로 자신의 생명 자체로 느낀 고통을 경험한 피폭자의 구체적인 호소를 켜켜이 쌓다 보면 핵억지론의 오류를 밝힐 수 있지 않겠습니까?

• • • •

71. 핵의 채굴과 이후의 각종 과정에 대해선 『원자력의 거짓말』(고이데 히로아키 지음, 고노 다이스케 옮김, 녹색평론사, 2012년) 125쪽과 140쪽의 그림을 참조하면 비교적 이해하기가 쉽다.

| 7 | 사람의 생명으로 시작하는 핵무기폐지운동[72]

이렇게 이야기를 해도 핵무기를 일단 사용하게 되면 몇 만 명이라는 사람이 일제히 살해되는 엄청난 규모의 피해, 소위 대량살육을 초래하는 비인도적 성격으로 인해, 핵부기를 없애야만 한다는 운동은 내가 볼 때 약점이 없다고는 말할 수 없지만, 국제적인 면에시는 어쨌든 큰 영향을 주었고 유엔 내부에서도 상황을 변화시켜 왔습니다. 핵무기의 폐지 주장에 찬성하는 국가들을 본다면, 아프리카 국가들을 포함해 대개의 나라는 핵무기와 전혀 관계없는 국가들이라고 할 수 있습니다. 즉 자신들이 식민지라서 기본적인 생활조차 위협받아온 경험이 있

••••

72. 제1판 1쇄에서 제5장 7(절)의 내용은 다음과 같다.
  [제가 지금까지 비판했지만, 구체적으로 사람의 생명이라든가 인권 같은 것을 기초로 하지 않고 현상적으로 몇 만 명이 여기서 죽었다는 대단히 큰 규모의 피해, 소위 대량살상이라는 관점에서 출발해서, 이것을 없애야만 한다는 식으로 운동을 진행해도, 물론 다양한 의미에서 약점을 갖고 있습니다만 어쨌든 국제적으로는 큰 영향을 주었고 유엔 내부에서도 현상을 변화시켜 왔습니다. 겐쓰이쿄(原水協)의 주장에 찬성하는 여러 나라를 보면 핵무기와 전혀 관계없는 아프리카의 여러 국가들에서 모두 찬성하고 있습니다. 이들 국가는 주로 그들과 대립하는 국가들이 모두 핵무기를 갖고 있습니다. 말하자면 이곳에서는 이해관계가 결정되는 지점이, 자신들의 식민지 종주국으로부터 독립운동을 진행하고 있고, (종주국은 대부분 핵무기보유 국가이므로) 독립에 대한 민족적인 에너지와 겐쓰이쿄가 주장하는 핵무기폐지 운동을 연결해서 핵무기에는 찬성하지 않는다는 운동이 확산되어 왔다고 생각합니다. 겐쓰이쿄는 처음부터 핵무기가 갖는 비인도적 성격, 순간적으로 대량살상을 할 수 있고 치료법은 전혀 없는 그런 관점에서 운동을 시작했고 이것만으로도 세계적으로 많은 영향을 주었습니다. 이것도 사실이므로 겐쓰이쿄 운동의 모든 것이 틀렸다고 말할 수는 없겠습니다. 다만 후쿠시마 사람들과 어떤 식으로 어떤 점에서 연결할 수 있을 것이냐고 묻는다면, 후쿠시마 사람들은 생명의 소중함에서 원전폐지를 주장하고 있습니다. 핵무기폐지운동은 대량살상이라는 비인도적 성격에서 운동을 진행합니다. 두 내용은 반드시 결합되어야 할 문제이므로, 결합할 수 있는 방법을 누군가가 생각해야 하고 그 방법을 양쪽에 모두 제시해야 한다고 생각합니다. 따라서 겐쓰이쿄(原水協) 쪽에서 활동하시는 분들에게는, 대량살상이라고 말하면서도, 한 사람 한 사람을 어떤 식으로 죽이고 있는가라는 구체적인 사실도 확실하게 인식하는 것이 중요하다고 이야기할 수 있는 것이죠. 방사선으로 죽게 되는데, 방사선으로 죽은 사람들의 구체적인 내용을 습득한다면, 후쿠시마 사람들이 방사선에 대한 두려움을 어떻게 해결할 것인가라는 고민과 결합할 수 있을 것이라고 저는 생각합니다.]

는데, 그런 위협을 해 왔던 당사자들이 모두 핵무기 보유국이었습니다. 어디까지나 이런 차원에서 핵무기 폐지의 취지에 찬성하는 것으로서, 식민지종주국에 맞서는 독립운동이라는 민족적인 에너지와 핵무기폐지운동을 결합하여 핵무기 자체의 존재를 부정하는 운동으로 발전시켜왔습니다.

따라서 핵무기가 갖는 비인도성, 순간적으로 대량살상하고 게다가 피해에 대한 치료법이 전혀 없다는 관점에서 핵무기폐지운동이 시작되었으며, 이것만으로도 큰 세계적 영향을 주었습니다. 이런 사실을 확실히 인식해야만 합니다.

그렇기에 후쿠시마에서 현재 원전의 방사선피해를 받은 사람들과 핵무기폐지운동을 하고 있는 사람들은 반드시 함께 연대할 필요가 있습니다. 후쿠시마의 사람들은 생명의 소중함에서 원전의 폐지를 주장합니다. 핵무기폐지운동은 대량살상이라는 비인도성에서 운동을 진행하고 있습니다. 이것은 어느 지점에서든 반드시 결합해야 할 문제라서 결합하기 위한 방법을 누군가가 생각해내야 하고, 그 방법을 양쪽에 모두 제시해야 할 필요가 있다고 생각합니다.

사람은 방사선에 쪼이면 죽게 됩니다. 방사선을 발산하는 점에서 핵무기도 원전도 모두 하나입니다. 핵무기폐지운동에 참여하는 사람들이 방사선으로 사람을 살해한다는 구체적인 의미를 이해한다면, 후쿠시마에서 발생하고 있는 방사선문제를 사람의 생명, 인권이라는 관점에서 결합하여 연대할 수 있다고 생각하고 있습니다.

제6장

해외에서 피폭실상을 호소하며
얻은 것과 느낀 점

| 1 | 독일에서 알게 된 핵무기반대운동의 배경

[1970년대에 저는 원수금세계대회에 참가해도 대회장의 연단 한가운데 앉아서 토론에 참가하는 일은 별로 하지 않았습니다.

저는 언제나 여러 분과모임에서 제가 체험했던 히로시마, 나가사키 피폭자의 실제 모습, 폭탄이 터진 직후 전신화상의 상태, 급성방사능증의 발병상태, '부라부라 병'으로 불리는 만성방사능증의 상태, 그리고 마지막에는 만발성장애라고 할 수 있는 암, 백혈병, 간장기능장애 악성빈혈증 등으로 사망하는 상태를 이야기했습니다. 따라서 어떤 의미에서 핵무기폐지운동을 추진하기 위한 운동이론에 대한 논의는 다른 분들과 잘 맞지 않을지도 모르겠습니다.

저는 방사선이 얼마나 심각하고, 얼마나 끈질기게 사람의 생명을 살해하는가, 핵무기는 인간과 공존할 수 없다는 가장 중요한 점 한 가지를 열심히 이야기한 것입니다. 되돌아보면 당시의 원수금대회는 방사선 피해가 원폭투하 순간만이 아니라, 그 후에도 영원히 사람을 계속 살해한다는 근본적인 문제를 많은 사람에게 알려주는 활동의 장이었다고 생각합니다.][73]

1980년대 시기, 독일(예전 서독)에서 핵무기반대운동이 일어났습니다. 독일에서도 기회주의 성향의 사람이 많이 있을 수 있고, 또 다양한 사람들이 있어서, 핵군축이 바람직하다고 생각하는 그런 계통 중에 핵무기를 금지해야 한다고 겐쓰이쿄의 방침과 가장 가까운 활동을 하고 있는 조직도 있었습니다. DFG-VK(독일평화협회—전쟁저항자동맹)[74]라는 조직이 있었습니다. 1979년에 그쪽 캠프가 겐쓰이쿄에게 편지를 보내서 '우리들은 원전반대운동을 시작했다. 때문에 방사선의 두려움을 모든 사람에게 알려야만 한다. 히로시마에서 이런 내용을 봐 온 의사가 일본에 있다. 그 사람을 알아봐 달라'는 요청이 있어서 겐쓰이쿄의

••••

73. [ ]친 부분에 대한 제1판 1쇄의 내용은 다음과 같다.
  [1970년대, 저는 겐쓰이쿄의 원수금세계대회에 갔어도, 논의의 한가운데 앉아서, 손을 들어 함성을 지르는 사람들 속에는 별로 있지 않았기 때문에, 원수금운동이 어떤 방침으로 시행되고 있는가에 대해서는 잘 몰랐습니다. 저는 분과모임에 나갔고, 제가 목격한 히로시마 나가사키 피폭자의 실제 모습을 모든 사람에게 이야기했습니다. 따라서 어떤 의미에서는 정치적으로 대단히 첨예한 하나의 결론을 만들기 위해서 활동하는, 지역의 활동가라고 이야기할 수 있는 사람들과 의견이 서로 맞지 않았습니다. 저는 방사선 피해가 얼마나 심각하고, 사람을 죽여가는가, 요컨대 핵무기는 인간하고는 공존할 수 없다는 첫 번째 근본적인 내용을 열심히 이야기했던 것이죠. 한편 활동가는 얼마나 많은 사람을 모이게 하여 세력을 만들 것인가, 그것을 위해 주로 운동을 해왔다고 이야기합니다. 열심히 하고 있지만, 핵무기의 두려움을 전혀 알 수 없기 때문에 말은 대단히 추상적이었습니다.]
74. 독일어 표기는 'Deutsche Friedensgesellschaft-Vereinigte Kriegsdienstgegnerinnen'이다. 원래 독일평화협회는 설립연도가 1892년으로 오랜 역사를 갖고 있었으며, 1974년 '병역거부자협회'와 통합하여 DFG-VK를 설립했다. 독일에서 병역거부에 대한 지원단체는 종교계와 민간에서 1960년대 말부터 1970년대 초반에 많이 설립되었다.

아카마츠 코우이치(赤松宏一)[75] 씨로부터 독일에 가주지 않겠냐는 부탁이 있었습니다. "독일어는 읽을 수는 있어도 전혀 말은 못합니다"고 하니, "그런 것은 아무 문제가 없다고 합니다. 가는 여비만 만들어서 가

독일의 반핵집회에서 히다 선생, 1981년

면 저쪽에서 귀국할 때까지 숙박이나 식사는 모든 것을 책임진다고 했습니다. 독일에서 안내하는 곳으로 가서 선생님은 방사선 이야기를 하시면 됩니다"고 했기에, "가겠습니다"고 대답하고 독일로 가게 되었습니다. 그때 겐쓰이쿄의 즈지야마 쇼죠(辻山昭三), 무라구치 야쓰오(村口康雄, 공무원노조), 다니구치 스미테르(谷口稜曄, 피폭자), 가와노 후지오(河野富士男, 미야자키 대학교수) 등과 함께 갔습니다.

먼저 파리까지 가서, 파리에서 1박하고, 다음날 프랑크푸르트로 갔습니다.

이때 독일 쪽 책임자였던 그로이네라는 사람을 만났습니다. 지금 그로이네[76] 씨는 출세를 해서 EU의 독일출신 의원이 돼 국제적인 활동을 하고 있습니다.

DFG-VK는 상당히 큰 평화단체였습니다. 일본으로 말하자면 현에

....

75. 현재 겐쓰이쿄의 대표이사이다.

76. 게르트 그로이네(Gerd Greune), 1949~2012년. 국제연대지원연구소(IFIAS, The Institute for International Assistance and Solidarity) 소장. 교사였으나 정치문제에 관심을 가졌다. 그의 첫 정치활동은 양심적 병역거부 운동과 유럽에 배치된 핵무기 반대운동이었다. 1986년부터 1997년까지 독일 사민당 집행위원회 정치고문으로 복무했다. 1997년에 IFIAS를 설립했다. 그의 주요 관심사항은 인권, 언론자유, 반군사화, 갈등문제 해소였다.

해당하는 주에서, 주본부에 상임직원이 충분히 있었습니다. 뒤에 알게 된 것이지만, 이 단체가 가장 힘을 들이고 있는 것은 양심적 병역거부 운동이었습니다. 독일에서는 헌법(기본법)에 징병제도가 있지만, 국민에게는 거부할 권리가 있었습니다. 종교적인 입장이라든가, 혹은 인도적인 입장에서 절대로 사람을 죽일 수 없다는 이유로 거부할 수 있습니다. 양심적 병역거부권입니다. 그 대신, 대체방법으로 저렴한 급여로 사회보장 복지자원봉사활동이 있어, 병역은 3년이지만 자원봉사활동은 4년을 해야 하는 의무가 있습니다. 그것을 모두 하고 있었습니다. 병역거부를 한 사람은 자원봉사활동을 해야 하는 것이지요. 그런 사람이 사회복지분야 활동가가 되기도 했습니다.

[반핵협회의 초대로 독일에 갔습니다만, 그로이네 씨가 말한 대로 나를 초청한 집회는 전부 원전반대집회였습니다. 나는 그것을 미리 알지 못했기에, 입구까지 가보면 핵무기폐지라고 쓴 것은 없고 원전반대라고만 쓰여 있어서 조금 이상하다고 생각했습니다. 그래도 거기에서는 방사선의 두려움에 대해 얘기를 잘해주면 좋아했기 때문에 나는 그런 말을 계속했던 것입니다. 그리고 다양한 공부도 했습니다. 요컨대 독일 쪽에서는 객석에서 발언하는 것에 상당히 열심이었습니다. 이 점이 일본과 결정적인 질적 차이가 있는 부분입니다. 일본의 집회에서는 단상의 토론을 청중석에서 듣고 있는 형식이 거의 대부분입니다. 때문에 청중석에 있는 사람은 집회의 마지막까지 질문만 할 수 있을 뿐이지만, 독일에서는 청중이 주인공입니다. 따라서 좀 더 다양한 의견이 나오게 됩니다.][77]

••••

77. [ ]의 내용은 제1편 1쇄에서는 다음과 같이 표현하고 있다.

가장 놀랐던 것은 집회 객석에서 "의장!" 하고 말을 하면서 어떤 사람이 손을 들더니 "여기 국군 장교가 두 사람이 있다. 이런 사람이 여기에 들어올 수 있는가" 하고 질문하는 것이었습니다. 그러자 의장이 "본인한테 왜 여기에 왔는지 들어봅시다" 하면서 발언하게 했습니다. 그러자 그 장교가 "저희들은 서독 군인으로 군부대 바로 옆에, 동독 군대가 있고, 소련이 있습니다. 전쟁이 나면 가장 먼저 우리들이 죽게 됩니다. 그때 핵무기를 사용하게 됩니다. 저희들은 핵무기로 죽을지도 모르는데, 핵무기가 어떤 것인지 알지 못합니다. 오늘은 히로시마에서 온몸에 방사선을 뒤집어쓴 분이 오셔서 알려준다기에, 무슨 내용인지 알아야만 한다고 생각하고 들어보기 위해 왔습니다"고 답변을 했습니다.(웃음) 의장이 "저 사람들이 앉아 있어도 좋겠습니까?" 하고 청중을 향해 질문하니 모두들 "듣게 합시다"고 말하는 것이었습니다.(웃음) 이런 단체였던 것이죠. 이런 과정을 통해 민주주의라는 것의 본질을, 어떤 이론적인 원리는 아니더라도 점점 몸으로 알게 되는 것이죠. 반드시 본인의 의견을 들어보고, 그리고 모두가 그 의견에 대해 어떻다는 이야기를 하고, 좋다고 말하면 하게 됩니다. 안 된다고 말하면 '돌아가세요' 하겠지요. 돌아가라는 이야기가 나오면 당사자들은 돌아갑니다. 그런 규칙 같은 것이 각 사람에게 모두 인식되고 있기에 다른 말이 나오지

••••

[이때 처음으로 독일에 간 것인데, 그로이네 씨가 말한 대로 나를 데리고 간 집회는 전부 원전반대집회였습니다. 나는 그것을 미리 알지 못했기에, 입구까지 가보면 핵무기폐지라고 쓴 것은 없고 원전반대라고만 쓰여 있어서 조금 이상하다고 생각했습니다. 그래도 거기에서는 방사선의 두려움을 잘 얘기하면 좋아했기 때문에, 나는 그런 말을 계속했던 것입니다. 그리고 다양한 공부도 했습니다. 요컨대 독일 쪽에서는 객석에서 발언하는 것에 상당히 열심이었습니다. 일본 겐쓰이쿄 대회 등에 가보면 객석은 어른스러운 자세로 가만히 있고, 단상에서 주로 말을 하고, 마지막에 허가를 받아서 정확히 등록된 사람만 이야기할 수 있습니다. 자유롭게 이야기하는 것이 상당히 어렵죠. 독일에서는 객석발언 위주입니다. 따라서 좀더 다양한 의견이 나오게 됩니다.]

않는 것입니다.

주최자는 원전에 반대하고 피폭영향이나 방사선이라는 것을 배우고 싶다는 바람을 가졌습니다. 처음부터 머릿속에 방사선이 있는 것이죠. 히로시마, 나가사키가 방사선 피해를 받았다는 것을 잘 알고 있는 것입니다. 일본인은 히로시마, 나가사키라고 말하면 즉시 방사선이라는 생각을 떠올리지 않습니다. 화상이나 집이 부서져버린 것 등, 눈에 보이는 피해밖에 없습니다. 눈에 보이지 않는 방사선피해는 알지 못합니다. 미국이 은폐했기 때문입니다.

| 2 | 독일 국경지방에서 배운 민주주의

독일인은 제 이야기를 듣고, 원전을 만들면 안 된다는 것만 아니라 핵무기도 금지해야 한다는 식으로 생각했습니다. 조금만 생각해봐도 서방측 국가와 동구권 국가 간에 대단히 위험한 상태라고 말하게 됩니다. 당시 서독에는 '퍼싱II'라는 중거리미사일이 배치되어 있었습니다.('퍼싱II'는 '중거리핵전력전면폐기조약'으로 1991년에 폐기) 그로 인해 서독 내에서 반핵운동이 발생했던 것입니다. 그때 당시 서독의 국경지대를 맡고 있던 사령관이 텔레비전 방송에서 긴박한 미소 관계를 빌미로 어처구니없는 발언을 했습니다. "전투가 시작되면 여기가 가장 처음 맞붙는 전투지역이 됩니다. 동구권으로부터 군대가 이쪽으로 일거에 밀려듭니다. 우리는 그들과 여기서 싸우게 됩니다. 군대의 힘만으로는 어떻게 해도 우리 쪽이 꼼짝할 수 없습니다. 상대 쪽이 훨씬 많습니다. 그렇다면 적도 아군도 함께 뒤엉키고, 미국은 이곳으로 원폭을 떨어뜨릴 겁니다"(소위 훌다—갭 작전)라고 말했습니다. 말하자면 국경의 서쪽에 있는 독일인들이 전쟁발발 시 미군의 원폭으로 죽는다, 어떻게 하다 보니 이런 말을 한 것입니다.

그때까지는 국경의 서독 측 거리에 미국의 지배가 엄중했고, 일본 히로시마에서 반핵운동 의사가 와서 평화운동을 한다고 말하면 들어갈 수 없는 상황이었습니다.

그렇지만 이런 어처구니없는 발언이 있고나서 이곳의 거리, 훌다*라는 관광도시의 사람들이 떨쳐 일어나 결사대를 조직하고, 미국 전차가 하루 종일 나다니는 중요한 거리의 교차로에서 인간띠잇기운동을 하였습니다. 그리고 미군전차가 들어오지 못하도록 막아버렸습니다. 독일 경찰이 엄청나게 많았지만, 경찰도 전혀 제지할 수 없었습니다. 사실대로라면 제지해야 했던 것이지요. 마침내 성공해서 아주 많은 사람들이 인간띠를 만들었습니다. 이때 앞에서 말한 DFG-VK 본부에서 히다 선생을 이곳에 들어가게 하자고 급한 전보를 해서, 제가 들어가게 된 것입니다.

그때의 독일 사람들의 논의에 저도 놀랐습니다. "미국이 말하고 있듯이 원폭으로 죽게 된다. 어떻게 할 건가. 전쟁이 시작되면 어디까지 도망가야 하는 것인가." 이렇게 논의했습니다. 잠시 히로시마에서 오신 분께 질문해보자라고 해서 제가 "벨기에까지 도망가도 안 됩니다" 하고 대답했습니다.(웃음) "어디를 가더라도 방사선이라는 것은 막을 수 없다"고 말하니, 조용해졌습니다. 도망갈 수 없다면 어떻게 하면 좋단 말인가? 생선장사가 발언을 하고, 이발사가 발언을 해도 어떻게 해야 좋을지 알 수 없었습니다. 최후에 객석에서, 도망가도 안 되면 모두 반대로 독일군과 함께 저쪽으로 침공하거나 총을 갖고 있어야 하는가, 말했습니다.

그래서 여기저기서 함성이 나오자 한 사람이 주장했다. "잠시 기다려라. 머리를 냉철하게 판단하자. 우리들은 죽기 위해 여기 모인 것이 아니다. 모두 살기 위해 온 것이 아닌가. 그렇다면 모두가 살기 위해 어떻게 할 것인가 말을 해야 한다. 전쟁을 중단시키는 방법밖에 없다. 이곳에서 전쟁을 할 수 없도록 뭔가 해야 한다. 지금까지 독일의 다른 거리에서는 모두 평화집회를 하고 있다. 여기는 미군이 있기 때문에 하지 못했다. 시위를 통해서 평화집회를 이미 열었으니, 앞으로 전쟁을 중단시키는 운동을 해야 하지 않겠는가? 잡아갈 테면 잡아가도 좋다. 우리들은 동독에 할머니도 계시고, 사촌들도 있다. 서로 난투극을 벌리고 싶지 않기 때문에 전쟁중단 운동을 대대적으로 일으키는 것이 도움이 될 수 있는 길이 아니겠는가?" 이러자 여기저기서 '맞다', '옳다' 하고 맞장구치는 상황으로 진행된 것입니다.

그리고 저에게 "어떻게 하는 것이 좋겠습니까?" 하고 질문했습니다. "맞습니다. 도망을 가든 투쟁을 하던 전쟁은 중단해야 합니다. 이게 가장 중요합니다. 여기에 있는 독일사람이 전부 전쟁하지 말라고 주장하면서 미군에게 저항하는 것이 좋습니다. 몇 명이 잡혀갈지도 모르지만, 잡히면 잡혀가면 됩니다. 그것밖에 방법이 없다고 저는 생각합니다." 제가 말하자 '자, 해봅시다' 하는 분위기가 되었습니다. 그 후 미군은 탄압할 수 없었습니다. 불가능했습니다. 그런 일을 하게 되면 엄청난 파문이 발생하기 때문이죠. 이 일로 실언한 사령관은 해고돼 버렸습니다.

---

* **훌다(Fulda)**
독일 헤센 주의 관광도시로 튀링겐 주의 경계근처에 자리잡고 있다. 냉전 때

는 주의 경계가 당시 서독과 동독의 국경이었다. 당시는 북대서양조약기구의 군사전략상 중요한 도시의 하나였고, 1994년까지 미육군 제11기갑연대가 주둔하고 있었다. 이 지역의 계곡은 '훌다갭'이라고 불리며, 만일 동서독 간 전쟁이 발생할 경우 프랑크푸르트를 겨냥하는 소련군의 진격로가 된다고 알려져 있었다.

| 3 | 핵무기폐지운동과 평화운동의 근본적 통일을 위하여

독일에서 이런 경험을 하고, 핵무기폐지운동이라는 것이 실제로 국민적인 운동이 되고, 핵으로 죽을 수 없다는 분위기가 살아난다면, 올바른 주장이 큰 힘으로 탈바꿈할 수 있다는 것을 눈으로 목격하였습니다.

평화운동이라는 것은 전쟁반대운동이지만 오히려 평화의 의미랄까 평화의 철학이랄까, 이런 것을 평소에 공부하는 운동이 배경에 있어야만 대중들이 평화문제를 제기할 때 서명운동을 하거나 다양한 형태로 표현을 할 수 있게 됩니다. 다만 독일에서는 이 운동이 종교적인 배경과 상당히 깊은 연관성이 있었습니다. '살인하지 말라'는 계명과 같은 것이 작용해서 근본적으로 일본과 같은 평화운동, 즉 핵무기 자체를 폐지하는 운동으로까지 발전하지는 않았습니다. 전연 다른 상황인 것입니다.

◆ 당시 서독의 핵무기를 둘러싼 배경과 일본의 운동

1980년대, 동서냉전중이던 유럽은 중거리핵미사일이 동서 양 진영에 배치되어 있었다. 당시 유럽, 특히 동서로 분단된 독일은 핵전쟁의 전쟁터가 될 위험성이 높았다. 그런 배경으로 서독에서는 핵무기폐지운동이 확산되었다. 히다 선생의 독일방문체험에서 서술한 상황 그대로이다. 그러나 이 운동은 전쟁일반을 거부하는 것이 아니라, '이곳에서 핵전쟁을 하지 말라'는 의미에서의 반핵운동이었다. 동서냉전이 소멸된 이후 유럽의 반핵운동이 퇴조한 요인은 여기 있다고 말할 수 있다.

한편 일본의 반핵운동은 히로시마, 나가사키, 비키니 환초의 피해를 배경으로 핵전쟁억지, 핵실험반대, 핵무기폐지를 슬로건으로 한다. 이런 의미에서 독일의 운동보다 활동범위가 넓다.

또한 일본에서는 헌법9조[78] 수호를 목표로 하는 평화운동도 끈기있게 투쟁해오고 있다. 헌법9조를 내건 평화운동은 전쟁이나 무력사용에 반대하고, 군대병력도 교전권도 인정하지 않는다는 철저한 평화사상이 배경이다. 이러한 사상은 핵전쟁만이 아니라, 전쟁일반을 부정하고, 핵무기만이 아니라 군사시설 일반을 부정하는 것이다. 그렇다면 헌법수호 사상은 논리적으로 반핵사상을 내포하고 있는 것이고, 헌법수호운동과 반핵

····

78. 일본의 헌법9조는 일본헌법 3대원칙의 하나인 평화주의를 규정하고 있으며, 이 조문만으로 헌법의 제2장(제목: 전쟁의 포기)을 구성한다. 제1항은 전쟁의 포기, 제2항은 전투력의 미보유가 기술되어 있으며, 제2항 후단에 교전권의 부정과 함께 3개의 규범적 요소로 구성되어 있다. 조문은 다음과 같다. 1. 일본국민은 정의와 질서를 기조로 국제평화를 성실하게 추구하며, 국권을 발동하는 전쟁과, 국제분쟁을 해결하는 수단으로서 무력위협 또는 무력행사는 영구히 포기한다. 2. 전항의 목적을 달성하기 위하여 육해공군 기타 전투력은 보유하지 않는다. 국가의 교전권은 인정하지 않는다.

운동은 같은 의미를 갖고 있다고 해야 할 것이다. 이러한 관점은 '대(大)는 소(小)를 포함한다'는 의미에서 잘못된 것이 아니며, 헌법수호운동의 보편성이 소멸하는 것도 아니다.

다만 이러한 발상은 반핵운동이 갖고 있는 개별성, 특수성을 과소평가해버릴 수도 있고, 결과적으로 반핵운동에 대한 불충분한 이해요인으로 작용할 수 있다. 예를 들면 자위(自衛)를 위한 전쟁이나 무력의 행사, 이를 위해 필요한 물리력의 보유는 불가피하다고 생각하면서 핵무기사용이나 위협은 인정하지 않는 사상이나 정책이 있을 수 있는 것이다. 이런 식의 사상이나 정책을 틀렸다고 배제하는 것은 반핵운동에 결코 도움은 안 될 것이다.

이처럼 헌법수호운동과 반핵운동의 괴리는 이론적으로도 현실적으로도 존재한다. 헌법수호운동이 반핵운동을 모두 담보하는 것이 아니며, 반핵운동에는 헌법수호운동과는 다른 별개의 접근이 있는 것이다.

그러나 이런 견해가 결코 반핵운동과 헌법수호운동이 대립하는 것을 의미하지 않는다. 반핵운동의 배경에는 핵무기가 갖는 비인도성에 대한 거부가 있다. 헌법수호운동의 배경도 전쟁이 갖는 비인도성에 대한 거부이다. 그것은 공포와 결핍이 사라진 평화 속에서 살기 위해, 또다시 정부가 전쟁의 참상을 초래하는 행위를 인정할 수 없다는 사상이다.

그런데 여기서 핵무기의존세력의 논리를 다시 한 번 확인할 필요가 있다. 그들은 자국의 안전을 위해 핵무기가 갖는 절대적 폭력성에 의존하고 있다. 대항불가능한 파괴력으로 자국의 정치적 의도를 관철하려 한다.

군사력으로 분쟁을 해결하려 한다면, 핵무기에 의존하려는 충동은 결코 해소할 수 없을 것이다. 핵무기에 대항할 수 있는 무기는 없기 때문이다. 그리고 핵전쟁이 발발한다면, 국경 등은 완전히 무의미한 것에 불과하다.

이리하여 반핵운동은 자국주변에서 핵전쟁에 반대할 뿐만 아니라 군사력에 의한 분쟁해결을 방지하고 군사력 일반을 폐기하지 않는 한 목적달성이 어려울 뿐이다. 반핵운동은 철저한 비군사적 평화사상을 배우고 일본국 헌법9조의 보편화를 전망해야만 한다.

한편 헌법수호운동은 반핵운동이 갖는 개별성, 특수성에 주목하고 핵무기폐지의 현재적 의미를 재확인할 수 있어야 한다. 전쟁과 군사력의 폐지에 앞서 핵무기의 폐지, 핵무기 사용금지 등을 요구하는 것은, 인류사회의 존속과 발전을 바라는 과정에서 필요한 것이다. 구체적으로는 핵무기폐지조약[79]의 실현, 동북아시아 비핵무기지대조약[80]의 제정, 비핵3원칙의 법률화[81] 등에 참여하는 것이다. 자위대를 '국방군'으로 해외에서 무력사용을 행사할 수 있도록 노리고 있는 개헌세력은 핵무기보유를 주장하는 세력과 중첩되고 있다. 그들은 일본의 정치권력을 장악하려는 음모를 갖고 있다. 지금이야말로, 반핵운동과 헌법수호운동의 유기적 결합을 요구한다고 하겠다.(오쿠보; 大久保)

••••

79. 서문 각주 7을 참조.
80. 각주 84를 참조.
81. 각주 85를 참조.

| 4 | 독일 원로활동가, 에른스트 슈타인에게 배운 '인간의 존엄'

또 하나 어떤 집회에서 독일의 원로활동가인 에른스트 슈타인[82]이라는 사람의 '아우슈비츠와 원폭이 인류 최대의 인권침해'라는 말에 귀가 번쩍 뜨였습니다.

"히틀러는 유대인을 말살하려는, 세계에서 유대인을 없애버리려는 정책을 채택했습니다. 즉 인류라는 무리 중에 유대인을 인간으로 인정하지 않고 배제하려 한, 세계에서 처음 나온 극단적 인권침해였습니다" 라고 말하였습니다. "동시에 히로시마, 나가사키에서 원폭을 사용한 것은 전쟁의 직접적인 전투원이 아닌 사람, 비전투원인 여성과 노인, 아동이 거주하고 있는 지역을 특정해서, 게다가 그 사람들이 가장 많이 밖에 나가 있는 시간을 정확히 확인하고 처음 만든 원폭을 투하했던 것입니다. 이것은 아무리 생각해도 인간의 생존 자체를 머리에서 부정한 사고일 수밖에 없습니다. 그런 의미에서 제2차 세계대전이라는 것은 전쟁의 질을 확실하게 변화시켰습니다. 대표적인 것이 히틀러라면 또 하나는 미국의 원폭이라 할 수 있습니다. 전쟁이 변질해버린 가장 앞선 사례로 봐야만 할 것입니다." 이렇게 말했습니다. 집회에는 학생이 많았는데 학생에게 철학 선생이 마지막 결론에 해당하는 말을 했던 것입니다.

저는 이분의 이야기를 듣고 숙연해졌습니다. 이런 생각을 전혀 하지 못했기 때문입니다. 인권이라는 것을 그렇게 눈앞에서 명확하게 제시

••••

82. 에른스트 슈타인에 대한 보다 자세한 정보는 현재로선 구할 수가 없다. 저자 자신도 기록된 내용 외에는 알지 못한다고 증언하였다.

한 것은 아마도 이분이 처음이었습니다. 지금은 평화적 생존권이라든가 다양한 말을 만들어서 인간의 생명, 살아있는 것이 소중하다는 이론이 있지만, 이분으로부터 이런 말을 들었을 때에는 정말 숙연해졌습니다. 도대체 나는 의사로서 지금까지 살아오면서 이런 것을 왜 몰랐을까 생각했습니다.

| 5 | 독일인에게 배운 생명의 소중함, 인권을 기본으로

2011년 5월 30일, 독일은 2022년까지 국내의 모든 원자력발전소를 중단한다고 발표하면서 탈원전에 착수하였습니다. 저는 독일의 의학계 사람들도 잘 알고 있어서 항상 함께 다양한 주제를 이야기해왔기에 잘 알고 있는데, 독일인들은 히틀러와의 투쟁을 경험하고 반성하는 가운데, 인권문제라는 것을 생각의 가장 중심에 두고 있습니다. 따라서 독일인들은 일본인보다 인권문제에 대한 기본적인 토대를 잘 갖추고 있습니다. 차이가 있는 것이지요. 일본에서 내부피폭을 아무리 말을 해도 알려고 하지 않는 것은 인권의식이 전혀 없기 때문입니다. 생명의 소중함과, 그것이 부당하게 대우받는 것에 대한 분노가 전혀 없는 것입니다. 따라서 독일식으로 담백하게 국가가 화끈하게 결정하고 모두가 찬성하는 식의 과정은 나타나지 않습니다. 대체로 일본의 권력이나 원전승인파는 그러한 일본인의 기질을 이용하는 것이겠지요. 사람 사이 연줄이랄까 인맥이랄까, '피차 좋은 게 좋은 것이다'는 식의 문화가 있는 것이죠. 오랜 기간 일본인을 지배해온 계층은 인권의식이 없는 것에 도움을 받아왔고, 여러 일들을 가능하게 해온 것입니다. 따라서 저는 시급하게 일본인에게 인권의식을 가르쳐야 한다는 입장보다는, 갖고 있는 것을 끄집어내는 것이 중요하다고 생각합니다.

제가 지금, 여러 곳에 강연을 하러 다니면서 도대체 왜 나를 자주 부르는 것일까 생각해보면, 대부분의 사람들이 스스로 자신에 대해 사회 속에서 필요한 역할도 없고, 가장 최저수준을 살아왔기 때문에 스스로 최저수준의 인간이라고 생각합니다. 그러나 모든 사람이 신문에 나오는 것은 결코 아닙니다. 텔레비전에 이름도 나오지 않고 거론조차 될 수 없는 사람이라고 생각하면서, 자신의 생명도 별로 중요하지 않고 자신의 생명에 대해 생각하지도 않습니다. 예를 들어보면, 어딘가 몸 상태가 나빠지면 의사에게 갑니다. 자, 의사에게 가면 질병이 완전하게 치료돼서 행복해질 것이라고 모든 분이 확신을 하는가, 아니면 그렇게까지 생각 않는다고 해도 의사에게 갈 수밖에 달리 방도가 없다고 생각합니다.

그전에 건강이 나빠진 것은 어떤 이유에서인가, 원인에 대해 스스로 생각해봐야 합니다. 과로했는가, 과식했는가, 과음했는가, 그런 초보적인 사항들을 생각해보는 것입니다. 잘 생각해보면 지금까지 자신의 생명을 건강하게 유지할 수 있도록 노력하지 않았거나, 오히려 건강을 해치는 일에 열중한 것이 아닌가. 따라서 조금 더 자신의 생명에 대해 주인이 되려는, 자신의 생명을 좀 더 생각해야 한다는 말이 되겠습니다. 의사에게 사정하고 부탁해봐도 잘 낫지 않으면, 의사에게 욕을 하면서 약과 의사에게 의지해봐도 인간의 생명은 지킬 수 없다고 말하곤 합니다. 이런 사람에게 자신의 생명은 스스로 지키지 않으면 방법이 없다고 말을 하면 의외로, 자신이 지금까지 살아오면서 생명을 너무 가볍게 생각했다고 구체적인 사례를 떠올리기도 합니다. 예를 들면 자신이 믿고 있는 사장으로부터 1주간 잔업해달라는 부탁을 받으면, 바쁘기 때문에 좋지 않아도, 괴로워도 아주 담백하게 좋습니다 하고 들어줍니다. 그렇게 인정해서 한 주간을 어느 정도 자신의 신체가 감당을 한다 해도, 세월이 흘러 자신의 신체에 어떤 영향을 주게 될 것인가 거기까지는 생각하지 않는 것입니다. 그런 식으로 생각해봤자, 원래 힘든 세상에서 버텨나갈 힘이 생기는 것은 아니라고 말을 합니다. 아예 어떤 유명한 의사에게 의지해서 수술이 필요하다고 권유를 받아, '네' 하고 수술을 하면 완전하게 치료될 수 있는 것인가? 그런 것은 없습니다.

나는 인권을 자각해야 한다는 의미에서 이런 얘기를 하고 있는 것입니다. 어머니들이 제 이야기를 들을 때 아이들을 염두에 두고 열심히 듣습니다. 동시에 남편도 생각합니다. 마치 어머니들이 모두의 건강을 어떻게 지킬까 생각하고 있는 것 같지만, 이럴 때 저는 오히려 어머니들 자신의 생명에 대한 반성을 우선하라고 이야기하는 겁니다. 이런 점들이 통하면 뒷얘기가 훨씬 쉬워집니다.

일본인들의 경우는 역시 자기 생명이라는 문제를 통해서 인권에 대해 이론적으로가 아니라 몸으로 느낄 필요가 있습니다. 스스로 지금까지 자신을 등한시해왔다는 것을 말하면 대부분 사람들이 알아듣습니다. 그런 상태에서 인권문제를 이야기하면 의외로 '쿵' 하는 충격과 함께 확실하게 알아듣습니다. 학교에서 듣거나 교육위원회가 주관하는 인권주간 같은 곳에서 어떤 말을 들어도 '쿵' 하고 와 닿지는 않습니다. '타인의 말'에 불과하기 때문입니다.

결국 독일 사람과 같이 인권을 기본으로 생각하기 위해서는, 일본인의 경우는 건강을 최우선적인 문제로 삼는 인권문제가 무엇을 하더라도 중요할 것이라고 저는 생각하고 있습니다.

◆ 히다 선생의 인도주의와 인권

히다 선생의 말씀을 듣고 있으면, 방사선피해를 고려할 때 내부피폭에 대해 잊지 말자는 점을 잘 이해할 수 있다. 그것은 히다 선생의 1945년 8월 6일 이후의 실세체험에 근거하고 있다. 폭탄이 터지던 순간에 없었던 사람도 똑같이 죽어간다. 게다가 그 모습이 너무나 비참하다. 무차별적인 잔혹한 죽음을 앞에 두고, 한 사람의 의사로서 무력감을 느끼는 것은 상상하기 어렵지 않다. 하지만 증상을 초래하는 원인이 내부피폭 때문이라는 점에 도달했을 때, 히다 선생의 감각은 우리 이해를 넘어서는 것이다. 히다 선생의 주장은 책상머리에서 만든 이론도 실험실에서의 결론도 아닌, 진실로 현실과의 갈등 속에서 당도한 것이다.

히다 선생을 행동에 나서게 한 것은 인간을 이런 식의 죽음으로 몰고 간 핵무기에 대한 분노였다고 생각한다. 인도적 감각으로 이야기해도 좋을 것이다. 그런 히다 선생이 '아우슈비츠와 원폭이 인류최대의 인권침해이다'고 주장하는 말에 깜짝 놀랐다고 말하고 있다. 히다 선생은 인도적인 동기에서 행동하고 있었지만, 인권이라는 말과의 결합점은 자각하지 못했던 것이다. 그러나 단지 자각이 없었다는 것일 뿐이고, 내가 볼 때 히다 선생이 인도주의와 인권감각을 갖고 행동했다는 것은 분명하다.

반면 핵무기를 고집하는 세력은 인도주의나 인권에 전부 무관심하다. 인간에게 가장 소중한 것이 각 개인의 생명과 삶이라는 점을 인정하지 않기 때문이다. '인도'(人道)라는 것은 생명과 삶의 소중함을 직감적인 말로 표현한 것이고, '인권'이라는 것은 생명과 삶의 소중함을 규범의 세계로 끌어들인 경우에 나타나는 표현이다. 무차별 내지 잔혹하게 사람을 살육하는 핵무기의 비인도성도 범죄성도 인정하려 하지 않는 세력이 존재하는 것은, 인류에게 최대의 불행이다.

일본정부는 유엔총회에 제출된「핵군축의 인도적 측면에 대한 공동성명」에 찬성하지 않고 있다.* 일본은 미국의 핵무기로 안전이 지켜지기 때문이라는 이유를 제시하고 있다. 이것은 국제인도법[83]의 기본을 이해하지 못한 태도이다. 국제인도법은 전쟁상태에서도 채택할 수 없는 수단을 규정하고 있다. '연애와 전쟁은 수단방법을 가리지 않는다'는 야만성에서의 탈피를 의도하고 있다. 예를 들면 민간인이나 민간시설에 대한 무차별 공격금지나 병사에 대한 불필요한 고통을 주는 무기사용금지 등이다. 바꿔 말해 국제인도법은 설령 자위(自衛)를 위한 전투행위라고 해도, 사용해서는 안 되는 무기를 정해놓고 있다. 핵무기보유국가나 핵무기의존국가는 이러한 규범을 무시하려 한다.

나는 히다 선생의 주장 근본에는 핵무기의 비인도성에 대한 고발이 있다고 받아들인다.

※ 핵군축의 인도적 측면에 대한 공동성명

2012년 10월 22일, 유엔총회 제1위원회에서 호주, 스위스, 노르웨이 등 35개 국이 "핵무기 사용으로 인한 파국적 인도적 결과는 여러 국가의 공동체 전체에 영향을 미친다. 유엔총회는 이 문제를 포괄적인 방법으로 대처하는 중요한 역할을 담당하고 있다"는 공동성명을 제안하였다. 일본 정부는 성명에 찬성하지 않았다.

••••

83. 국제인도법에 대한 보다 상세한 내용은 아래 홈페이지를 참조. http://www.redcross.or.kr/ihl/

제7장

핵무기폐지와 내부피폭 문제를
계속해서 주장하는 의미

| 1 | 일본과 일본인이야말로 핵무기폐지와 내부피폭 문제를
　　　주장해야만 한다

오쿠보 ‥ 2011년 3월의 후쿠시마 제1원전사고 이후, 방사선피해에
대한 보도가 대대적으로 있었습니다. 그러나 '원전재가동'의 문제가 대
두되었을 때는 경제효율의 이야기로 점점 변질되어 방사선피해에 대한
내용이 애매하게 되어버렸다고 생각합니다.

또한 원전과 핵무기의 연관성에 대해 언급하는 내용이 적고, 원전재
가동에 대해서도 안전성의 문제와 필요성의 문제가 혼재되어 있다고
생각합니다. 방사선이 인체에 미치는 영향을 올바르게 이해하지 못한
것 아니겠습니까?

히다 선생님께서 주장하시는 내용의 근본토대에 있는 것은 핵무기라든가 원전이라든가, 방사선이 인체에 어떤 영향을 미칠 것인가, 인간사회에 무엇을 초래할 것인가, 이런 점을 확실하게 밝혀둬야 하는 것이지만, 바로 그 점이 경시되는 것 아닙니까?

예를 들면, 언론은 매년 8월 6일이나 9일에 원폭문제를 시의적으로 보도하고 있습니다만, 핵무기폐지, 동북아시아 비핵무기지대조약,[84] 비핵법 제정[85] 등 어느 것에 대해서도 체계적으로 다루고 있지 않습니다. 왜냐하면 핵무기가 왜 필요 없는지 논의해오지 않았기 때문입니다.

이런 행태에는 일본정부의 핵정책이 영향을 주고 있다고 생각합니다. 일본정부는 핵무기사용이나 위협이 국제법의 정신에는 맞지 않지만, 국제법위반은 아니라고 주장합니다. 오히려 미국의 핵무기에 의존해서 일본의 안전을 확보한다고 주장합니다. 또 원자력의 '평화이용'을 추진해왔습니다. 핵에너지에 국가의 안전을 위탁해서 핵무기와 함께 원자력발전을 추진하겠다는 정책입니다.

• • • •

84. draft Northeast Asia Nuclear—Weapons—Free Zone Treaty
동북아시아비핵무기지대조약은 동북아시아 3개국의 비핵화를 규정한 비핵지대조약안이다. 2008년 8월 일본의 민주당 핵군축촉진의원연맹이 처음 공식적으로 제안했지만, 그 이전 2007년부터 2012년도에 이르기까지 나가사키(長崎) 시가 일본정부에 추진을 요구했던 구상으로서, 「나가사키 평화선언」에서 제안되었다. 2012년 5월 현재 기초단계인 상태로 미조인 혹은 미발효 상태이며, 같은 해 5월18일 초당파국회의원에 모인 「핵군축·비확산의원맹·일본」이 별도조약안을 골자로 확정한 것을 결정한 단계에 있다. 한국, 북한, 일본 3개국(지역 내 국가)에서 일본의 비핵3원칙을 모델로 비핵무기지대조약을 체결하고 중국, 러시아, 미국 등의 주변3개국(인근 핵무기국)이 지역 내 국가 3개국에 대한 핵공격을 하지 않는 '소극적인 안전'을 보장하는 의정서에 참가하는 방식(3+3)으로 동북아시아에 비핵무기지대를 창설하자는 구상이다.

85. 일본은 비핵3원칙을 정책방침으로 수립하고 있다. 비핵3원칙은 핵무기를 제조, 보유, 반입하지 않는다는 것이다. 그러나 비핵3원칙은 정치선언에 불과하여 확실하게 비핵 정책을 추진할 수 있도록 시민단체나 일본변호사연합회 등이 법제화된 '비핵법'을 요구하고 있다. '비핵법'은 비핵3원칙을 준수하고, 일본국민의 평화와 안전보장을 목적으로 하면서, 핵무기의 일본 내 반입을 금지하는 총리의 의무사항과 비핵감시위원회의 설치, 공익제보자의 보호 등에 대한 내용으로 구성되어 있다.

이러한 국가정책에 대하여 피폭자나 반핵평화운동을 하는 사람들도 '핵무기에는 반대하지만 평화이용은 인정할 수 있다'는 자세를 갖고 있었습니다. 그것이 이번의 원전사고로 '아무래도 이런 식으로 가는 것은 잘못이다'는 분위기가 형성된 것이죠.

이런 의미에서 히다 선생이 지속적으로 말씀하신 방사선 내부피폭에 대한 위험성을 우리들이 공유하지 않았다고 생각합니다. 결국, 방사선의 위험성이 원전사고로 만천하에 드러나자, 이를 지켜본 사람들이 '나는 어쩌면 좋겠습니까?'라는 심각한 질문을 하는 것 아니겠습니까?

이런 질문에 대해 히다 선생이 응답하고 있는 것이지요. 히로시마의 원폭으로 피폭경험을 했고, 그 후 66년 간 피폭자를 돌보고, 지금도 건강하게 활동하고 있는 히다 선생은 진실로 '교주' 같은 존재 같아요.(웃음)

히다 ‥ 일본에서는 미국이 강요한 미소대립이라는 냉전체제가 문화나 교육 등 모든 영역이나 모든 일에 사람들을 옭아매고 있어서, 가장 근원에 놓여있는 방사선의 두려움에 대해 누구도 논의하지 않고 있습니다. 따라서 핵폐기운동은 억지론을 이길 수 없습니다. 핵무기폐지를 위해 서명운동을 해보면, 가장 많은 의견은 이런 것입니다. '저는 사용하는 것은 반대합니다. 그러나 핵전쟁이 아직 일어나지 않는 것도 사실입니다. 따라서 저는 폐지는 아직 찬성할 수 없습니다. 사용 자체는 반대합니다.' 이런 식으로, 어떤 사람이 말을 할 때 '틀렸습니다' 하고 말할 수 있는 사람이 없는 것입니다. 왜 말하지 못하는가? 핵무기는 결코 억지만으로 안 되고, 존재 그 자체가 문제라는 것에 대해 일본인이라면 말을 해야만 합니다. 전 세계에서 핵심적인 역할을 해야 할 가장 중요한 일본인이 내부피폭 사례는 없다는 것으로 입을 틀어 막혀버렸습니다. 그러니 저항도 할 수 없게 된 것이죠.

　오쿠보 ‥ 피폭자의 피해는 계속해서 은폐해 왔습니다. 겉으로 드러나기 시작했을 때에, 그 문제는 그 문제고 평화적 이용을 위해 사용하는 것이라서 괜찮다는 식으로, 정부나 언론이 대대적으로 선전하고 있습니다. 이런 주장에 피폭자를 포함해서 '두 번 다시 피폭자를 만들지 마라, 우리처럼 혼이 나야 핵무기를 폐지하자고 할 것이냐'고 호소해도, 원자력의 평화적 이용이 가능하다면, 피폭자들의 입장에서 봤을 때 자신들과 같은 비극이 발생하지 않는 형태로 가능한 것이라면 그것으로 해법을 찾은 것이라고 생각했던 것 같습니다.

　덧붙여서 또 하나 이야기하고 싶은 것은 미국 등에서 핵무기개발에 참여했던 사람들이 무기로서 사용하는 것만은 아니며, 만일 원자력을 평화에너지로서 사용한다면, 그것은 그것대로 우리도 엄청난 일을 한 것 아닌가라는 식의 말을 할 경우, 대개 선량한 사람들은 원전은 괜찮은 것 아니냐고 생각하게 됩니다. 현재 깨끗한 에너지로 대대적인 선전을 하고 있고, 반면 화력발전소는 이산화탄소를 대량으로 배출하고 수력발전도 구로베 계곡(黒部渓谷)[86]에 댐을 만들 때와 같이 피해자가 발생하게 됩니다. 원전은 그런 피해가 없기에 과학자도 피폭자도 모두 침

‥‥

86.　구로베 계곡은 후지야마 현(富山県) 구로베 시, 구로베 강 중류에서 상류에 있는 협곡(V자계곡)이다. 북알프스라고 불리는 히다 산맥(飛騨山脈) 북부를 다테야마 연봉(立山連峰)과 후다테야마 연봉으로 분단하는 대규모 협곡이다. 일본의 특별천연기념물(천연보호구역) 및 특별명승지로 지정되었다. 중부산악국립공원에 포함되어 있다. 키요츠 계곡(清津渓谷)과 오오스기 계곡(大杉谷)과 함께 일본의 3대계곡, 일본의 비경백선의 하나로 거론된다. 구로베 댐은 러일전쟁 이후부터 계획하여 건설되기 시작한 것으로 후지야마 시 구로베 강 수계에 건설된 댐이다. 댐에 저장된 물을 이용하는 발전소가 현재 4기 건설되었다. 작업 연인원은 1천만 명을 넘었으며, 공사기간중의 사고 등에 의한 산업재해로 사망한 사람이 171명에 달했다.

묵했던 것입니다. 평화세력도 침묵했습니다. 아주 진보적인 국회의원이 국회에서 예리한 질문을 해봤자, 사회의 대다수는 아무것도 아니라고 지금까지 지내왔습니다.

히다 ·· 앞에서 이야기한 독일 '홀다'의 이야기와는 달리, 핵무기로부터 도망갈 수 없다는 지식이 없습니다. 폭탄이 폭발한다는 생각이 머릿속에는 있으나, 얼마나 큰 폭발인지, 도쿄에서 폭파시키면 오키나와까지[87] 바람이 불어 날아간다는 것은 있을 수 없다고 생각합니다. 그러나 방사선만은 날아가서 도쿄가 전멸할 정도가 되면 오키나와에 있어도 방사선에 피폭될 수 있고, 이것이야말로 질병의 원인이 돼서 고생하는 상황이 발생하는데도, 그런 점을 이해하지 못하고 있습니다. 그런 것은 상상도 할 수 없기 때문입니다. 방사선이 눈에 보이는 것이라면 '그것 봐라, 네 몸도 모두 자주색으로 변하지 않았냐'고 할 겁니다. 그러면 알 수 있을까 모르지만, 보이질 않기 때문이죠.

오쿠보 ·· 가장 단순하고 중요한 점이 지금 일본인의 의식 속에 없다고 생각합니다. 원전의 평화적 이용이라고 말을 하기도 하고, 원전은 안전하다고 이야기하면서도, 모두 어딘가 위험하기는 할 거라고 생각합니다. 그렇지만 원전사고가 발생하면 거리상으로 얼마나 떨어져야 좋은 것인가[88] 의논만 하고 있습니다. 원래 살던 곳으로 돌아가려면 어

••••

87. 도쿄에서 오키나와까지의 거리는 1,800킬로미터로 후쿠시마에서 서울까지의 거리 1,240킬로보다 멀다.

88. 후쿠시마 원전사고가 발생했을 당시에 일본정부는 3월 12일 피난대상 지역을 원전으로부터 10Km 지역에서 20Km로 확대했다. 일본의 원자력위원회는 수소폭발이 다시한번 발생한다면 원전

에서 반경 170Km는 강제이주, 250Km권의 피난을 주요 내용으로 하는 보고서를 작성했다. 4월 11일에는 원전에서 동심원상으로 피난 구역을 설정했던 그때까지의 방식을 바꿔 반경 20Km 바깥쪽을 '계획적 피난구역'과 '긴급시 피난 준비구역'으로 나눠 다시 설정하고, 같은 달 17일에는 힐러리 클린턴 미 국무장관의 방일에 맞춰 원전사고수습 로드맵 공정표가 작성됐다. 3월 16일 미국은 일본에 체류하고 있는 미국인들에게 제1원전에서 80Km 권역 바깥으로 대피하도록 지시했다. 일본정부가 아직 원전에서 20Km 권역 내의 주민에게만 피난 지시를 내린 상황에서 미국은 그것보다 훨씬 더 광범위한 지역에 체류 중인 자국민들 피난을 재촉한 것이다.(이상 『멜트다운』, 오시카 야스이키 지음. 한승동 옮김, 양철북, 2013년 출간본의 여러 페이지에서 인용 정리) 한국정부는 미국정부의 기준을 따라 후쿠시마 반경 80Km 이내의 한국인들에게 귀국을 권고했다. 영국, 프랑스 등은 아예 '일본 내'의 자국민들에게 탈출을 권고하였으며, 이들을 돕기 위한 비행기도 마련하였다. 대체로 원전사고 발생 시 긴급피난지역 범위는 30Km가 아니라 사실상 80Km~100Km로 봐야 할 것이다. 일본정부의 20Km는 대단히 우려스러운 것이다. 체르노빌 원전사고의 경우 사고 발생후 4일째인 4월 30일 이후에는 사고 지역 주변 30Km 이내의 주민들에 대한 대피 작업을 진행했다. 그러나 반드시 30Km 이내의 지역만 대피가 진행된 것이 아니라 30Km 외부 지역에 대해서도 방사선 측정량이 높을 경우 대피가 시행되었다. 주민의 피난 작업은 5월 7일에 완료되었다. 5월 14일부터 8월 16일까지의 기간 동안에는 30Km 이상 떨어진 지역 중 방사선 조사량이 시간당 5~20mR에 이른 지역에서 주민 2,800명이 소개되었다. 오염된 지역으로부터의 소개 작업이 완료된 시점은 1986년 9월이었으며, 이 기간 동안 75개의 마을에서 총 91,406명의 주민이 다른 곳으로 이주되었다.

벨라루스 지역에서의 이주 작업은 5월 2일부터 시작되었으며, 우크라이나와 비슷하게 3단계 작업으로 이루어졌다. 발전소로부터 30Km 이내로 떨어진 지역과, 그 외부 지역 중 시간당 5~20mR의 방사선이 조사된 지역의 108개 마을에서 총 24,725명의 주민이 마을을 떠나야 했다. 이들 주민들의 이주 작업은 1986년 9월까지 계속되었다. 러시아 지역에 속한 4개 마을 186명의 주민에 대해서도 역시 주민 이주 작업이 있었다. 이들 지역에서 소개된 주민은 모두 11만 6천여 명에 달하며, 이들은 187개 마을에 나누어서 살고 있었다. 주민과 함께, 그 지역에서 사육되고 있던 6만 마리의 가축들도 함께 소개되었다. 이러한 결과 '방사선 관리구역'으로 지정해야 될 정도로 오염된 지역의 면적이 14만 5천제곱킬로미터에 달했다. 그러나 오염이 심한(1제곱킬로미터당 15퀴리이상)지역으로부터 40만명이 피난했을 뿐, 나머지 500만명이 넘는 사람들이(어린이를 포함해서)아직까지도 오염지역에서 살아가고 있다.(이상 『은폐된 원자력 핵의 진실』, 고이데 히로아키 지음. 김원식 고노다이스케 옮김, 녹색평론사에서 인용)

한편 긴급피난지역과는 달리 사고로 인한 피해가능지역이라는 관점에서 보면, 지역범위는 거의 무한대로 확장한다. 예를 들어 1986년 체르노빌 원전사고가 발생했을 때, 일본정부는 "1천킬로미터 떨어진 스웨덴에서도 평상시의 100배가 넘는 방사능이 검출됐다."고 주장 하면서, 8천킬로 떨어진 일본의 특히 초등학생들에 대한 피해를 거론하였으며, 일본의 언론들도 체르노빌의 방사능이 일본을 더럽히기 시작했다고 일제히 보도하였다. (한국과 일본의 거리는 약 1천킬로 미터이다.) 김익중은 그의 저서 『한국탈핵』에서 미국국립과학원회보를 인용하면서 후쿠시마로부터 반경 350Km까지 고농도로 오염되었으며, 이것은 일본 국토의 70%에 해당한다고 주장한다.(이상 『한국탈핵』, 김익중 저, 한티재, 2014년, 39쪽 참조) 방사능이 확산되는 것은 바람, 해류 등 복합적이지만, 지구상의 바람이나 해류가 순환하기 때문에 피해지역을 구분하는 것은 사실 무의미한 일이다. 특히나 사고로 인해서 대량의 방사능이 방출되는 경우에는 방사성 물질의 반감기를 고려하면 사실상 대책이 없다. 이미 신자유주의로 지구경제가 통합되어 있다는 점을 감안할 때 우리나라처럼 식량자급률이 현저

찌해야 좋은가라는 말도 중요하지만, 좀더 정확하게 방사선이 어떤 영향을 끼치는 것인가 논의하지 않으면 본질적인 부분이 점차 희박해질 것으로 생각합니다.

| 2 | '경영의 안전'이 아니라 '생명의 안전'을

히다 ·· 어제도 어떤 보육원에서 이야기했는데, 80명 정도 모여 있었습니다. 원전문제를 이야기했습니다. 이번에 후쿠시마 원전이 사고를 일으켜서 방사선이 누출되었습니다. 전력회사는 '지진과 쓰나미 때문에 일어난 것이라서 불가항력이었다, 천재지변만 없다면 걱정

연기를 내뿜고 있는 후쿠시마 제1원전

••••

하게 낮은 국가는 식료품을 수입할 수밖에 없고, 수입된 식료품을 전수 조사하여 방사능을 예방할 수 있는 방법은 불가능하다. 그러나 방사능 오염으로 인한 질병에 대해 IAEA(국제원자력기구)는 체르노빌 원전사고에서 단 한건만을 건강피해로 인정했다. 바로 아이들의 갑상선암이다. 나중에는 이마저도 인정하지 않았다. IAEA가 원자력추진 기관이기 때문에 원전의 영향을 가능한 한 축소하려고 해도 어쩔 수없이 인정할 수밖에 없었던 것이 아동의 갑상선암인 것이다. 체르노빌 사고 후에 아동의 갑상선암은 주로 5년째부터 급격하게 증가하였다. 연간 4건~7건에 불과하였던 아동의 갑상선암은 1990년부터 증가하여 91년 55건, 92년에는 69건이 발생했다.(이상 『민의련의료』, 2013년 3월호 스게노야아키라(菅uc0슈 昭)의 글 참조) 또한 대개 원전은 사고가 발생했을 때 피해지역이 반경 어느 정도인가 초점을 두지만, 실제 원전은 사고가 아니라 평상시 가동 중에도 위험하다. 일단 본서의 내용 중에 히다슌타로 선생이 거론하는 미국의 통계학자 J.M Gould의 연구에서 드러나듯이 미국의 전역에서 원전 반경 100마일(약 160Km)이내의 지역에서 유방암 발생이 증가한 것은 원전의 '사고'가 아니라 '평상시 운영'에서 발생한 것이다. 우리나라에서도 정부의 조사연구에서 원전 주변5Km 이내에 사는 여성들에게 갑상선암이 대조군에 비해 2.5배 많이 발생했다는 점, 여성에서는 유방암이 50% 증가한다는 점을 확인할 수 있다.(자세한 내용은 『탈핵학교』라는 책의 '주영수의 글 44쪽~45쪽과 김익중의 『한국탈핵』 154쪽을 참조.)

없다'고 선전하고 있습니다. 이런 주장은 어디가 틀린 것인가요? 원전이라는 것은, 가령 전력회사가 오늘부터 운전을 하겠다고 발표하면서 전기를 생산하기 시작합니다. 당연히 고장도 아무것도 없는 정상적인 상태가 유지되고 있어도, 반드시 전기를 생산하려면 동시에 주변 지역에는 방사선이 유출될 수밖에 없는 구조인 것입니다.

어떤 지역에서건 원전을 견학해본 경험이 있는 사람은 손을 들어달라고 하자 두 명이 손을 들었습니다. 어느 원전이었는지는 이야기하지 않았지만, 원전이라는 것은 높은 곳에 올라가서 보면 많은 건물이 있습니다. 저 건물이 전기를 생산하고 있는 곳이지만 그 외에 다른 건물들도 아주 많습니다. 잘 보면 전부 관으로 연결되어 있습니다. 따라서 독립된 하나의 건물이 단독으로 서 있고, 원자로가 있는 것이 아니라 한 곳을 중심으로 전부 관으로 연결된 것입니다. 관 안으로 무엇이 흐르고 있느냐, 굉장히 뜨거운 물과 그 속에서 지금 막 발생한 용해된 방사성 물질이 흐르고 있습니다. 그렇지만 세계에서 현재 어떤 금속도, 이런 고열과 농도 짙은 방사선을 견딜 수 있는 금속은 어디에도 없습니다. 전력회사는 전기를 생산하는 원자로가 절대 누출되지 않도록 15센티나 20센티의 콘크리트 벽으로 둘러쌌고 또 다른 여러 조치를 해서 절대로 새지 않는다고 말합니다. 이 말 자체가 거짓은 아닙니다.

그러나 건물과 건물을 연결하고 있는 관은 3개월, 6개월 가동하면 관 속 열과 방사선으로 인해 부식되고 틈이 생기게 돼 이때부터 방사선이 스며나옵니다. 이는 막을 수 없습니다. 완전하게 막으려면 그 관을, 안쪽은 놔둔다고 해도 바깥쪽만은 아주 두껍게 해버리면 가능할지 모르겠습니다만, 그런 설비투자를 한다면 전기요금이 오를 수밖에 없습니다. 만일 수력전기나 화력전기보다 비싸진다면 판매할 수 없게 됩니다. 그러니 아주 빠듯한 비용으로 감내해야 합니다. 이런 비용한계로 인한 유출을 세계 각국에서 논의를 해 '안전허용량'이라는 명분하에 국제적으로 인정하고 있습니다.

'안전허용량'이란 방사성물질이 나오는 것을 인정한다는 것입니다. 안전이라는 것은 무엇을 위한 안전인가요? 인간의 생명에 대한 안전이 아니라, 그 이상 설비투자를 하면 경영이 불가능하다는 의미에서 경영의 안전입니다. 이렇게 이야기를 하면 모든 사람이 와하고 웃으면서 처음 알았다고 이야기합니다. 방사성물질이 나오고 있고, 나쁜 것이기 때문에 주변지역 사람들은 다른 지역에서라면 걸리지 않았을 유방암에 많이 걸려 죽었습니다. 그래서 처음으로 방사선이라는 것은 안 되겠구나 하는 점을 조금 알게 되었습니다.

[좀더 많은 사람이 내부피폭에 대한 이야기를 했다면 아마도 사태는 변해갔을 것으로 생각합니다. 따라서 지금이야말로 핵무기폐지 운동을 하고 있는 사람들이나 원전을 중단시키기 위해 운동하고 있는 사람들도 인권이나 생명의 문제가 얼마나 소중한지, 두 운동의 뿌리는 같다는 점을 이해하고 말씀해주셔야 합니다. 후쿠시마의 상황은 점점 심각한 방향으로 진행하고 있습니다. 이런 상황을 중단시키기 위해서도 지금 이렇게 이야기할 수밖에 없습니다.][89]

••••

89. [ ] 내용에 대한 제1판 1쇄의 서술은 다음과 같다.
  [조금 더 시간이 걸려서 많은 사람들이 저처럼, 제가 했던 이야기를 여기저기서 할 수 있게 되면, 지금보다 좀 더 속도를 내서 변해갈 것이라고 생각은 합니다만, 가장 어려운 점은 핵무기폐지운동을 하고 있는 겐쓰이쿄(原水協) 등 지방의 활동가입니다. 몇 십 년 동안 활동해온 베테랑들이 있습니다. 그 사람들이 제 이야기를 들으려 하지 않습니다. 듣긴 들어도 아마 알 수 없을 것이라고 생각합니다. 그들의 머릿속에 있는 것은 두 세력의 갈등문제, 국제정세, 배치된 핵무기의 수 그런 것밖에 없습니다.]

오쿠보 ‥ 예를 들면 핵억지론이라고 해도, 1963년 쿠바 위기* 때 당시 케네디 미대통령이 왜 핵무기를 사용하려 했던가, 요컨대 공산주의와 대항하기 위한 정치적 의도였다고 말합니다. 공산주의가 세계를 전복하려 한다면, 그것은 세계의 멸망을 선택하는 것이라는 완강한 반공주의인 것입니다. 그렇다면 반공주의라는 것은 무엇인가, 아무튼 어딘가에서 반공주의의 핵심을 말해야만 한다고 생각합니다.

물론 소련도 중국도 핵무기를 갖고 있기 때문에, 핵무기를 갖지 말자는 주의, 주장에 대해선 별도로 하더라도 정치적인 대립 속에서 핵무기를 사용하는 것이 전제되어 있습니다. 정치적 대립이라는 것은 어떻게 발생하는가를 생각해본다면 우선 제2차 세계대전 하에 히틀러의 나치 독일의 관계에서 핵무기를 연합국 쪽이 먼저 갖게 되었다는 전략입니다. 일본에서는 갖고 있지 않았습니다. 혹은 사회주의에서도 갖고 있지 않았습니다. 요컨대 정치적인 도구로서 핵무기를 사용한 곳에서 핵연구가 진행되어왔고, 그것이 일그러진 형태로 드러났습니다. 그리고 정치의 연장으로서 전쟁중에 핵무기가 사용된 경우에 얼마나 비참한 결과를 초래할 것인가에 대해서는 우리는 히로시마 나가사키를 통해 알고 있는 것입니다.

전쟁 시에 사용하지 않는다, 그렇다면 실험할 때는 어떤가? 혹은 원전은 어떤 것인가? 이것이 지금 의문시되고 있는 것입니다. 미국 스리마일 섬의 원전사고, 구 소련의 체르노빌 원전사고, 그리고 후쿠시마 제1원전 사고가 발생했습니다. 현재 정치도구로서 핵무기를 사용하지 않을 뿐만 아니라 돈벌이의 도구로서, 예를 들면 에너지 정책의 필요성을 위해 원자력에너지를 사용하지 않는 사회를 만들어야 한다는 문제제기를 하고 있다고 생각합니다.

이럴 때 우리가 무엇부터 생각해야 하는지, 핵무기가 비교적 알기 쉽긴 하지만 방사선은 인체에 어떤 영향을 주고 있습니까. 자연방사선이나 의료에서 사용하는 방사선이 같다는 점에서 무서운 것은 아니라고 한편에서 선전하고 있습니다만 다른 편에서는 그렇지 않다고 주장해 대중은 우리를 포함하여 모두 우왕좌왕했습니다. 그때, 이런 것이라고 생생한 사실을 제시합니다. 그리고 대응방안도 제시합니다. 이것을 지금 하고 있고 해야 하는 것입니다.

다만 주의해야만 하는 것은 무기이용과 평화적 이용의 의미는 다르다는 점에 있습니다. 인간이 만든 기술이나 과학에 대해 절대적인 안전은 없지만, 기술이나 과학은 진보해서 반드시 극복할 수 있다는 생각도 할 수 있습니다. 원자력에너지가 아까운 것은 아닌가, 우주에너지를 인간이 입수한 것이다, 이것이 위험하다는 점은 이미 알고 있지만 어떻게든 통제할 수 있는 힘을 반드시 확보할 수 있다고 말하는 사람도 있습니다.

---

* **쿠바 위기**

1962년 10월 14일부터 28일까지 14일에 걸쳐 미국의 정남쪽에 자리 잡은 작은 국가에 불과했던 쿠바를 대상으로 소련의 핵미사일 배치 예정을 둘러싸고, 미소 간 냉전으로 긴장이 팽배해졌다. 최악의 경우 전 세계를 포함하는 제3차 세계대전의 발발을 의미하는 핵전쟁 직전까지 갔던 위기상황도 상정되었지만, 결과적으로는 소련의 미사일 배치중단으로 위기는 피했다.

| 3 | 원폭과 원전은 같은 뿌리

오쿠보 ·· 그래서 방사능이랄지 방사성물질이라는 것은 인간의 생명과 공존할 수 있는가 아닌가 하는 판단을 하고, 좋다 나쁘다 논의를 해야만 하는 시점에 온 것이 아닌가 생각합니다. 이전에 히다 선생이 '같은 뿌리'라고 말씀하셨지만, 그것은 진실로 이런 판단 때문이 아닌가 여쭤보려고 생각하고 있었습니다. 이렇게 이해해도 좋겠습니까?

히다 ·· 그렇습니다. 방사성물질이 원료이고 만일 원료가 없다면 아무것도 할 수 없는 것이죠. 이것은 가능하고 저것은 불가능하다는 것이 아니라, 둘 다 같은 것입니다. 사용 방법에 따라, 핵무기는 직접 사람을 죽이고 원전은 전기를 생산합니다. 원전은 평화적 이용이라고 상대방에서 이름을 붙입니다. 전기를 생산하면서 사람을 죽이고 있는 것이기에 사람을 죽이고 있는 쪽은 은폐하고 말하지 않는 것일 뿐입니다. 실제 그 속에서 일하는 노동자는 적산선량계(필름배지)를 부착하고 일정정도의 적산선량을 넘으면, 당신은 한계에 달했다, 이 이상이면 몸속에서 폐암에 걸리는 것을 알고 있으므로 집으로 돌아가 폐암에 걸리면 알려달라, 하며 돌려보내는 겁니다.
이런 의미에서 말한다면, 냉정하게 모두가 감정을 섞지 않고, 배운다는 자세로 한 주간이나 한 달에 걸쳐 조금씩 천천히 방사선에 대해 공부한다면, 아 이런 것이구나 하면서 반드시 알 수 있는 문제입니다. 귀찮으니까 하지 않습니다. 인간의 머리는 치밀한 노력을 견디기 어렵기에, 몇 시간 정도 하면 지치게 되고, 아 하기 싫다, 지친다, 하는 겁니다.

오쿠보 ·· 핵에너지를 하나는 전쟁이나 정치의 도구로서 사용하는 발상이 있습니다. 또 하나는 원자력발전이라는 핵에너지를 에너지정책으로서 사용하는 측면입니다. 핵무기를 전쟁정책에 사용할 것인가 말 것인가 하는 문제는 진실로 인도적인 문제입니다. 또 하나 핵에너지를 에너지정책을 위해 사용할 것인가 하는 논의에서는, 사용하는 경우 즉 우라늄을 채굴하여 최종 처리할 때까지 어느 만큼의 위험성이 있는지 충분히 계산하지 않은 상태로 다양한 핑계를 대고 우라늄을 사용합니다. 그래도 좋은가 판단을 위해 필요한 전면적인 정보공개와 우리가 판단할 수 있는 능력습득의 기회를 뺏고 있습니다. 그것이 원전신화의 세계에서 당면하고 있는 상태입니다.

그렇다면 신화의 세계를 탈피해가는 우리가 무엇을 생각해야만 하는가, 원자력에너지를 인간 손으로 통제하는 과정에서 어떤 위험이 있는 것인가, 우리의 일상적인 편리성만이 아니라 지구 전체나 인류사회가 향후 어떤 가치기준으로 생각해야 좋은가, 이에 대한 주체적 판단이 필요한 것입니다.

우리에겐 이런 점을 '애매'하게 처리하는 정부밖에 없습니다. 원전을 재가동할 것인가 말 것인가, 현재의 정권이 애매한 수준 정도의 사람들에게 원전재가동을 결정하게 하는 문제는 언론에서도 불만을 표출하지 않고 있습니다. 이런 상황을 우리가 확실하게 알고 있어야만 할 것입니다.

히다 ·· 제가 1973년에, 그때까지 가입하지 않았던 히단쿄(被団協)에 어찌됐든 가입하지 않을 수가 없어 가입을 했는데, 이사회나 총회에서 저를 불러서 나가봤습니다. 모두 피폭자라서, 방사선에 피폭경험이 있기 때문에 폭탄이 터질 때 화상을 입어 켈로이드(Keloid)[90]가 생기고, 흉담이 깨진 사람도 있었습니다. 폭탄이 터지고 1주 정도 후에 거리로 들어가서 이런 저런 일을 하자, 나른해지는 상태가 되고 이상한 병에 걸리게 됩니다. 취직도 할 수 없고 친정에도 갈 수 없어 괴로워하는 사람도 있었습니다. 양쪽에 공통된 것은 폭탄이 터질 때 폭탄 속에 있는 방사선이라는 독이 원인이 된 것이죠. 폭탄을 터뜨리는 것은, 예를 들면 원폭이 아니라 일반적인 폭탄을 가장 큰 놈으로 비행기 100대로 운반해서 100개를 한꺼번에 떨어뜨리면 같은 정도의 파괴력을 일으킬 수는 있습니다. 원폭이 아니더라도 가능하죠. 원폭이 두려운 것은 전쟁이 끝나고서 잊어버릴 만할 때 이상한 질병이 발생하고, 의사에게 가보면 '치료할 수 없다'는 말을 듣게 되기 때문입니다. 이것이 정말 무서운 것이죠. 이런 정도 이야기를 하면 맹렬한 반대의견이 나옵니다. 즉 '일본정부도 방사선이라는 것으로 원폭의 피해를 왜소화시켜 원폭증으로서 인정할 것인가 하지 않을 것인가 이런 식으로만 우리를 취급했다. 히다 선생도 원폭피해를 방사선이라고 말한다. 그러나 어쨌든 폭탄이 터진 것이 가장 중요한 문제 아닌가?'라고 말하는 사람이 대다수입니다. 이래서 어려운 것이죠.

오쿠보 ·· 원폭증 인정재판에서 논의하고 있는 것은 '피폭자구호법'*

····

90. 켈로이드는 원자폭탄의 방사능과 관계있는 '흉터'이다. 즉 켈로이드는 대공습이 많았던 다른 도시들과 비교하여 유독 원폭이 투하된 히로시마와 나가사키에 많았다. 일본내 다른 도시들도 공습이 많았기 때문에 화상환자는 많이 발생했으나, 켈로이드 환자는 많지 않았다. 특히 켈로이드의 발생율은 15∼16세의 청소년이 노인보다. 폭심지가 원거리보다 월등히 높았으며, 이는 켈로이드가 방사선과 관계있다는 것을 입증하는 것이다. 이상 '원폭증에 대하여' 스기와라 요시오(杉原 芳夫), [민의련의료의 이론2— 피폭자의료], 67쪽 참조.

입니다. 이 법률은 원자폭탄투하로 인한 피해는 방사선피해라는 '특수한' 성질이 있기 때문에 특별조치를 한다는 것입니다. 즉 대공습이나 오키나와 전투의 '일반적인' 피해는 떼어내고, 원폭피해도 방사선피해만으로 한정하고 있습니다. 피폭자와 피폭자 이외의 전쟁피해자 간에 일정한 선을 긋고 있어서, 피폭자한테서도 원폭의 실상을 과소평가하고 있다는 불만이 나오는 것은 무리가 아닙니다. 게다가 이 법률에서는 방사선피해를 가능한 한 축소해서 보려는 경향이 있습니다. 국가로서는 핵무기의 두려움을 인정할 경우 핵정책에 지장을 초래하고, 또 피해당사자가 증가하면 재정부담도 늘어나기 때문입니다. 정부가 피폭자를 일정하게 축소하는 이유는 이 때문입니다.

그런데 원폭으로 인한 피해와 여타 대공습으로 인한 피해가 어떤 차이가 있을까 판단해보면 히다 선생이 강조하신 바와 같이, 전쟁피해는 종전으로 인해 일단 종결되는 것이지만 원폭피해는 끝나지 않는다는 것이고, 오히려 그때부터 피해가 시작된다는 점에 있습니다. 그것이 방사선이 갖고 있는 두려움이겠죠. 정부는 그것을 은폐해왔습니다. 반면 피폭자 입장에서 본다면, 원폭피해는 방사선만이 아니라고 생각합니다. 그것이 지금 히다 선생이 말씀하신 '폭탄이 터진 것이 중요하다'는 말이 나오게 된 이유입니다.

히다 ·· 원폭피해가 발생하고 점령이 시작되어 국제적으로도 피폭자에 대한 사진을 촬영해서 사태가 드러나자, 미국은 청년남녀 피폭자들, 특히 나가사키 피해자들을 모아놓고 미국으로 데리고 가서 수술을 합니다. 켈로이드를 없애는 치료를 했던 것입니다. 거기에 해당됐던 사람들은 폭탄이 터졌을 때 가장 전형적인 피해를 본 사람들입니다만, 집에서 고통 받고 누워 있던 내부피폭자들은 전혀 고려하지 않았습니다. 어쨌든 이러한 문제는 한두 가지의 평범한 수단으로는 해결할 수 없습니다. 그래서 저도 이렇게 긴 시간 끈질기게 활동했던 것입니다.

---

* 「피폭자구호법」: 정식명칭 「원자폭탄피해자의 지원에 관한 법률」

1995년에 「원자폭탄피해자의 의료 등에 대한 법률」(원폭의료법)과 「원자폭탄 피폭자 특별조치에 관한 법률」(피폭자특별조치법)을 합해 단일화했다. 원폭피폭자에 대한 의료와 제수당 지원근거를 규정하고 있는 법률이다.

지금 어떻게 해서든
전달해두고 싶은 것

| 1 | 사고 전부터 원전방사선에 노출

(후쿠시마 원전사고에도 불구하고) 자신은 안전하다고 굳게 믿고 있는 사람이 도쿄에도, 사이타마 현에도 많이 있다고 생각합니다. 실제는 핫스팟(hot spot)[91]이 발생한 다양한 지역에서 마찰이 일어나고 있습니다.

지금 가동하지 않는 일본의 원전을 전부 가동하면 큰일 난다고 말을 합니다. 그러나 예전에 전부가동하고 있을 때는 어땠는가 생각해보면, 모든 분들이 전기는 생산했어도 방사선은 누출되지 않았다, 괜찮

••••

91. 원자로의 폭발 등으로 공중으로 흩어진 방사성물질은, 비나 눈이 내리면 비나 눈 속에 미세물질로 흡수되어 지면에 떨어지고 국소적으로 고선량의 오염지역이 발생한다. 이것을 핫스팟이라 한다. 체르노빌 원전사고 경우에는 핫스팟이 200킬로 떨어진 곳에서도 발생했고, 일본의 후쿠시마 원전사고에서는 수도권지역인 도쿄 인근에까지 나타났다.

았다는 잘못된 환상을 품고 있었습니다. 사실은 세계의 어떤 원전도 안전하게 방사선이 누출되지 않는 상태는 불가능하므로 과거에 가동했을 때에도 역시 방사선은 새고 있었던 것입니다.

어디에서 새는가? 원전 중에는 10여 개든 20여 개든 건물이 있고 그것이 전부 관으로 연결되어 있습니다. 한가운데 건물에서 전기를 생산하기 위해 핵분열을 일으킨 결과, 방사선이라는 무서운 물질이 나오게 됩니다. 따라서 건물 바깥으로 새지 않도록 엄중하게 만들고 있습니다. 그렇지만 건물을 연결하고 있는 관의 재료라는 것은 세계의 어떤 금속을 사용한다고 해도, 고농도의 방사선과 몇 천 도의 뜨거운 끓는 물이 혼재되어 흐르는 것을 감당할 수 없는 것이죠. 할 수 있는 방법이 없기 때문에 기존 제품 중에서 가장 강력한 내구력을 갖고 있는 스테인리스라는 금속을 사용하고 있습니다. 정확히는 알 수 없지만, 대개 1년 미만의 기한을 갖고 있습니다. 8개월 정도 지나 교체하지 않으면 방사선이 누출되는 것이죠. 누출되려는 순간에 바로 새것으로 바꾸면 새지 않을지는 몰라도, 이를 계속 시행하려면 비용이 들고 그러면 전기생산 단가가 높아지게 됩니다.

결국 수력발전이나 화력발전에서 만든 전기단가와 같아지게 되는 지점에서 자본투하를 중단하지 않으면 원전의 전기는 판매할 수 없게 되는 것이죠. 그래서 세계의 원전 관계자들이 모여서 미국을 중심으로 노력해서 새지 않도록 해도, 여기까지는 가능해도 이 이상은 채산성이 맞지 않는다면서, 공식적으로 (방사선누출을) 인정하는 운동을 하기 시작했습니다. 전부 자본주의 국가였기 때문에, 이렇게 하는 것이 타당하다고 인정하고, '안전허용량'이라는 이름을 붙여서 새는 것을 공식적으로 인정했습니다. '안전허용량'이라는 기준은 대개 3년마다 미국이 결정하고, 결정하면 세계의 원자로가 그 기준을 따라갑니다.

이것이 애초 1972년에 ABCC조사를 기본으로 해서 BEIR(미국 국립 아카데미 국립자문위원회)*가 작성한 방사선 안전기준인 것입니다. 처음에는 양심적 기준이었을지 몰라도, 전력회사의 압력으로 안전기준을 개정하여 대폭 완화하였습니다. 전력회사가 원자력발전에 소요되는 비용을 줄여, 이익을 내려 했기 때문입니다.

그런데 미국에서 기준을 공표할 때 '안전은 무엇을 위한 안전인가?'라는 질문에 대해 '유감입니다만, 사람의 생명은 아닙니다'라면서 '그것은 경영의 관점에서 전기를 생산하기 위한 최저한의 경영안전입니다'라고 설명했던 것입니다. '안전허용량'이라는 말을 듣고 있는 사람을 상대로 '생명의 안전'이라고 생각했던 사람들에게 '문제없다, 괜찮다'고 말하고 있었지만, 실은 계속해서 일본의 원전에서 방사선은 새고 있었습니다. 일본 전 지역 어느 곳에 가더라도 방사선 누출로부터 안전한 곳은 없습니다. 이 점을 알려주지 않았기 때문에 각 지방의 사람들 모두 방사선에 노출되어왔던 것입니다. 야채나 물도 오염되어왔습니다. 이런 점들을 올바르게 알려주면 원전반대라는 것은 즉각 발생하게 되어 있습니다.

그러나 아직도 '안전신화'에 중독되어 있습니다. 저는 '모든 분들이 빠르게 피폭자가 되고 있는 중입니다'라고 이야기합니다. (우리 운동은) 이 점을 자각하는 것에서, 시작해야만 하는 것입니다.

---

* BEIR(The Advisory Committee on the Biological Effects of Ionizing Radiations) 이온화 방사선의 생체영향에 대한 자문위원회

| 2 | 자기 건강은 자신이 관리

후쿠시마 대학에서 강연하는 히다 선생, 2011년 4월

후쿠시마 제1원전사고로부터 1년 반이 지나 세슘이 상당히 퍼져 있기 때문에, 실제 부라부라 병이 현실화하게 됩니다. 이미 여기저기에서 '노곤하다'는 이야기가 나오고 있습니다. 제가 가장 걱정하는

것은 이상을 느낄 때, 모두 의사에게 가는 것 외에는 달리 방도가 없어 의사에게 갔는데, 아무것도 아니라는 말을 듣고 방치되는 경우입니다. 이런 점을 걱정한다면, 어쨌든 치료방법을 알 수 없지만 대체로 방사선이 원인이다, 때문에 우선적으로 피로를 피해야 하고, 영양을 충분히 섭취해서 건강한 상태가 유지될 수 있도록, 건강관리를 충분히 해야 한다는 말을 할 수 있는 의사들이 많은 곳으로 가는 것이 좋다고 말씀드립니다. 그렇지 않으면 '당신은 별것 아닙니다'라는 얘기를 듣게 될 것이고, 또 심한 경우 '노이로제'라고 진단하는 의사가 있다면 곤란하다고 말씀드립니다.

부라부라 병은 타인이 알 수 있는 소견이 발견되지 않습니다. 건강한 생활을 해야 한다고 말씀드리는 것은 이런 이유 때문입니다.

지난 30년 동안 원폭피폭자 중앙상담소의 업무를 하면서 매년 전국을 돌며 모든 분에게 말씀드렸지만, 제가 단지 막연하게 건강한 생활을 하자는 식으로 이야기하는 것은 아닙니다.

"오래 살고 싶은 사람은 손들어 보세요"라고 질문을 해봅니다. "정말

이런 괴로운 상태가 싫고 죽고만 싶다"고 말하는 사람도 있습니다만, 대체로 모두 죽기는 싫기 때문에 손을 듭니다. 거기서 "우리 모두는 다른 사람들이 쪼이지 않는 방사선과 알 수 없는 화학물질에 약해지면서, 어디 가서 상담을 하더라도 아무도 어찌 하면 좋은지 모르니 자신이 스스로를 살려보는 수밖에 방법이 없는 것 아니겠습니까?"라고 말을 합니다. 의사에게 도움을 받으려고 해도 누구도 도와주지 않습니다. 약국에 가봐도 그런 약은 없다고 말을 합니다. 그렇다면 자기 스스로 궁리해서 살아보는 것밖에는 방법이 없는 것입니다.

"어떻게 하면 인간은 장수할 수 있을 것인가를 다시 한 번 모두 생각해보지 않겠습니까?" 하고 말하고, 예전 이야기를 하나둘 해주면 다양한 반응들이 나옵니다. "우리 증조할머니께서 이렇게 말씀하셨습니다," 이런 식으로요. 그런 내용을 모두 모아보면 인간은 먹고, 잡니다. 대소변을 보고 또 정신적이든 육체적이든 일을 합니다. 또 하나는 노는 것입니다. 섹스도 있습니다. 이외에는 없다고 봐야겠죠. "다른 게 있다면 말씀해주세요" 하면 이런저런 이야기를 해도 결국에는 모든 것이 이 안에 포함돼버립니다.(웃음)

그런데 인간은 태어날 때는 섹스는 하지 않으니까 음식을 먹고, 배설하고, 자고, 일을 해 돈을 버는 식으로 살고 있는 셈입니다.

이런 것 하나하나를 하는 중에 심한 사람은 일찍 죽는 원인을 만들게 되고, 마음가짐이 좋은 사람은 쭉 살아갑니다. 요컨대 건강에 도움이 되는 것을 어느 정도 알고 있는가, 모두에게 좋은 것이 무엇인지 제시해보라고 말하면, 가장 많은 답이 일찍 자고 일찍 일어나는 것입니다.

생각해보면 이것이 이치에 맞는 겁니다. 어떤 책인가 읽어봤더니, (인류의 기원이라 할 수 있는) 바다 속에 있는 생물이 육지로 올라와서 생활하게 된 것이 4억 년이 흘렀다고 적혀 있었습니다. 4억 년 전에 육지에 올라왔을 때를 생각해보면, 바다 속과는 다른 방사선과 자외선이 육지에 가득 차 있었습니다. 때문에 점차 죽어갔습니다. 죽으면서도 차츰차츰 육지에서 생활하면서 자외선과 방사선에 저항력을 키워갔습니다. 그때 인간의 생활은 어떠했는가, 에너지를 아무것도 갖고 있지 않았습니다. 아직 불을 사용하지 않았습니다. 음식은 날것을 먹었습니다. 빛을 내는 도구는 전혀 없었습니다. 밤에는 달빛과 별빛으로 생활했던 것입니다.

생각해보면 태양과 함께 일어나고 태양과 함께 자는 생활 속에서 면역력을 키워왔습니다. 인간은 몇 백만 년인가 몇 천만 년인가에 걸쳐서 현재의 몸을 만들었습니다. 우리는 방사선(자연)과 자외선에 대한 면역력을 만들어 살아왔습니다. 우리는 그런 면역력을 지금 몸 안에 갖고 있는 것입니다. 그것을 올바르게 유지하면, 그런 도움으로 이상한 질병에 걸리지 않고 살아갈 수 있습니다. 이렇게 본다면 일찍 자고 일찍 일어나는 것은 이치에 들어맞는 것입니다. 그런데 정반대로 밤에도 환하게 전기를 쓰고, 가치도 없는 행위를 하면서 잠을 자지 않는 것보다 멍청한 행위는 없습니다.(웃음) 밤중에 일하면서 생계를 위하는 사람도 물론 있습니다만, 대부분은 자는 것이 좋은데도 밤늦게까지 자지 않고 밤을 새곤 합니다.(웃음) 기껏해야 30년입니다. 30년 전까지는 이렇게 밤을 새는 생활은 없었습니다. 밤중에 전기를 켜고 놀 수 있는 곳이 별로 없었습니다. 겨우 30년 전부터 엉망진창의 생활이 시작된 것입니다. 이것은 인간이 예전부터 만들어왔던 질병과 투쟁할 수 있는 면역력을 급격하게 감소시켜버렸습니다. 따라서 예전에 사람들이 했었던 건강을 위해 좋다는 것은 열심히 해야 합니다. 그렇게 하면서 또 건강에 나쁘다는 것은 절대 하지 않아야 합니다. 지금 무엇이 가장 나쁜 것인가? 담배, 담배피면 나쁘다고 알고 있지만 피고 있습니다. 결국 저는 이런 사람에게 "당신은 매일 매일 자살하기 위해 노력하고 있는 것이다"고 말을 합니다.(웃음)

피폭자는 모여 이런 말을 하면서, 암은 조기에 검사를 받아 일찍 발견합니다. 다른 사람들이 잘 하지 못하는 것을 다른 사람보다 더 열심히 모두 하고 있는 것입니다. 그래서 21만 명이라는 피폭자가, 그중에는 80세를 넘어서 90세를 넘어서도 잘 살고 있는 분들이 많은 것입니다.

이런 경험에 비추어볼 때, 지금 일반사람들에게도 이런 내용은 들어맞는 것입니다.

| 3 | 피폭자는 장수한다, 왜냐하면 '인류의 보물'이므로

저 자신도 그렇지만, 피폭자이면서 피폭자의 요구가 담긴 서명운동을 해보면, 열심히 하시고, 자신의 피폭체험이 담긴 글에서는 세계에 두 번 다시 누구에게도 겪게 하고 싶지 않다고 쓰고 있습니다. 그런 내용을 읽으면 그렇다고 생각을 합니다만, 피폭자가 아침부터 저녁 늦게까지 그런 식으로만 생각하는 것은 아닙니다.(웃음) 원폭피폭자 중앙상담소 업무로 피폭자모임에 참석하기 위해 전국 각 지역에 갔습니다. 지금까지 30년간 가장 많이 방문한 곳이 시고쿠(四国)입니다. 현이 4개밖에 없기 때문에 평균하면 한 현에 7번 정도 갔습니다. 가장 방문이 적었던 지역이 토호쿠(東北) 6개 현, 또 큐슈(九州) 6개 현입니다.

그곳에 가서 처음 이야기했던 내용은, 저 자신도 나이가 들면서 점점 변화해 다소 진한 내용이 되어갑니다. 또 예전에 이야기했던 것을 바로 잊어버리기 때문에 반드시 팸플릿을 만들어갑니다. 상대는 피폭자들이므로, '피폭자가 장수하기 위해서'라고 제목을 씁니다. 이렇게 하면 어떤 노인이 읽더라도 그것만 지키면 괜찮다고 써놓았으므로 도움이 될 수 있습니다. 내용은 보통사람이라도 60억 분의 1로 교체할 수 없다, 하물며 피폭자가 되면 세계 속에서 당신만 적당히 다뤄서는 안 된다고 말하면서 몸을 지켜야 한다는 말을 적어놓았습니다. 그 중 가능한 것을 피폭자들은 열심히 실천하고 있습니다. 팸플릿이 정말 도움이 된다고 생각합니다. 26가지 종류가 있습니다. 히단쿄(被団協)가 6년 분을 합쳐서 한권으로 만들었습니다. 모두 재미있는 제목이 붙어 있습니다.

| 4 | 인권을 의식하는 것

지금 말씀드릴 수 있는 것은 직접피폭, 내부피폭으로 발생한 질병은 의사로도 약으로도 어떤 위대한 사람이 말을 한다고 해도, 정직하게 말해서 어떻게 하면 좋아질까 알 수 없습니다. 때문에 가능한 것은 자신이 직접 해야 합니다. 확실하게 이것저것을 해야 한다는 원칙은 잘 모르더라도, 예전부터 사람들이 '과식하지 마라' '꼭꼭 씹어 먹어라' '매일, 혹은 적어도 2일에 한번은 대변을 봐야한다' '수면은 죽은 듯이 자는 것이 좋다'와 같은 것들은 상식적으로도 알고 있습니다. 결국 살고 싶다고 생각한다면 가장 우선적인 원칙을 매일 판에 박은 듯 시계를 보면서 자고 먹고 하는 것이 아니더라도, 대개는 몸의 상태가 망가지지 않도록 생활하는 것이 사람이 살아가기 위한 최소한의 조건입니다.

스스로 확신을 가져야 합니다. 적어도 스스로 자신의 건강을 파괴하는, 즉 저항력을 떨어뜨려 몸속으로 들어간 방사선의 나쁜 영향을 방치하는 상태는 결국 자신을 일어나지 못하게 할 뿐입니다. 어떻게 해야 될지 알 수 없지만, 어떻든 상관없다는 식의 생각보다는 즐겁게 살아가는 것이 장수할 확률이 높다고 생각합니다. "요컨대 자신의 생명은 당신 자신의 것입니다. 어디를 찾아봐도 똑같은 사람은 없습니다. 부모라고 해도 어느 정도 닮은 것이지 똑같지 않습니다. 나는 60억 명중 단 한 사람이기 때문에 죽게 되건 살게 되건 중요하지 않다고 생각하는 것과, 반대로 다만 한 사람, 어디에도 찾을 수 없고 바꿀 수 없는 사람이라서 소중하다고 생각하고 살아가는 쪽을 비교할 때 어느 쪽이 좋다고 생각합니까?" 물으면 "지금 내가 주인공이 된 거야?"라고 답하곤 합니다.

인권을 의식하는 근본은 이것이라고 생각합니다. 대체하는 것은 언제든 가능합니다. 노동자로 일하고 있다면 해고되는 것으로 간단하게 처리됩니다. 업무가 있을 때는 어느 정도 일을 시켜줄 수 있다고 마치 인심 쓰듯 말도 안 되는 얘기를 합니다. 싸우지도 않고 자신을 그런 식으로 폄하하는 사고에 계속 찌들어 살면, 자신의 생명 자체도 다른 사람에게 맡겨버리게 됩니다. 나 자신은 다만 한 사람, 이 세상에서 결코 대신할 수 없는 사람입니다. 결국, 자기 생명을 스스로 소중하게 생각하고 대우하는 것에서 인권의식이 시작되지 않겠습니까?

| 5 | 원전에 의한 방사선피해는 입증되고 있다

최근 알게 된 것인데, 도쿄의 개업의가 활동하고 있는 어머니들에게 부탁을 받아 아동들의 건강진단을 했습니다. 별로 특별한 생각 없이 아동들의 혈액검사를 했는데, 림프구 변형이 많이 나왔습니다. 후쿠시마 제1원전사고가 발생한 후의 일입니다. 그래서 무엇인지 확실히 몰라도, 정리를 해 논문을 저에게 보내왔습니다.

방사선 영향인지 아니면 우연히 이렇게 된 것인지 확인할 수 없었습니다. 가능한 한 추적조사를 해야 한다는 점과, 도쿄 인근 아이들 중 이상한 지역이 있으면 건강진단과 혈액검사를 하는 등, 대상을 확대하면 어떨까 조언했습니다. 그 결과 점점 현상이 확산되고 있는 것을 알 수 있었습니다. 대학의 혈액학교실 전문가에게 이것이 방사선의 영향인지 여부, 어떻게 판단하면 좋은지에 대해 문의하면서 데이터를 보여드렸습니다. 대단히 흥미깊은 사안이기 합니다만, 결정적으로 이것이라고 말할 수 있는 재료는 없습니다.

또한 다른 지역에서, 사이타마 현의 의사분입니다만, 자기면역이상이 원인으로 발생하는 다양한 질병을 나열해서, 그것이 지금 어디에서 발생하고 있는 것인가를 세계지도를 펴놓고 조사를 했습니다. 그러자 정확히 미국, 중국, 체르노빌 등 여기저기 원자로가 있는 지역, 핵실험이 있었던 곳의 위도선상에 질병이 모여 있는 점을 확인하였습니다. 그래서 방사선 영향을 객관적으로 의심할 수 있는 것 아닌가라는 문제가 대두하였습니다. 그런데 발트 해 3국 주변에 방사선피해가 집중하고 있었습니다. 그것은 해류의 영향입니다만, 영국이나 프랑스의 원전에서 유출된 방사선이 이곳으로 모이기 때문이었습니다. 그 영향으로 스웨덴에서 다발하고 있다는 점까지 서술한 방대한 논문을 썼던 것이죠.

일본에서 발표한다 해도 방해로 인해 거론되지도 않을 가능성이 있기 때문에 어디 외국의 잡지에 게재하는 것이 좋겠다고 생각하고, 그분에게 격려를 했습니다.

특히 마지막에 아이들의 질병인 가와사키 병*이라는 것이 있습니다. 원인을 알 수 없지만, 그는 방사선에 의한 것이 아닌지 의심하고 있었습니다.

정말 대단한 분입니다. 지금까지 누구도 그분처럼 큰 시야에서 생각하고 연구했던 사람은 없었기에, 기대하고 있습니다.

---

* **가와사키 병(Kawasaki disease, KD)**

대개 영유아에게 나타나는 급성열성발진성질환. 소아급성열성 피부점막림프절증후군(MucoCutaneous Lymph—node Syndrome, MCLS)이라고도 한다. 세계적으로 가와사키 병(KD)이 일반적인 명칭이다. 1961년에 일본적십자사의 소아과의사 가와사키 도미사쿠(川崎富作)가 환자를 발견하여, 1967년에 보고되고 명명되었다.

| 6 | 자기 자식만이 아니라 모든 자식들의 생명을 위해

강연회 등에서 인권에 대해 상당히 상세하게 이야기해주지만, 막상 질문을 들어보면 "자신에게 한 살 된 아기와 4살 된 아이가 있는데 지금 이런 증상이 있다, 이 아이를 어떻게 하면 좋겠는가?" 하는 내용이 나옵니다. 지금까지 얘기한 것을 전혀 이해하지 못한 질문이 나오는 것입니다. 그래서 제가 거꾸로 "당신은 자신의 한 살, 네 살 아이가 건강하고 질병이 없다면, 지금 상태대로도 좋은가?" 하고 묻습니다. "당신은 자신의 아이만 도움을 받고 싶어 하는데, 다른 사람이 어떤 상태

라도 좋다는 입장인 것이라면, 아무리 당신이 노력해도 당신의 아이들은 도움을 받을 수 없다. 자신의 아이들만 어떻게 하고 싶다는 생각이 나오는 것은 조금 문제 있는 것 아닌가?"라고 말을 합니다.

그러면 질문을 한 어머니는 사람의 이치로서는 그렇게 해야 하는데, 자신의 아이들을 어떻게든 잘되게 하고 싶다는 감성은 변하지 않는다고 말합니다.

결국 "모두의 아이들을 건강하게 키우기 위해서는 원전에서 전기를 생산하는 일을 중단시켜야 하지 않겠습니까? 원전가동을 중단시키는 것을 모두가 나서서 참여할 때 여러분의 아이는 안전하게 될 것입니다"고 얘기합니다. 이런 얘기는 사람들이 별도 듣지도 않습니다.

이런 현상은 어디를 가나 마찬가지입니다. 제 이야기를 듣고 있다가도 마지막에는 모두가 자기자식에게 무엇이 좋은지 알고 싶어 합니다. 그래 저는 마지막에 결론삼아 이렇게 이야기합니다.

"지금 여러분들의 생명이 어떻게 될 것인가에 대해서는 아무런 걱정도 없는 것 같다. 몇 분이 죽더라도 세상은 아마 변하지 않을 것이다. 가장 중요한 것은 지금부터 태어나는 모든 분들의 손자나 외손자가 오염된 곳에서 태어나 생명이 위태로워지는 것이 장래 일본에서 가장 걱정스러운 일이다. 때문에 모든 분들이 이런 세상을 만들어가면서 침묵하고 돌아가시면 곤란하다. 손자들을 위해 깨끗한 곳으로 만들어주시기 바란다. 그것이 여러분들의 일이다."

그러면 모든 분들이 심각하게 생각하시게 됩니다.

| 7 | 인간은 평등하다 - 자신을 대신할 수 있는 사람은 없다

많은 사람들은, 수많은 사람 중 한 사람으로 취급받고 있기에, 자기 이름이 신문이나 텔레비전에 나오는 것은 보통은 거의 없습니다. 텔레비전에 이름이 나오면 위대한 사람이라고 생각해버립니다. 사실 바보 같은 짓이지만, 정말 그렇습니다.

최근에 사이타마 현의 지치부(秩父) 시에 강연하러 갔는데 노인들이 많았습니다. 지치부 지방은 예전부터 산으로 둘러싸여 고립된 곳입니다. 지금 이 얘기를 했습니다. 그러자 어떤 할아버지 한 분이 손을 들더니 "저는 지치부에서 태어나 70년 이상 살았지만, 여기에 있는 많은 사람 중에 그만큼 중요한 사람이 있다고 생각했던 적은 없었습니다"고 말했습니다.(웃음) 그러면서 "(자신을) 중요하다고 생각해도 괜찮겠습니까?"라고 진지하게 물었습니다.(웃음) 모두를 웃기는 말이 된 것이죠. 여하튼 그 할아버지도 눈꺼풀에 씌어져 있던 비늘이 떨어져서 잘 보게된 것인가, 호탕하게 웃으면서 돌아가셨습니다.(웃음) 인간이 평등하다는 것도 그런 것이겠죠. 상대하는 타인에게 등급을 매겨버리면, 어느새 자신도 그런 생각을 해버리게 됩니다.

저자신이 인권이라는 말을 심각하게 들었던 것은 독일학생과 이야기할 때가 처음이었습니다. 상식적으로 인권, 인권이라는 말이야 알고 있었지만, 그때는 지치부의 할아버지와 같았습니다.(웃음) '사물'이라는 것은 부서지거나, 어떻게 망가지면, 돈과 노력으로 똑같은 것을 만들기도 합니다만, 사람의 생명만은 어떻게 할 수가 없습니다. 저는 사람들이 몸이 아플 때 진료부탁을 받는 의사입니다만, 어디까지 가능한 것인지 알 수 없습니다. 그러나 스스로가 먼저 질병을 고칠 수 있다고 생각하지 않으면 처음부터 질병에 지게 되는 것이라서 안 됩니다. 그러면 어떻게 해도 고칠 수 없습니다. 암인가 아니면 다른 질병인가, 살 수만 있다면 좋겠는데 죽지만 않으면 괜찮겠는데 등등 생각하지만, 죽지 않고 살아가기 위해 스스로 노력하는 자세가 없으면 소용없습니다. 피폭자와 함께 살아오면서 가장 우선적으로 알려드리고 싶은 것은 바로 이런 것입니다. '살아간다'는 것이 인권인 것입니다. 죽게 되면 인권은 없는 것이기 때문에 '산다', '끝끝내 살아간다'는 것이 인간 한 사람 한 사람에게 가장 소중한 것입니다.

'피폭자와 함께 지내온 60년'[92]

– 전일본민의련 고문 히다 슌타로

서론

전쟁반대나 평화헌법을 유지하는 과제가 다수의 공감을 얻는 것은 대단히 어렵습니다. 상당히 뛰어나고 정밀하게 다듬은 논리도 그대로 이야기될 경우에는 그 중 몇 가지 점들은 가슴속에 남겠지만 나머지 이야기는 망각되고 맙니다.

때문에 나는 핵무기반대라든가 헌법을 지키자, 혹은 전쟁은 필요없다 등, 이러한 문제를 모두에게 전달하는 과정에서 논리적인 방법을 사용하지 않습니다. 내가 경험했던, 히로시마 원폭투하에서 오늘에 이르기까지 60년 동안 걸쳐 보아온 수많은 '죽음' 속에서, 특히 원폭이라

••••

92. 이 글은 2005년도 5월 12~14일간 요코하마에서 개최된 '전일본민의련 제6회 평화활동교류집회'에서 히다 슌타로 선생이 강연한 것을 전일본민의련에서 가필 수정하여 『민의련의료』 2005년 8월호에 게재한 것을 번역한 것이다.

는 핵무기를 이용하여 인간이 어떻게 죽어가는가, 또한 피폭자들의 고통은 현재도 계속되고 있는 바, 60년 전에 끝난 것이 아니라는 점을 모든 분에게 전달하고, 제가 권유하는 점을 말씀드리고자 합니다.

군의관으로서 업무와 전쟁의 모순

60년 전의 나는 28세 청년으로, 군의관 소위로서 히로시마 육군병원에 부임하였고, 그곳에서 일본육군 장교의 한 사람으로서, 말하자면 조국을 위해 최선을 다하고 있었습니다. 300명 정도의 군인들에게 전쟁터에서 전투방법이나 총기사격방법, 포복으로 전진하여 폭탄을 적의 탱크에 던지는 그런 기술을 가르쳤습니다.

이것은 전쟁터로 갔을 때, 자신이 살고자 노력하지 않는다면 적에게 당하는 것이기 때문에 적에게 죽지 않기 위한 것이기도 했습니다. 그러나 '천황을 위해 죽겠다'라든가 '조국을 위해 모든 것을 바치겠다'는 것만은 말하지 않았습니다. 나는 지금도 이것을 자랑스럽게 생각하고 있습니다.

육군병원에서는 다양한 업무를 했습니다만 병실도 있었습니다. 전쟁터에서 부상당해 귀환한 군인들을 치료한 적도 있습니다. 그중 가장 고민이 되었던 것은, 내가 치료한 병사가 치료가 돼서 진단서를 쓰게 되면 이 병사는 집으로 돌아가는 것이 아니라 병원의 정문을 나가는 즉시 자신이 빠져나왔던 전쟁터로 복귀해야 하는 것이었습니다.

의사로서 열심히 치료하고, 병사가 확실하게 건강을 찾았구나 생각하는 순간, 병사는 또 죽을지 모르는 곳에 가야 하는 것입니다. 내가 진단서에 치료종결이라고 쓰지만 않으면, 병원에 계속 있어도 됩니다. 혹은 당분간 요양을 필요로 한다고 쓰면 죽지 않게 되는 것입니다. 그러나 제가 치료종결이라고 쓰면 병사는 다시 전장으로 죽으러 가게 되는 것이죠.

저는 사람의 생명을 도울 수 있는 일이 훌륭한 업무라고 생각하고 의사가 되었기 때문에 왜 제가 사람을 죽이는 것에 기여해야만 하는 것인지 고민할 수밖에 없었습니다.

패전 무렵의 일본, 그리고 원폭투하의 의미

패전이 짙어질 때의 일본은, B29기가 공습을 해도 저항할 수 있는 상황이 아니었습니다. 군대나 일부사람을 제외하고 국민대다수는 3년간이나 쌀로 된 식사를 하지 못했습니다. 배급으로는 밀이 나오면 제일 좋았고, 감자나 고구마줄기, 호박 같은 것만 2~3년 먹어 국민의 체력도 상당히 떨어져 있었습니다.

이런 상황은 미국도 잘 알고 있었습니다. 이렇게 별로 투쟁할 힘도 없는 곳을 향해 굳이 원폭을 투하했던 것입니다. 게다가 히로시마라는 곳을 선택한 목적이 있었습니다. 즉 원폭이 투하돼서 사람이 어떻게 죽는가, 방사선이 어떤 형태로 사람을 죽이는가에 대해 알고자 했던 것입니다. 일본인을 이용해 실험을 한 것이라 할 수 있습니다. 그때까지 히로시마에 한 번도 공습하지 않았던 이유는 원폭을 투하했을 때의 위력을 관찰하기 위한 것이었습니다.

1945년 8월 6일, 히로시마에 원폭이 떨어졌을 때 저는 병원에 있지 않았습니다. 잘 알고 있는 애기가 심장발작을 일으켰기 때문에 동이 트기 전에 병원에서 6킬로 떨어진 헤사카 마을(현재의 히로시마 시 히가시 구)의 농가로 왕진을 갔던 것입니다. 저는 그곳에서 피폭경험을 하였습니다.

번쩍 하는 섬광이 있은 직후 불어닥친 폭풍으로 집이 무너져 밑에 깔렸지만, 저는 생명에도 지장이 없었을 뿐만 아니라 부상도 없었습니다. 진료하고 있던 아기를 찾아 안아들고, 무너진 집 밑에서 탈출해서, 처음으로 히로시마에 피어오른 버섯구름을 봤습니다. 엄청난 놀람과 두려움으로, 서 있을 수가 없었습니다.

아기 생명이 무사한 것을 확인한 후에, 자전거를 타고 히로시마로 돌아가려고 농가를 뒤로 했던 것입니다.

상상을 초월하는 피폭자 수와 의사로서의 역할

병원으로 돌아오는 도중, 저는 한 도로의 긴 내리막길을 자전거로 내달리고 있었습니다. 갑자기 저쪽 구부러진 모퉁이에 보였던 '사람'이, 제가 처음으로 만난 피폭자였습니다. 처음에는 사람인지 알 수 없었습니다. 새카맣고 길게 늘어졌기 때문에 사람으로 볼 수 있었습니다. 자전거로 달리고 있어서 잘 볼 수 없었지만, 비틀비틀 흔들리고 있었습니다.

점점 가까이 다가가도 아무래도 모습이 이상해 자전거에서 내려 가까이 가봤습니다. 그러자 확실하게 얼굴과 머리가 둥근 상태로는 있었습니다. 자세히 보면 새카만 눈알이 두 개, 얼굴은 만두처럼 보이면서 부어올랐고, 코는 없었습니다. 입은 윗입술과 아랫입술이 크게 부어올랐으며, 게다가 누더기를 입고 유령 같은 모습을 하고 있었습니다. 더군다나 욱욱하는 소리가 들리고 있었습니다.

결국에는 옆에까지 갔지만 너무나 무서워서 뒤쪽으로 내려가서 보고 있자니, 제가 놔둔 자전거에 발이 걸려 저를 향해 손을 들면서 쓰러졌던 것입니다. 옆에 가서 맥을 집어보려 했습니다. 그러나 피부가 타서 흐물흐물해 손을 댈 수가 없었습니다. 지금까지 옷이라고 생각했던 것이 실은 사람의 생가죽이 축 늘어진 것이었습니다. 그때는 의사로서 무엇을 해야 하는가라는 생각보다도 공포심이 너무도 앞섰습니다. 그 피폭자는 그 후 경련을 일으키면서 움직이지 않았습니다. 히로시마에서 약 3킬로, 중상을 당해 도망쳐오다가, 내 눈앞에 와서 도움을 요청한 것이라고 생각된 순간에 숨이 끊어진 것입니다.

그때 그런 사람이 나오게 되는 것은 저 큰 불이 치솟아서 밑에서는 아주 큰일이 난 것이라고 생각하고, 히로시마로 가는 것이 두려웠습니다만 그래도 각오를 하고, 우선 저의 근무지인 병원이 어떻게 되었는지 보기 위해 갔습니다.

히로시마를 향해 다시 걸어가는 순간, 앞에서 똑같은 사람이 길거리에 가득차서 걸어오고 있었습니다. 서서 걸어오는 사람이 있다면 기어오는 사람도 있었지만, 그 모든 사람이 심각하게 불에 타 있었습니다. 사람다운 얼굴을 하고 있는 사람은 단 한사람도 없었습니다. 저는 어떻게 하든 사람들을 도와줘야 한다고 생각했지만, 약도 붕대도 아무것도 없었습니다. 어쨌든 병원으로 돌아가야겠다고 스스로에게 돌아가자고 재촉했습니다. 그러나 많은 사람이 반대방향에서 다가오고 있어 걸을 수가 없었기에 길옆에 흐르고 있는 오오타 강(太田川)이라는 큰 강에서 히로시마를 향해 갔습니다.

히로시마의 바로 앞까지 왔을 때 주변을 돌아보았습니다. 봤더니 거기에는 강변으로 도망쳐온, 불에 타 발가벗은 사람들로 강가 모래밭이 가득 찼습니다. 발 디딜 곳도 없었습니다. 저는 강 중앙에 서있었지만, 앞으로도 뒤로도 강을 건너는 사람들이 가득했습니다. 그중에는 폭풍에 날려 순간적으로 기력이 다해 흘러내려온 사람도 있었습니다. 또 모든 사람들이 양 손목을 가슴에 올려놓는 모양을 하고 있었습니다. 뒤에 어떻게 그런 자세를 하고 있는가 물어봤더니 두 가지 이유가 있었습니다. 하나는 손이 불에 타버렸기 때문에 손을 내리면 손끝이 충혈돼 통증이 있고 손을 위로 올리는 자세를 하게 되면 통증이 덜하다는 게 이유였습니다. 또 하나는 손가죽이 타버려서 축 늘어지기 때문에 걸을 때 가죽이 덜렁거리면 통증이 있어 덜렁거리지 않게 하려 했다는 것입니다.

한동안 강 중앙에 멍하니 서 있었지만, 무언가가 발에 걸렸습니다. 자세히 보니, 사람이 흘러오는 것이었습니다. 그래서 주의하면서 물속을 보니 강바닥으로 불에 탄 사람이 흐르고 있었습니다. 그중 작은 아이들이 흐르고 있는 것을 봤을 때는 큰 충격을 받았습니다. 뒤에 생각하니, 이때 미치지 않고 정신상태가 제대로 있었던 것이 아주 이상했습니다.

그곳에서 열심히 무엇을 해야 할지 생각했습니다. 그곳에 있어도 아무것도 할 수가 없었습니다. 병원으로 돌아가려 해도 갈 수 없었습니다. 뭔가 치료를 하려고 해도 도구도 약도 청진기도 없는 의사가 자격만 갖고 서 있을 뿐, 아무것도 할 수 없었습니다. 결국 마을까지 돌아가면 이 사람들이 마을을 통해서 가므로 거기서 의사업무를 해야겠다고 열심히 자신에게 자문하면서, 히로시마를 향해 합장하고 다시 강을 거슬러 올라 마을로 돌아갔습니다.

혜사카 마을은 인구 2,800명, 가구 수가 800호 정도(당시)인 농촌이었습니다만, 마을로 들어가는 길에는 피폭자가 겹쳐 쓰러져 있었습니다. 저는 간신히 마을로 들어갈 수 있었습니다.

헤사카 마을에서 피폭자 치료의 경험

저는 마을로 들어가자마자 즉시 마을에 있던 초등학교 교정 구석에 건축공사를 하고 있는 작업장까지 갔습니다만, 교정에도 얼핏 보아 1,000명이 조금 안 되는 사람들이 누워 있었습니다. 뒤에 온 사람들이 들어올 수 없을 정도로 많았습니다. 이만큼의 중상자를 눈앞에 두고서도, 의사로서 아무것도 할 수 없다는 점을 절감하였습니다.

작업장에서는 촌장들과 상담하고, 지금부터 오는 사람을 이 마을 어딘가에 받을 채비를 해야만 한다고 말을 했습니다. 촌장 이하 모든 사람은 무엇이 발생한 것인지 잘 모르는 상태로 피를 흘리면서 사람들이 들이닥쳐 어떻게 해야 좋을지 알 수가 없는 상태였습니다. 그래서 저는 군의관으로서, 다양한 지시를 했습니다. 군의학교에서는 한 번에 대량의 부상자를 다룰 때에는 치료에 앞서 우선 물과 식량을 준비시키라고 가르치고 있었기 때문에, 다음날부터 몇 만 명이 올 것인지 알 수 없어 사람들의 식량을, 이 마을에서 준비해야만 한다고 생각했습니다. 그러나 마을의 젊은 사람들은 물론 모두 군대 혹은 동원이 되어버린 상태라, 남아 있는 사람들은 노인이나 초등학생밖에 없었습니다. 그런 사람들에게 지시를 해서 미음을 만들고, 쓰러져 있는 사람의 입속으로 흘려넣도록 이야기하면서 구조활동을 시작했습니다.

미지의 경험, 방사능이 초래한 공포의 증상

이런 상황에서 모두에게 꼭 이야기해두고 싶은 것은, 피폭자가 어떻게 죽어갔는가 하는 점입니다. 우선은 한눈에 봐도 알 수 있는 엄청난 화상입니다. 그 다음은 부상입니다. 전신주나 콘크리트로 만든 큰 방화수조가 폭풍으로 날아가 버릴 정도이니, 사람에게는 죽지 않으면 중상입니다. 그런 정도의 중화상과 큰 부상은 한눈으로 알 수 있고, 눈앞에서 점차 죽어갑니다. 저는 모두 그런 화상과 부상으로만 죽는 것으로 생각했습니다. 다행히 3일 정도 지난 후일까, 가벼운 화상은 치료를 하기 시작했습니다.

때마침 28명의 군의관이 헤사카 마을에 들어오고, 한 사람의 의사당 수십 명의 간호사를 동행하여 왔습니다. 각각 약도 갖고 왔습니다. 의사다운 진료가 가능할 것이라고 생각했습니다.

중증환자는 사망하고 말지만, 치료의 전망이 있는 환자 치료를 하게 되면서 의사들은 자신의 임무에 일하는 보람을 느끼기 시작했습니다. 이런 와중에 화상과 부상이라고 생각했던 환자들에게 갑자기 고열이 나타나기 시작했습니다.

처음에 열이 난다고 들었을 때는 모두 땅바닥에 누워 있었기 때문에 감기에 걸린 것으로 생각했습니다. 그러나 가서 보면 그런 증상이 아니었습니다. 땀을 흘리고, 게다가 갈증을 느끼고 있었습니다. 체온을 재 보면 41도 이상 이었습니다. 제 경험상 이런 열은 보지 못했습니다. 더구나 출혈을 했습니다. 처음에는 화상 때문에 출혈이 있나 생각했지만 눈꺼풀, 눈꼬리, 눈알과 눈꺼풀 점막에서 나오고 있었습니다. 그런 후에 코나 잇몸에서도 나오고 있었습니다. 그러나 왜 이 환자가 열이 나고 출혈이 있는 것인지 알 수 없었습니다. 그리고 원폭의 열선을 받지 않고 화상을 입지 않은 쪽의 하얀 피부에 자주색반점이 일제히 나타납니다. 편도선을 의심해서 입을 열어 들여다보면, 편도선을 볼 수 없을 만큼 악취가 났습니다. 이러한 악취는 괴사, 네프로제(Nephrose)입니다. 뒤에 알게 된 것이지만, 백혈구가 방사선으로 죽어버렸기 때문에, 세균에 감염되면 염증이 발생하는 것이 아니라 즉각 썩어버리는 것입니다. 부패로 인한 악취가 심하게 났던 것입니다.

이러한 증상은 교과서에서도 보지 못했던 것이고 듣지도 못했던 것입니다. 동료의사와 이야기해 봐도 알 수 없었습니다. 뭐라도 해봐야겠다고 생각하는 중에 1시간 정도 지나 픽픽 죽어갔습니다. 보통은 질병으로 같은 시간에 사망하는 경우는 없습니다만, 그때는 거의 같은 시간에 사망했습니다.

원인을 알게 된 것은 원폭투하로부터 10년이 지나서, 어떤 젊은 의사가 피폭자에 대한 조사를 금지하고 있던 권력의 눈을 피해, 방사선을 포함한 먹이를 농도를 변화시켜가면서 토끼와 몰모트, 쥐를 집단으로 분리하여 먹여보는 실험을 했습니다. 실험결과 방사선이 많은 먹이를 먹었던 놈들은 모두 먼저 발병하여 죽었습니다. 농도가 낮은 먹이를 먹은 동물은 차츰 뒤에 죽어갔습니다. 이런 결과와 완전히 동일한 현상이 발생했던 것입니다.

실험을 한 의사의 보고에 의하면 폭심지에 컴퍼스를 고정시키고 300미터, 500미터, 800미터의 원을 그리고, 똑같이 원 안에 있던 사람이라고 생각되는 사람은 대체로 동일한 시간에 사망했다고 서술했는데, 그 내용 그대로입니다. 폭심지 부근의 사람이 먼저 죽고, 조금 떨어져 있던 사람은 뒤에 차차 죽어간 것입니다.

우리들은 당시, 진단을 할 수 없어 원폭증이라고 말했습니다. 즉사를 면해 간신히 살아서 기어온 사람들이 방사선의 영향으로 이런 식으로 죽어가고 있는 것을 경험으로 이해하였습니다.

그때부터 가장 두려웠던 것은, 나중에 몇 분도 채 살 수 없을 것 같은 환자가 죽음에 임박해서 고통스럽게 숨을 쉬면서 "군의관선생님, 저, 폭탄 터질 때 없었어요"라고 말하는 것이었습니다. 이 사람은 폭탄으로 화상을 입지 않았기에, "무엇 때문에 제가 죽는 것입니까?"라고 질문해서 충격을 받았습니다.

그 사람은 30명의 동료들과 함께 원폭투하가 되던 날 오후에 히로시마에 들어와 사람을 돕거나 사체를 운반하면서 밤늦게까지 일을 해 녹초가 되어 아무렇게나 드러누워 잠을 잤던 것입니다. 그리고 다음날 아침, 일어나는 즉시 같은 업무를 시작해서 한참 하고 있는 중에 구토를 했습니다. 그때부터 설사가 시작되어 동료들이 마을까지 데리고 왔습니다.

이 남자는 바로 사망했습니다. 이러한 사람을 봤던 군의관이 몇 명 더 있습니다. 원폭투하 때는 히로시마에 없었던 사람에게도 똑같은 질병이 발생했습니다. 처음에는 폭탄을 뒤집어쓰고 불에 타서 구토를 하면서 죽어가는 사람의 병이 전염된 것이라고 생각했습니다. 여기서 함께 잤기 때문에 전염된 것이라고 한때는 생각했었습니다.

그러나 아무리 생각해봐도 전염병은 아니었습니다. 그래서 해부를 해 봤지만, 장이 티푸스나 이질에 걸렸을 때와 달랐기 때문에, 전염병은 아니라고 결론을 내렸습니다. 결정적이었던 것은 2주간 정도 지난 뒤였습니다. 저는 중환자를 시원한 토굴 속으로 모아놓고 있었습니다만, 어느 날 토굴에 갔을 때, 타지 않은 새 옷을 입은 여성이 누워 있었습니다. 그 여성은 마츠에(松江) 출신으로 원폭투하 때는 마츠에에 있었습니다. 거기서 1주 정도 지난 후에 히로시마에 있는 남편이 어떤가 걱정이 되어 아기를 맡기고 혼자서 가봤던 것입니다. 며칠간이나 불에 탄 거리를 걸으며 살아 있다면 가까운 마을에 있겠지 하는 생각으로 부근을 찾아봤다고 말을 했는데, 여러 마을을 걸어 다니다가 드디어는 헤사카 마을에서 남편을 만났습니다. 그런 여성에게 열이 나기 시작했습니다. 나는 감기라고 생각하고, 별로 말도 하지 않고 "아마 감기 같습니다, 약을 드릴 테니 누워 계세요" 하고 끝냈습니다. 그런데 다음날에도 그 다음날에도 계속 누워있었습니다. 그래서 그 다음날인가는 치료를 해봐야겠다고 생각하고 가보니 아직 누워 있었습니다. 얼굴이 새파랗게 되어 있고, 어떻게 된 것인지 확인하려 옆에 가보면 옷깃을 여미고 있는데 죽어가는 사람에게 나타나는 자줏빛반점이 눈에 띄었습니다. 처음에 어떻게 된 것이냐고 질문하니 지금까지의 경과를 이야기해주었습니다. 그 뒤 출혈이 시작되었습니다. 시간이 흐르고 있었지만 증상이 나타나는 양상은 약간 시간이 지체되긴 했어도 똑같은 것이었습니다. 마지막에는 머리털이 전부 빠졌다기보다, 뽑혔습니다. 그 여성의 탈모는 무심코 머리에 손을 댄 순간에 몽땅 털이 뽑혀버렸고 너무 놀라면서 동시에 피를 토하고 사망했습니다.

무엇 때문에 이런 현상이 발생하는 것인가를 누구도 알 수 없어서 두려웠습니다.

이런 증상의 환자가 계속해서 줄을 이었습니다.

부라부라 병과 인체내 피폭의 관계

그 후, 야마구치 현의 야나이(柳井)에 국립병원을 설립해서 그곳으로 환자를 전원 인솔하여 갔습니다. 여기서는 부라부라 병이라고 얘기되는 증상이 눈에 띄었습니다. 히로시마에서 피폭된 후 화상을 치료했으므로 이제 가족들이 일을 해달라고 얘기합니다. 괭이를 들고 30분 정도 일을 하면 몸이 나른해집니다. 어쩔 수 없어서 집으로 돌아와 누워 있습니다. 그러면 또 가족들이 와서 바쁘니까 좀 도와달라고 얘기해서 다시 기운을 차리고 밖으로 갑니다. 말하자면 일을 할 수 없는 빈둥빈

둥한 상태가 되는 것으로 가족들이 부라부라 병이라고 이름을 붙였습니다. 부라부라 병이라는 말만은 듣고 있었지만, 의학용어로는 부라부라 병이라고는 없기 때문에, 원폭병이라고 썼습니다. 그러나 병명통계에 원폭병이라는 병명이 없다는 이유로 전부 보건소에서 거절당했습니다. 부라부라 병은 직접 방사선에 폭로된 것이 아니라 공기 중에 배출되어 산재한 방사성물질이 서서히 내려오면서, 눈에 보이지 않는 방사성물질 흡입 등의 이유로 질병이 발생하는 것입니다. 이것이 저희들이 이야기하는 인체 내 피폭입니다.

그렇지만 이것을 미국이 완강하게 부정하고, 직접피폭 이외에는 ABCC가 인정하지 않습니다.

아직도 미국은 인체 내에 들어온 미량의 방사선은 완전히 무해하며, 원자력발전소에서 유출된 방사성물질은 기준치 이하이므로 일체 무해하다고 주장하고 있습니다. 그러나 실제로는 세계의 원자력발전소 주변에 암환자가 증가하고 기형아가 증가하며, 죽는 사람도 많이 나오고 있습니다. 이런 내용을 처음 알게 된 것은 1975년 유엔에 제1회 핵무기 전면금지 건의를 하기 위한 일행의 자격으로 미국에 가서 이런 문제를 연구했던 유명한 스턴글라스 박사에게 배우고 나서부터입니다. 직접피폭이 아니더라도 나중에 증상이 나타나 고생하는 사람이 히로시마와 나가사키에 많이 있었을 것이라고 얘기를 했습니다. 저는 그런 증상의 환자를 많이 보고 있기 때문에 납득할 수 있었습니다.

피폭자에게 가장 괴로운 것은 전후 발생하였습니다. 세상이 평화를 회복하고 이제 죽을 걱정은 하지 않아도 되는 상태였습니다. 모두가 각자 살아가기 위해, 궁핍하지만 제각기 가족의 행복을 바라면서 일을 하기 시작했습니다. 그때 피폭자는 일을 할 수가 없었고 몸이 움직여지지 않았습니다. (가족들도 이해를 하지 못했기 때문에) 믿고 의지할 가족이 없었습니다.

저는 전후에 도쿄에서 피폭자를 몇 분 봤습니다. 모두 제가 히로시마에서 피폭경험이 있는 의사라는 소문을 듣고 오신 분들로, 제가 속한 민의련의 진료소로 왔습니다. 그리고 진료실에서 앞에 앉아 저의 얼굴을 한참 보고는 "이상한 얘기를 들었는데, 선생님은 히로시마에 계셨습니까?" 하고 질문했습니다. "있었습니다" 하고 답변하자 "실은 저도 있었습니다"라면서 안심하고 증상을 이야기하기 시작했습니다. 집 가까운 곳의 의사나, 큰 병원의 의사한테까지 모두 진찰을 받아보았다고 했습니다. 그러나 어느 곳에 가도 질병이 없다고만 얘기를 들었다고 합니다. 어떤 검사를 받아보아도 질병에 걸리지 않았다는 얘기만 들었다고 합니다. 본인은 나른해서 아무것도 할 수 없다고 얘기를 했지만, 의사는 자신의 경험으로는 알 수 없다고 하면서 나른한 것은 큰 문제 아니라고 하는 통에 그냥 진료비만 냈다고 호소하였습니다. 전후 피폭자를 제대로 진료한 의사는 거의 없었던 셈입니다.

민의련 내에서 저와 히로시마에 계셨던 의사 다사카 마사토시(田阪正利) 선생, 두 사람이 중심이 돼서 피폭자의료에 참여했습니다. 그러나 민의련도 아직 진료만 가능했을 뿐, 회의에서도 체내피폭에 대한 의견은 합의를 보지 못했습니다.

체내피폭으로 상당한 피해자가 나오고 있었지만, 현재 확인되고 있지 않습니다. 이것을 가장 방해하는 세력은 미국정부와 일본정부입니다.

일본은 피폭자가 많이 살면서 고생하고 있을 때 국가로서 조사를 하고 히로시마, 나가사키 피폭자의 통계부터 시작해서 직접피폭자 이외의 사람에게 이런 증상이 나타나는 사람이 몇 명이나 되는가 통계를 냈다면 세계적으로 확실히 공인될 수 있었겠지만, 전혀 시행조차 하지 않았습니다. 미국이 하라는 대로만 하기 때문에, 미국이 가장 싫어하는 피해자 실태조사에 대해서는 처음부터 포기했던 것입니다. 이것이 일본정부입니다.

내일부터 무엇을 해야 할 것인가?

문제는, 모든 분들이 제 얘기를 듣고 상당히 공감하신다고 해도 내일부터 무엇을 해야 좋을지 모르겠는 분이 있을 수 있습니다. 또 헌법이 개정될 수 있고 핵무기는 사라지지 않고 전쟁은 계속돼서 모두 불안해하면서도 '어떻게 하는 것이 좋겠는가?' 질문하면 '저는 이렇습니다' 하고 대답하는 사람이 별로 없다는 것입니다.

바쁜 중에 평화활동교류집회에 참가하신 것은 대단히 소중하고 훌륭한 활동이지만, 모든 분의 의식 속에 이것이 세상을 변화시켜가는 중요한 한토막이라는 자신이 없습니다. 확신을 어떻게 만들어갈 것인가가 지금부터의 과제입니다. 일본은 지금 표면상으로는 평화롭게 살고 있고, 현재의 생활에 어려운 점이 있는가 물어보면 '앞으로 불안해질 수도 있지만, 아무튼 열심히 살고 있습니다'고 대답합니다. 대부분의 사람은 저금도 조금 있고, 연금도 조금 받을 수 있어서 퇴직을 하더라도 어떻게든 살아갈 수 있을 것이라고 생각합니다. 그렇지만 지금부터의 사회는 대단한 속도로 변하고, 악화될 수밖에 없습니다. 문제는 그런 속에서 무엇을 하며 살아가야 하는가 진지하게 생각해봐야 합니다.

전쟁과 전후의 사회상을 보아왔던 눈으로 본다면 지금 급속하게 위험한 방향으로 기울기 시작했습니다. 제가 중학교에 입학할 때도 그랬습니다. 설마 그런 큰 전쟁을 할 것이라고는 누구도 생각하지 못했습니다. 더군다나 주변에서 전쟁반대 등의 이야기를 하면 같이 잡혀갔기 때문에 두려워서 누구도 말을 할 수 없었습니다. 혁신세력이 쇠퇴하고, 학자나 목사가 체포 투옥되었습니다. 너무나 두려워서 모두 침묵해버렸습니다. 그런 와중에 징병되어 전쟁터로 다 같이 끌려갔고, 도쿄 대공습, 오키나와 전투, 마지막에 히로시마, 나가사키의 원자폭탄으로 죽어버렸던 것입니다.

전쟁을 시작하고자 했던 사람은 자신의 목적을 달성하기 위해 열심히 합니다. 미국이 이번에 악수를 둬서 북한이나 중국이 위험하다고 생각하고, 전쟁을 시작할지도 모르겠습니다. 그것을 위한 준비가 일본의 재편과 헌법개정인 것입니다. 만일 전쟁이 발발하면 반드시 군사기지가 있는 일본이 공격받게 됩니다. 이런 나라로 되어가고 있는 점을 알고 있지만, 신경쓰지 않는다고 말하는 사람이 대부분입니다. 이런 생각을 변화시켜가는 노력이 모든 분들에게 필요하다고 생각합니다.

민의련은 지역에서 신뢰받고, 어려운 사람들의 마지막 기댈 곳이 되고 있습니다. 여기 계신 직원분들이나, 지역분들이 관계없는 전쟁으로 죽게 되는 상황이 있어서는 안된다고 각오를 해야 할 필요가 있습니다.

정부가 유사법제를 결정하면서, 미국이 생명을 마치 썩은 칡처럼 취급해버리는 전쟁을, 일본을 발판으로 자행하려는 것은 확실하다고 봅니다.

모두에게 기대하는 것

이런 급박한 상황을 보면서 변화시켜가야 하므로, 모든 분들이 직장에서 토의할 때 이론을 공부하는 것도 중요하지만, 모든 분들이 계시는 진료소에 오시는 환자분들의 정말 힘든 고생에 대해서도 들어줘야 한다고 생각합니다.

의료기관의 직원은 환자가 병원에 오면 질병에 대한 이야기만 합니다. 환자의 가정형편 등을 주고받을 짬이 없는 것입니다. 따라서 환자분과 연결해서, 환자분들의 어려운 사정을 이번에는 주변에 있는 사람들에게 알려주는 활동가가 돼서 지역에서의 역할을 수행해 보는 것이 중요하다고 생각합니다. 함께 일할 동료를 같은 연령대에서 만들고, 내일의 일본을 지탱해가야 한다고 생각합니다. 일본 내에서 헌법9조를 지키는 운동이나, 핵무기철폐운동이 확실히 있습니다만, 압도적인 국민이 그런 방향으로 기울지는 않습니다. 무엇 때문일까 생각해보면, 소리를 내야 하는 쪽에서 벽을 만들고, 한 사람 한 사람에게 호소하지 않았기 때문인 것 같습니다. 지금까지 소리를 내고 있지 않은 사람들에게 다가갈 수 없다면, 텔레비전 신문 등 언론을 통해서 권력자의 생각이 침투될 것입니다. 지금까지의 연계를 넘어서는 활동으로 확산되어야 하고, 스스로가 확신을 갖고 서명을 한 사람이라도 더 받고, 집회에 같이 가자고 권유도 한다면 변할 수 있다고 생각합니다.

지금은 예전처럼 활동하면 즉시 체포되는 상황은 아니므로, 활동의 폭을 넓혀 평화의 흐름을 쟁취할 수 있도록 분발해 주시면 감사하겠습니다.

반핵은 절박하다

히다 슌타로 선생은 2013년 3월 17일 선생이 서울대의대 함춘회관에서 강연할 때 처음 만났다. 마침 히다 선생과 함께 민의련의 당시 사무국장으로 재직하고 있던 나가세 후미오(長瀨文雄) 씨가 동행을 했고, 나가세 국장이 나를 히다 선생에게 소개했다. 그 자리에서 히다 선생은 나에게 책을 두 권 주셨는데, 그중 한 권이 『히다 슌타로가 말하는, 지금 어떻게 해서든 전달해두고 싶은 것―내부피폭과의 투쟁, 스스로의 생명을 지키기 위하여』라는 책이다. 사진 포함해서 모두 180쪽에 불과한 작은 책이었다. (다른 한 권은 히다 선생이 건강에 대해 쓴 문고판 책이다.) 히다 선생은 군의관으로서 히로시마 원자폭탄을 경험하고, 이후에도 일본의 피폭자를 진료하면서 한평생을 반핵운동을 위해 살아오신 그런 분이다. 특히나 방사선이 인체에 침투하여 발생하는 '내부피폭'의 증상, 일본에서 '부라부라 병'으로 알려진 질병을 전 세계에 알렸다. 일본의 노벨문학상 수상자 오에 겐자부로(大江健三郎)는 히다 슌타로 선생에 대해 다음과 같이 표현하고 있다.

얼마 전에 우리가 진행하고 있는 '9조모임' 일로 사이타마 시에 가서 집회를 조직해주신 분들과 만났습니다. 그 중에 '아, 이 사람은 특별하다!' 싶은, 얼굴과 태도를 보는 것만으로도 전류가 전해지는 듯한 분이 있었습니다. 그분과 수십 년 전에 한 번인가 두 번, 만났더랬어요. 그런데 얼굴 생김새는 잊어버렸던 게지요. 서로 나이를 먹었기 때문이기도 합니다. 그래도 알았어요. 대단한 분이구나, 바로 알았지요. 대화를 나누고서는 그분이 히다 슌타로 씨였다는 걸 깨달았습니다. 원폭 당시에 군의관으로 다친 병사들을 구하는 일을 하시고 이후로도 원폭과 의료와의 접점에 서서 노력을 계속해오신 분입니다.[93]

'부라부라'라는 말은 우리말로 굳이 번역하면 '빈둥빈둥' 정도가 되겠다. 가족들이 붙인 병명인데 이것이 곧 통용이 돼버렸다. 몸이 나른해지고 노곤해지며, 아무 일도 하기 싫은 상태가 된다. 아무리 검사를 해도 이상이 없는데, 몸이 쉬 피곤해져서 일 하기 싫어지니 이것이 겉으로만 보면 딱 '꾀병'이요, 놀고먹으려는 자세. 그러니 사람들이 오해하게 되고, 이로 인해 사회적 대인기피가 발생하며, 때론 이를 못 견디서 자살까지 한다. 이런 사람들은 공통점이 있었다. 히로시마에 원자폭탄이 터질 때는 없었는데, 그 후 며칠 이내에 히로시마에 가족을

••••

93. 오에 겐자부로 지음, 『오에 겐자부로, 작가 자신을 말하다』(윤상인, 박이진 옮김, 문학과지성사, 2012년, 서울) 104~105쪽 참조.

찾으러 갔거나, 일이 있어서 들어간 사람들이었다. 그래서 일본에서는 맨 처음에는 '입시피폭'(入市被爆)이라고 했다. 시에 들어가서 원폭에 노출된 것이다. 잔류방사선에 의한 질병이라는 사실을 확인한 것은 그로부터 30년이 지나서이다. 그런데 지금까지도 '부라부라 병'에 걸린 피폭자들이 있고, 히로시마 원폭으로 발생한 잔류방사선이 원인이라는 것은 알고 있는데, 방사선의 어떤 물질에 의해서, 어떤 기전으로 질병이 발생한 것인지는 모른다. 히다 슌타로 선생은 본문에서 세슘137이 가장 가능성이 높은 물질로 보고 있지만, 확실한 것은 아니다.

일본에서는 어쨌든 원자폭탄으로 많은 사람이 사망한 경험이 있고, 또 1999년 도카이무라 임계사고,[94] 2011년 3월 11일 후쿠시마 원전 폭발 등으로 원자력발전소의 위험성도 많이 알려져 반핵운동이 상당히 활발한 편이다. 본문에서 나오지만 1955년에 설립된 일본공산당 계열의 겐쓰이쿄(原水協)가 처음부터 피폭자를 조직하고 반핵운동을 해왔지만, 원전문제에 대해서는 상당히 소극적인 자세였고, 결정적으로는 소련의 핵실험과 핵무기보유에 대한 입장차이로 사회당 쪽 사람들이 1965년 겐쓰이킨(原水禁)이라는 단체를 설립하면서 양분된 상태가된다. 이러한 분열은 지금까지 지속되고 있다. 반핵에 대해서는 입장이 같을지 몰라도 겐쓰이쿄와 겐쓰이킨으로 분열하여 세계대회조차도 양 단체가 각각 진행하고 있으니, 반핵운동의 대열이 약해질 수밖에 없는 상황을 초래하고 있다. 보도에 의하면 겐쓰이쿄는 겐쓰이킨에 대

••••

94. 1999년 9월 30일 핵연료가공 중 우라늄용액이 임계상태에 도달해 핵분열연쇄반응이 발생했고, 지근거리에서 중성자선에 피폭된 작업원 두 명 사망, 한 명 중태, 기타 667명의 피폭자를 발생시킨 대형사고가 발생했다. 국제원자력사고등급 수준4에 해당했다. 이상 『차별없는 평등의료를 지향하며』(전일본민의련 엮음, 박찬호 옮김), 523쪽.

해 1999년 '핵무기 없는 21세기를 위한 국민적 대화와 교류 공동행동' 을 내걸고, 겐쓰이킨을 포함한 여러 단체, 개인에게 제안하였다. 그러나 겐쓰이킨은 대화를 거부하면서 겐쓰이킨이 주최하는 세계대회에 모든 야당대표의 메시지를 요청하고 있으나 일본공산당만은 제외하였다. 일 본공산당의 평가에 의하면 겐쓰이킨의 이러한 자세는 '섹트(파벌)적 태 도'로 일관하여 너무나 과거에만 매달리고 있는 것 아닌가라고 제기했 다. 그렇지만 나는 히다 슌타로 선생의 입장도 예전 분열상황에 대한 겐쓰이쿄의 자세를 비판적으로 보고 있다고 판단한다.

미국이나 유럽 등에서 진행되고 있는 현재의 반핵운동은 '핵의 평화 적 이용은 불가능하다. 원전은 필요 없다'는 것이 주류가 되고 있으며 '어떠한 국가의 핵실험도 반대한다'는 것이다. 이런 점에서 겐쓰이쿄의 예전자세는 비판할 수 있으나, 어떻게든 단결을 모색해야 할 것이다. 또 한 한국의 경우에도 북한의 핵문제를 어떻게 바라볼 것인가에 대해 진 지한 논의의 필요성이 제기된다. 북한은 미국의 핵공격으로부터 자국 의 안전을 위해 핵무기를 보유한다고 선언하고 이미 실험까지 끝낸 것 으로 알려져 있다. 사실상 핵보유국인 셈이다. 이러한 북한의 입장은 예전 소련의 입장과 전혀 다르지 않다. 세계의 반핵운동의 입장에서 북한정부의 입장은 비판받을 수밖에 없다.

히다 슌타로 선생은 다른 반핵 운동가들과는 다르다. 선생 자신도 피폭자이지만, 일단 모든 사람이 피폭자라고 전제하고 있다. 모든 사람 이 피폭자라는 것은 무엇을 의미하는가?

첫째, 핵무기나 원전의 영향으로 세상에는 끊임없이 방사능이 유출 되고 있다. 일본의 경우는, 히다 선생이 강연에서 말씀하신 바에 의하면 원전 위에 컴퍼스를 고정시켜 놓고 평상시 방사능의 영향을 받을 수 있는 범위를 동그라미 치면, 방사능의 영향을 벗어나는 지역이 없다는 것이다. 일본에서 원전이 가동될 때 56개였으니 이런 점은 근거가 있는 것이다. 본문에서 나왔듯이 미국의 굴드가 평가한 대로 100마일로 원을 그릴 경우 우리나라의 경우에도 거의 전국토가 포함될 것으로 판단된다. 방사능은 소위 한계기준이라는 것이 없다는 점을 감안하면(즉 아무리 적은 양이라도 문제가 발생한다) 이 같은 평가는 우리에게도 해당된다 할 것이다.

둘째, 피폭자의 입장에서 피폭자 한 사람 한 사람의 목소리에 귀를 기울이고, 고통을 이해하면서 반핵운동이 진행되어야 한다는 점을 의미한다. 피폭자는 비단 일본만의 문제가 아니다. 『탈핵학교』라는 책에서 보면 원폭피해자 2세인 '한정순'은 1945년 8월 6일과 8월 9일 히로시마와 나가사키 원폭이 투하될 당시 조선인이 7만 명가량 숨지고, 상당수의 인원이 피폭된 것으로 추정하고 있다. 이런 이유로 현재 우리나라에도 원폭후유증을 대물림 받은 2세 피해자만 7천 명이 있다고 주장한다. 스스로 직접 피해자라고 밝힌 사람만 1,300명 정도이다.[95] 피폭은 남의 나라 문제가 아니다. 한정순의 증언에서 알 수 있듯 원폭피해자 2세가 겪는 고통은 상상을 초월한다. 피폭경험을 한 사람들은 어떻게 사고하고 있는지, 독자 여러분은 왜 히다 선생이 우리는 모두 피폭자라고 주장하는지, 왜 그들의 목소리에 귀를 기울여야 하는지 단번에 알 수 있다. 한정순은 다음과 같이 주장한다.

••••

95. 한정순, 「원폭피해자 2세로 살아간다는 것」(『탈핵학교』) 220쪽 참조.

"앞으로 핵으로 인한 피해자가 더는 발생하지 않기를 간절히 바랍니다. 후쿠시마 사고를 보면서 저는 원자폭탄이나 핵발전이나 다 똑같은 것임을 확실히 알게 되었어요. 그전에는 원자폭탄이 제일 큰 문제라고 생각했지만, 사고가 나면 피해자가 생기는 것은 핵발전이나 원폭이나 다를 바가 없어요. 우리가 너무나 많이 아파봤기 때문에 이 고통에 대해서는 누구보다도 잘 압니다. 이 고통은 끝나지 않는 싸움이에요. 저희들의 가슴에서 영원히 사라지지 않는 상처입니다. 이런 상처를 입는 사람이 두 번 다시 없었으면 합니다."[96]

일본의 원폭피해자야 국가에서 지원이라도 받고 있지만, 우리나라의 피해자들은 일본이나 한국정부가 전혀 신경 쓰지도 않고 있다.

셋째, 피폭자로서, 피폭자처럼 살아가야 한다는 의미이다. 이것은 인권개념과 연결된 것이면서, 방사선에 절대로 굴복하지 않는 생명의 소중함을 바탕으로 하고 있다. 히다 슌타로 선생은 피폭자의 건강유지법에 대해서 오랜 기간 이야기해왔고, 본인도 몸소 실천하고 있다. 히다 선생의 한국 강연에서 첫 번째로 나온 질문은 '어떻게 하면 선생님처럼 오래 살 수 있는가? 장수의 비결은 무엇인가?'였다. 이 질문을 들었을 때 나는 사실 얼굴이 화끈거렸다. 타국에서 반핵을 위해 한국에 일부러 나이도 많으신 양반이 오셨는데, 강연을 들은 사람들의 첫 번째 관심은 '장수비결'에 있었다. 그런데 이런 질문을 예상이라도 한 듯이 가장 많이 받는 질문이라고 인정하고, 본문에서 나온 사람이 하는 일 6가지를 설명하면서, 특히 '해뜰 때 일어나고, 해지면 자라. 밥을 꼭꼭

••••

96. 위의 책, 227쪽.

씹어 먹자'는 답변을 했다. 사람의 생명은 모두 소중하므로, 생명의 소중함을 실천하려면 우선 자기 자신을 소중하게 생각하고, 면역력을 키울 수 있는 일상생활을 해야 한다는 것이 히다 선생의 요지이다. 우리 모두는 피폭자라는 히다 선생의 주장에는 이러한 내용이 배경으로 있는 것이라고 본인은 판단한다.

그러나 원전을 보유한 국가에서 우리나라만큼 반핵운동이 없는 나라는 없다.(물론 최근 많은 분들이 참여하고 있고, 확산도 되고 있다. 노력하고 계시는 많은 분들의 활동을 폄하할 생각은 추호도 없다.) 남북이 대치되고 있는 상황과 함께, 국가보안법이라는 악법이 존재하고, 경제는 수출할 수 있는 산업만 그나마 괜찮을 뿐, 대다수의 국민들이 먹고살기에 급급한 상황에서 '반핵'은 관심 밖이다. 2011년 3월 11일 후쿠시마의 원전이 지진과 쓰나미로 폭발해서 많은 사람이 사망하거나 이재민이 발생한 사실도 그저 먼 이웃나라일 뿐이다. 최근 들어 그나마 반핵의사회가 결성되었거나, 환경단체, 시민단체 등에서 반원전운동이 일어나고 있는 사실이 오히려 낯설게만 느껴진다. 'NPT'라는 핵확산금지조약은 북한이 탈퇴하거나, 북한의 핵시설을 감시하고, 북한의 핵무기 보유를 금지하는 대신 경수로를 지원하는 과정에서 뻔질나게 들어본 국제기구 이름에 불과했다. 한국의 반핵운동은 '고군분투'라기보다는 있기는 있는 것인지, 아니면 수입산 생선이나 야채에서 방사능물질을 감시하는 생활운동이거나, 발암물질이라서 대단히 주의해야 하는 건강운동일지도 모르겠다. 그러나 한국은 원전을 24개나 보유하고 있는 세계5위의 원전국가이며, 주한미군이 보유한 핵무기를 합하면, 좁은 땅덩어리에 단위 면적당 핵물질의 분포도, 즉 핵물질 조밀도 기준으로 보면 단연 세계 으뜸이다.

단 700그램의 우라늄이 히로시마에서 14만 명의 생명을 빼앗고, 1킬로의 플루토늄으로 나가사키에서 7만 명의 생명을 뺏은 핵무기이다. 아직도(2015년이면 폭탄이 터진 지 70년이다.) 20만 명에 달하는 일본 사람들과 수많은 재일교포와 그의 후손들, 말하자면 우리 동포들도 핵무기 방사선피폭 후유증 때문에 고생하고 있다. 미국 스리마일 섬 원전사고, 소련 체르노빌 원전사고, 일본 후쿠시마 원전사고 등은 지구상에서 핵물질을 안전하게 다룬다는 것은 불가능하며 지구상 모든 생물의 생존 자체가 위험에 처해있다는 것을 강력하게 경고하였다. 살고자 하면 핵을 없애고, 죽고자 하면 핵을 놔두라.

노동운동, 시민운동, 환경운동, 장애우운동, 의료운동, 주민운동, 생활운동, 여성운동, 인권운동 교육운동 등등 한국에서 열심히 활동하고 있는 모든 운동은 핵무기 하나로 모두 박살난다. 핵무기를 일부러 터뜨리든, 실수로 터뜨리든 아무튼 터지면 끝이다. 가동하고 있는 어떠한 원전에서든, 직원들이 부정으로 관리를 못하거나, 지진 등 천재지변으로 무너지거나, 약간의 실수로 문제가 발생하면 그것으로 대한민국은 끝이다. 살고자 하면 핵을 없애고, 죽고자 하면 핵을 놔두라.

어렵게 공부해서 대학 나오고, 직장 다니면서 가족을 꾸려 단란하게 살고 있는데, 어느 날 갑자기 핵무기가 터지거나 원전이 폭발해서 그런 모든 삶이 파국을 맞는다. 비록 대학을 못나왔으나 열심히 노력해서 돈을 많이 벌지는 못해도 나름 자부하며 살고 있는데, 어느 날 갑자기 핵무기가 터지거나 원전이 폭발해서 그런 모든 삶이 파국을 맞는다. 의과대학을 입학하고 인턴, 전공의, 군의관, 펠로우까지 합해서 무려 15년 이상을 의무적으로 지낸 다음 드디어 스텝이 되고, 아주 폼 나게 살아보려 하는데, 어느 날 갑자기 핵무기가 터지거나 원전이 폭발해서 그런 모든 삶이 파국을 맞는다. 이런 주장에 새똥만큼의 거짓이 포함되어 있으면, 나는 인간 말종이다. 살고자 하면 핵을 없애고, 죽고자 하면 핵을 놔두라.

책을 발간하는 과정에서 수고하신 모든 분들께 감사를 드린다. 특히나 한국어판의 발간에 흔쾌히 동의해주신 저자 분들과, 일본평론사, 일본평론사의 다케다 아야(武田彩) 씨, 그리고 역자의 여러 부탁에 오키나와 지사 선거지원 등으로 바쁜데도 불구하고 도움을 주신 전일본민의련 야마모토(山本淑子) 이사에게 지면을 빌어 감사를 드린다. 추천사를 흔쾌히 허락하신 백도명 선생님과 번역 원고에 대한 검토를 해주신 건강미디어협동조합 여러분께도 감사를 드린다.

2015년 4월
옮긴이 박 찬 호

히다 슌타로(肥田舜太郎)

1917년, 히로시마 출생. 1944년, 의사로서 히로시마 육군병원에 부임. 다음해 1945년 8월 6일 원폭투하로 인하여 자신도 피폭을 경험하면서도 곧바로 치료활동에 임했다. 6,000명 이상의 피폭자 치료 경험을 바탕으로 '부라부라 병'으로 불리는 증상이나 내부피폭의 영향에 대해 연구하고 발언했다. 또한 피폭의 실상을 알리고, 핵무기 폐지를 호소하는 활동에도 참여했다. 2011년 3월 11일 이후에도 다양한 매체를 통해 발언하는 것 외에도, 자신의 경험이나 내부피폭에 대해, 또한 생명을 살리는 방법 등에 대해, 전국에서 강연을 하고 있다. 저서로『히로시마 나가사키를 세계로』,『히로시마에서 살면서』(이상, 아케비쇼보), 『히로시마가 불타버린 날 증보신판』(에이쇼보),『내부피폭의 위협』(공저, 지쿠마신쇼) 등이 있다.

오쿠보 겐이치(大久保賢一)

1947년, 나가노 출생. 변호사. 일본반핵법률가협회 사무국장. 저서에『헌법르네상스와 자유와 평화를 요구하며』(이콜리티),『체험일본헌법』,『일본헌법으로부터의 편지―어머님께 삼가 아룁니다. 안녕 아동여러분』,『호헌론입문―힘내라 일본헌법』,『헌법과 평화를 생각한다―지금 왜 요미우리 '개헌시안'인 것인가』(시리즈 '세계와 일본21')](공저) (이상 가큐슈노도모샤)

박찬호

한신대를 졸업하고 중랑구 면목동의 '녹색병원'에서 원무부장으로 재직중이다.『차별 없는 평등의료를 지향하며』(건강미디어협동조합)라는 전일본민의련 활동사에 대한 책을 번역한 바 있다.